技术与教育：
技术对教育影响研究

胡伟 / 著

项目资助：
江苏高校哲学社会科学研究重大项目
"人工智能时代中小学教师核心素养与江苏强师政策构建研究"
（2020SJZDA109）

中央高校基本科研业务费人文社科类项目
"药学拔尖人才人工智能素养培养策略研究"
（2632023ZD01）

·南京·

内容简介

技术与教育应该是一种怎样的关系？技术是如何促进教育进步的？技术对教育提出了哪些挑战？技术高速发展的时代该如何坚守教育的本体价值？本书围绕以上问题展开了相关讨论：从技术发展和教育要素的视角分析了技术对教育的推动；从学校、教师、学生以及师生关系的视角分析了技术对教育的挑战；从教育目的、教学观、学习观、师生关系视角展望了技术时代的教育。

图书在版编目(CIP)数据

技术与教育:技术对教育影响研究 / 胡伟著.
南京：东南大学出版社，2024.12. — ISBN 978-7-5766-1750-4

Ⅰ．G40-03

中国国家版本馆 CIP 数据核字第 2024JT8248 号

责任编辑：姜晓乐　责任校对：张万莹　封面设计：余武莉　责任印制：周荣虎

技术与教育：技术对教育影响研究
JISHU YU JIAOYU: JISHU DUI JIAOYU YINGXIANG YANJIU

著　　者	胡　伟
出版发行	东南大学出版社
出 版 人	白云飞
社　　址	南京四牌楼2号　邮编:210096
网　　址	http://www.seupress.com
经　　销	全国各地新华书店
印　　刷	广东虎彩云印刷有限公司
开　　本	700 mm×1 000 mm　1/16
印　　张	13.25
字　　数	215千字
版　　次	2024年12月第1版
印　　次	2024年12月第1次印刷
书　　号	ISBN 978-7-5766-1750-4
定　　价	66.00元

* 本社图书若有印装质量问题，请直接与营销部调换。电话(传真)：025-83791830。

PREFACE 前言

　　技术时代推动教育变革,技术发展促进教育进步,也向教育提出了挑战,甚至使教育面临着前所未有的危机。在技术高速发展的现代社会,如何在主动接受技术正面影响的同时,消除技术所带来的消极影响,回归和坚守教育的本体价值,是十分重要和迫切需要予以探讨和解决的问题。

　　基于技术发展的视角,技术历经了从实体技术、模拟技术到数字技术的形态变迁。从语言、文字、印刷技术、模拟技术、数字技术的发展变化来看,技术的进步对教育的发展、学校的出现、班级授课制的出现、现代教育的发展,以及教育的信息化等方面产生了积极的推动作用;从教育要素的视角看,技术对教育者、教育对象及教育资料也都产生了积极的影响。

　　技术对学校、教师、学生以及师生关系都提出了挑战。技术在一定意义上导致了传统学校地位的削弱、学校育人目的的偏离、学校知识传授功能的弱化、学校评价的标准倾向,使学校成为"技术实验室";技术也在一定程度上使教师和学生成为追求效率、追求技术的客体存在,使教师与学生成为"技术人";技术打破了原有的平衡的师生关系。

　　技术的发展是不可逆转的,教育也是必不可缺的。对技术不能采取完全接受或全然否定的态度。教育所涉及的主体毕竟是人，需要调整技术使其为人服务，技术在教育中要服从和服务于人的需要与人的发展。因此，扩展技术作为一种人的"延伸"，规避技术导致一种人的"异化"，是可取之道。

教育既要吸取技术的正面作用，又要坚守自身的本体价值。教育应将技术作为一种"器"，融入本真之中，实现教育的回归。技术时代的教育应培养适应技术时代的、全面发展的人，要创设一种以尊重个性为原则的陶冶氛围，实现学生自觉自愿的学习，并形成一种"从游"的师生关系。

胡伟

2024 年 9 月

目录 CONTENTS

第一章 绪论   1

第一节 研究缘起   1
一、技术飞速发展的时代背景   2
二、教育面对挑战的现实诉求   3

第二节 相关概念   5
一、技术   5
二、教育   13

第三节 文献综述   19
一、关于技术对"人"影响的研究   20
二、关于技术对教育影响的研究   28
三、已有研究成果评述   45

第四节 研究目的与问题   47
一、研究目的   47
二、研究问题   48

第五节 研究思路与方法   49
一、研究思路   49
二、研究方法   51

第二章 技术对教育的推动   53

第一节 基于技术发展的视角   53
一、口头语言与教育的发展   56
二、手写文字与学校的出现   57

　　　　三、印刷技术与班级授课制　　　　　　　　　　59
　　　　四、模拟技术与教育现代化　　　　　　　　　　61
　　　　五、数字技术与教育信息化　　　　　　　　　　62
　第二节　基于教育要素的视角　　　　　　　　　　　　76
　　　　一、技术对教育者的影响　　　　　　　　　　　76
　　　　二、技术对教育对象的影响　　　　　　　　　　78
　　　　三、技术对教育资料的影响　　　　　　　　　　81

第三章　技术对教育的挑战　　　　　　　　　　　　　87

　第一节　技术对学校的挑战　　　　　　　　　　　　　88
　　　　一、传统学校地位的削弱　　　　　　　　　　　88
　　　　二、学校育人目的的偏离　　　　　　　　　　　91
　　　　三、学校知识传授的弱化　　　　　　　　　　　93
　　　　四、学校评价的标准倾向　　　　　　　　　　　97
　第二节　技术对教师与学生的挑战　　　　　　　　　　98
　　　　一、教师与学生的效率追求　　　　　　　　　100
　　　　二、教师与学生的技术追求　　　　　　　　　108
　　　　三、教师与学生的客体存在　　　　　　　　　114
　第三节　技术对师生关系的挑战　　　　　　　　　　119
　　　　一、前喻文化与后喻文化　　　　　　　　　　120
　　　　二、文化反哺与教育失语　　　　　　　　　　125
　　　　三、数字移民与数字土著　　　　　　　　　　130

第四章　技术时代的教育展望　　　　　　　　　　　139

　第一节　教育目的：人的全面发展　　　　　　　　　141
　　　　一、促进人的整体发展　　　　　　　　　　　143
　　　　二、促进人的自由发展　　　　　　　　　　　149
　第二节　教学观：创设氛围　　　　　　　　　　　　153
　　　　一、创设以尊重个性为原则的氛围　　　　　　154
　　　　二、创设以陶冶为手段的氛围　　　　　　　　156
　第三节　学习观：自觉自愿　　　　　　　　　　　　158
　　　　一、学习应是一种自觉的行为　　　　　　　　159
　　　　二、学习应是一种自愿的行为　　　　　　　　161
　第四节　师生关系：从游　　　　　　　　　　　　　164
　　　　一、师生"我与你"　　　　　　　　　　　　　165

二、师生对话　　167
　　三、师生共同体　　168

第五章　结语　　171
第一节　结论　　171
第二节　问题　　179

参考文献　　181

后　记　　201

第一章 绪论

本章分析了本书的研究缘起,界定了技术和教育两个核心概念,通过对学者们的已有研究进行分析,提出了本书的努力方向,明确了本书的研究目的和具体的研究问题,设计了本书的研究思路及使用的研究方法。

第一节 研究缘起

技术已全面影响到人们的社会生活,教育作为社会的子系统,也受到了技术的影响。这产生了一些问题:从过去的技术到当下的技术,教育是否一直受到技术的影响?这样的影响是怎样的?面对越来越先进的技术,教育该如何处理与技术之间的关系?是该毫无防备地继续拥抱技术,将技术摆到至高无上的地位;还是对技术敬而远之,恢复一种过去的教育方式;还是其他?教育的本真在当下应该是怎样的?数字化技术时代的到来对学校、教师、学生、师生关系的影响是怎样的?当下技术飞速发展的时代背景、教育面对挑战的现实情况,都是研究技术对教育影响这一选题的重要因素。

一、技术飞速发展的时代背景

当今社会,技术作为我们这个时代的重要现象之一,是我们思考问题的出发点之一。著名诺贝尔物理学奖获得者海森伯(Heisenberg,1901—1976)认为,在以前的时代,人类面对的是大自然,而现代人类面对的是一个技术的时代,而人类必须去适应这样的社会,这样的社会充斥着人工制造物①。

一方面,技术推动着社会的发展和进步。整个社会正在走向一条逐渐科学化与技术化的道路,科学技术的不断发展促使了各种新工具的出现,这些工具被应用到人们生活中的交往、娱乐、思维、感觉等各个领域。技术已成为一种普遍的存在,尤其是数字技术时代背景下,人们结合技术不仅可以过一种真实的生活,而且可以过一种虚拟的生活,真实与虚拟的共存增强了人们生活的便利性。

另一方面,技术的过度使用也带来了一系列的问题。技术毕竟是一种人造物,是不同于自然物的存在,技术的滥用带来了一系列诸如自然环境恶化、人的道德沦丧等全球性的问题;另外,技术也在一定程度上造成了人的异化,技术理性所带来的是人的"物化",人失去了"生命",人变成了"物",变成了技术化、标准化、客体化的"物"。正如有学者提出的,"科学技术是双刃剑"②,技术既可以造福于人类,也可以对人类造成危害。

技术影响了人类生活。尼葛洛庞帝(Negroponte,1943—)在《数字化生存》(Being Digital)一书中指出,计算不再只和计算有关,它决定我们的生存,计算机逐渐进入人们的生活,出现了 laptop(膝上电脑)和 palmtop(掌上电脑),信息通过传播工具在接受者与发送者之间进行传输。传统的教育方式将被打破,人们的学习环境不再单一地仅依赖学校,人与人之间的距离不再成为交流的障碍,技术的发展为人们的交往与沟通提供了新的方式与可能。③ 数字技术时代,人们的生活与技术变得息息相关,技术为人们的生活带来了很大的方便。但是,与此同时,现代技术已经成为一种意识形态的存在,影响着整个社会人与人的互动。正如哈贝马斯(Habermas,1929—)的观点:作为一种统治意识的技术,将道德置于人们生活范畴之外,造成了人的道

---

① 参见:海森伯.物理学家的自然观[M].吴忠,译.北京:商务印书馆,1990:10.
② 吕乃基.科学技术之"双刃剑"辨析[J].哲学研究,2011(7):103-108.
③ 参见:尼葛洛庞帝.数字化生存[M].胡泳,范海燕,译.海口:海南出版社,1997:15.

德性的缺失。技术现象背后所蕴含的技术理性促使人的活动目的逐渐理性化,人被逐渐物化了,技术与实践之间几乎不再有差别[①]。

技术导致了人的异化。技术使人不再是单纯的自然人,而逐渐也成为一种技术人、一种具有技术理性的人。当前的情况是,技术的发展正在不断走向综合化,技术正在逐渐对人们生活中的方方面面产生影响,高度的技术化使人们的思维方式以及人类的活动方式发生了改变。科技革命的浪潮将要冲击到社会的各个方面,它将使劳动性质、生活方式、闲暇时间、居住分布、家庭生活等一切人的生活条件和人际关系发生迅速而巨大的变化[②]。技术带来了现实世界的不确定性,为了寻求解决这些问题的平衡点,技术成为各种人文社会科学纷纷"转向"加以研究的对象。教育作为社会的子系统,很多教育学者也对其展开了研究。

二、教育面对挑战的现实诉求

技术在实践领域为教育提供了媒介工具,引发了从视觉教学到视听教学等新教育技术的变革。新技术的应用促使研究者不仅关注对教学模式、教学手段的研究——其中还涉及对教育本质、教育目的的思考,而且关注对技术本质、技术价值的研究。教育伴随技术水平的发展而发展,文字的产生、印刷术的发明、信息技术的应用,对教育领域的方方面面起到了重要的影响作用,推动了教育的发展。

人们在现在的生活和未来的生活中,都需要掌握大量关于生活的、身体的、精神的、社会的科学知识,人们应该明白科学知识是科学生活的关键。无论过去还是将来,科学知识都是不容被人们忽视的,是人们实现美好生活的最有价值的知识。从某种意义上说,斯宾塞(Spencer,1820—1903)对知识的重要性,尤其是科学知识的重要性和存在价值的分析,是技术对教育产生作用的具有标志性和转折意义的事件,科技对教育领域的影响就此拉开帷幕,现代教育的演进历程和路径被深刻地改变了。

斯宾塞在其著作《教育论:智育、德育和体育》(*Education: Intellectual, Moral, and Physical*)一书中,提出了一个非常著名的问题:"什么知识最有价值(What knowledge is of most worth)?"他认为:"科学知识无论对生产还是

---

① 参见:哈贝马斯.作为"意识形态"的技术与科学[M].李黎,郭官义,译.上海:学林出版社,1999:70-71.
② 参见:鲁洁.道德教育的当代论域[M].北京:人民出版社,2005:222.

艺术都有重要的作用。人们从数据中得出结论,再通过观察和实验的方法来验证结论,以使结论更加准确。科学知识为此提供了依据,不论在智育中,还是在德育中,科学都是最重要的。对科学语言的学习可以促使人们尊重权威。因此,在所有的学科中,科学是最有价值的。"[1]在斯宾塞看来,对事物意义的学习比对话语意义的学习更有价值。无论是智育、德育,还是体育,对周围现象的研究都要优于对语法的研究。

回归到开始提出的问题"什么知识最有价值",答案是十分确定的:科学知识最有价值。帮助我们健康生活的知识是科学知识,家长对孩子指导的有用知识是科学知识,成为一位良好公民的规范行为需要科学知识,艺术作品的准备需要科学知识,智育、德育、体育研究需要科学知识。科学知识背后所蕴含的理性成为人们自启蒙运动以来的重要追求,而在技术飞速发展的时代背景下,教育面临了巨大的挑战。

第一次工业革命开始,技术作为社会发展的重要标志逐渐渗入人们的社会生活,技术的进步与发展也对教育产生了相应的影响。这些影响是什么?这些影响是积极地促进了教育的发展,还是给教育带来了巨大的挑战?辩证地来看,技术在给教育带来先进工具的同时,也将教育置于一个危机四伏的境地,教育该如何应对变化?毫无疑问,这些问题都不是人们能轻易回答的,甚至有些问题可能在相当长的时间内没有明确的答案,但在这样一个技术不断迅猛发展的时代,这些又都是必须回答的问题。那么,寻求解决这些问题的切入点,从而为这些问题的解决提供可供参考的理念、具体措施,就成了研究者的重要研究课题。

进一步来说,魏贤超教授提出了几个问题:曾经和仍然被作为教育之主要任务的知识(传递),对于真正的教育来说,是否可能只是沧海之一粟、冰山之一角?人类的教育和学习过程应该像迄今为止认为的那样"快"一点(掌握各种科学、技术、文化、知识),还是应该"慢慢来"(人生的开始,生命的成长)?经过数字媒体的加速,"文化反哺"或"后喻文化"使教者和学者之间传统的非对称关系被明显颠覆,从而是否可能导致严重的"教育失语"?现代物理学和生物学技术的发展是否会因为将可以塑造人的一切从而在根本上把教育从人类历史舞台中驱逐出去?人类教育是否还有继续的魅力与基础?[2]概括来

---

[1] Spencer H. Education: Intellectual, Moral, and Physical[M]. London: Watts&. CO. ,1949:41-51.
[2] 参见:王向华. 对话教育论纲[M]. 北京:教育科学出版社,2009:序.

一概念。人类现在生活在一个人造的环境中,不再生存在原始的"自然环境"(即通俗意义上的"自然",如乡野、森林、高山、大海等)中。人们不再与自然实体相联系而生活,而是与工具和对象相联系而生活,人们生活在由水泥、钢铁、玻璃、塑料等人造物构成的环境中……一个人仅通过一套技术与自然打交道,他实际上是与这些技术本身在打交道,自然环境本身消失了。① 技术代替了自然成为人类生存的唯一环境。

(3) 作为系统的技术。埃吕尔认为,"现代技术变得如此专门化,以至于我们必须去审视技术自身,并将其看作一个系统"②。技术作为系统,首先表现为系统内部的每一个技术要素都与系统内其他技术要素的整体相结合,然后才与其他非技术要素发生关联。也就是说,在一定程度上,每一个技术因素都处于同一个环境中,并依存于其他技术因素,从而构成技术系统的一部分。技术作为系统还表现为,技术环境作为整体与社会机体之间存在比较强的相互作用、相互依赖关系。"一方面,技术系统必须与自身之外存在的社会机体合为一体,才可以赢得自身的生存与发展,无法想象技术会像大自然一样依靠自我生存。社会产生于技术系统之前,技术系统在社会中寻找其整合、可能性和各种支持。另一方面,技术的发展也作用于社会机体,技术不允许其他社会因素自我发展。"③关于技术进步对社会机体的作用,埃吕尔以家庭为例加以说明:家庭在技术系统中发生了很大变化,家庭已经成为取决于技术系统的存在而不再是一个附属于社会机体的产物。另外,埃吕尔强调,他并不否认每一个技术要素与其他技术要素、非技术要素之间都存在联系。技术作为一个系统,与外部的社会机体发生作用,而不是分散的技术要素与外部环境直接作用。技术系统拥有各种介入的模式,将自身与人类或社会现实的各个片段相结合,进而将该片段从其所属的组织中分离。这样各个技术要素与其他要素结合在一起,形成了严格一致的整体。因而,技术作为系统将技术要素、非技术要素紧密地结合在一起。

德国技术哲学家恩斯特·卡普(Ernst Kapp,1808—1896)认为:技术是人的器官的延伸,是一种工具化的手段,并以人的机体器官作为原型;技术也关涉道德、文化等,是一种人类自救的方式。美国媒介理论研究者尼尔·波兹曼(Neil Postman,1931—2003)从技术与社会、技术与人的关系角度来解释技

---

① Ellul J. The Technological System[M]. New York:Continuum,1980:38-39.
② Ellul J. The Technological System[M]. New York:Continuum,1980:78.
③ Ellul J. The Technological System[M]. New York:Continuum,1980:80-81.

术的含义。波兹曼认为技术是一种"控制社会的工具文化"。对技术的定义，哲学角度的观点试图从超越社会与历史的视野把握技术的本质，从哲学意义上对技术进行解读，但是由于对技术的描述太过抽象，无法表征技术的具体性与独特性，因此在实际的操作中难以应用；人类学角度的观点把技术与人联系起来，将技术看作一种人类活动，技术在推动人类实现物质文明的同时，引起人们精神上的变革，使人类得以生存和发展；社会学角度的观点把技术看作社会系统中的一个重要影响因素，侧重于分析技术所内含的社会价值属性，但在一定程度上忽视了技术的本质特征；工程技术角度的观点从技术的工具属性出发，将技术定义为"设备""设计"等，凸显了技术的直观性与实用性。

美国著名技术哲学家米切姆（Mitcham,1941—　）提出可从技术的基本要素角度定义技术。他在《通过技术思考》[①]一书中将技术的类型分为作为对象的技术（technology as object）、作为活动的技术（technology as activity）、作为知识的技术（technology as knowledge）、作为意志的技术（technology as volition），并依据四种类型的技术提出了一个技术呈现的模型，其中："技术的知识"（technological knowledge）和"技术的意识"（technological volition）是人类活动的基础，指导"技术的活动"（technological activities）进行"制作和使用"（making and using），制作出"技术的对象"（technological objects）或"人工制品"（artifacts）。

另外，可以从狭义与广义视角来对技术进行界定。狭义技术主要从工程学的视角出发，也即人们通常的观点：技术既是一种物的工具，又是一种非物的手段、技能、方法。正如于光远的观点：技术是出于一定的社会目的，依据自然法则，对自然之物进行改造、利用，以创造非自然物的手段[②]。技术与整个人类活动有关[③]。广义技术与整个人类活动相关，是指工具意义上的技术、方法意义上的技术、文化意义上的技术、社会意义上的技术等，最关键的是与"效用"相关[④]。

有学者认为，从技术的发展史角度来看，技术的发展共经历了三个阶段：

---

① Mitcham C. Thinking through Technology: The Path between Engineering and Philosophy[M]. Chicago: University of Chicago Press,1994:159-160.
② 参见：于光远.自然辩证法百科全书[M].北京：中国大百科全书出版社,1995:24.
③ 参见：舒尔曼.科技时代与人类未来[M].李小兵,谢京生,张峰,等译.北京：东方出版社,1996:115.
④ 参见：陈昌曙.技术哲学引论[M].北京：科学出版社,1999:95.

早期技术阶段、近代技术阶段、现代技术阶段。其中,早期技术是指17世纪之前的技术;近代技术是指17至19世纪的技术;现代技术是指20世纪之后的技术。早期技术主要是一种延伸人的四肢能力的工具,技术的发明是基于一种对生活经验的总结,技术的使用是为了提高人的生存能力;此时的技术是具有偶然性的,是与自然更加密切相关的产物,侧重于一种达到目的的需要。近代技术不同于早期技术对经验的依赖以及对手工操作的依赖,转而成为一种机械化的生产,其中,设备、机器等成为一种工具的手段,是在近代工业革命以后。现代技术的主要特征是科学与技术深度结合,将科学理论转化为技术手段,技术成为更加专业的基于各种科学知识的产物。当然,上面主要是从工具层面来谈的技术,工具层面的技术是一种有形的产品。如果从方法、实践活动等层面来看,技术又有更广泛的内涵。但从技术的本质来看,技术是一种生产力,这可以从马克思的观点出发来论证。

综合词源、百科全书,以及不同学者从不同学科角度对技术的定义,对技术的定义大致可以概括为四种:第一,技术是工具或手段;第二,技术是方法或者是关于方法的知识体系;第三,技术是工具、手段、方法及相关知识的总和;第四,技术关涉道德、文化等方面的概念,是人类的各种活动。以上四种解释揭示了技术的内涵以及逐渐扩展的外延。

二、教育

(一)从词源角度解释"教育"

在中国,"教育"在甲骨文上最早被记载,其中"教"指一种借助于棍棒的教学方式,而"育"则指对孩子的养育过程[①]。

随着历史的发展,特别是到了春秋战国时期,"教"字的含义有了新的扩展,比如说教授、教诲、教化、教训、告诫、令使等。《论语》中有六七处出现"教"字,含义为教授。《大学》中的"教"字与《论语》不同,意指父与子、统治者与被统治者之间的上施下效的关系。《中庸》有云:"天命之谓性,率性之谓道,修道之谓教。"此处的"教"从字面上来看意味着"教谓之修道",蕴含着上施下效的意思。《孟子》中的"教"字相比《论语》《大学》《中庸》又有了新的含义。比如"寡人愿安承教"中的"教"字,含有教训或告诫的意思。儒家四部经典中,集中体现了"教"是一种"上"与"下"的相对伦理概念。

---

① 参见:全国十二所重点师范大学联合.教育学基础[M].北京:教育科学出版社,2002:3.

在《尔雅》这部最早的辞书中,有两处解释了"育"字,启示我们在古代,"育"不仅有生育的含义,还有"养""长"的含义。其中,"养"与饮食有关。"长"指位尊者和年高者,此外也可作"生长"来解释。[1]

从词源上来说,在古代中国,"教育"一词最早出现于《孟子》中,在《尽心上》篇中,语出"得天下英才而教育之"。汉代学者许慎在《说文解字》中提出:"教,上所施,下所效也。""育,养子使作善也。"其中:"教"指的是教者的教授与被教育者的模仿,"育"指的是被教育者的培育与发展,"上"与"下"则代表君与臣、父与子、师与徒的相对伦理概念。从"教育"二字的整体含义来看,它包含着由教育者对受教育者所施加的影响过程,在这一过程中,体现了较明显的社会功能。

在西方,"教育"起源于拉丁语 educare,而后转化为其他国家的语种如英语的 education 等。拉丁语 educare 的动词形式是 educere,其中的字母"e"是一个前缀,意思是拉丁文中的"出",而词缀后面部分的含义是"引",因此,"educare"一词的含义是"引出"[2]。这也就是说教育内含一种"引出"的意思,教育即通过引导的方式促进学生的发展。

(二)不同学者对"教育"的定义

古今中外的很多学者从教育目的、教育本质、教育价值等角度对"教育是什么"做过回答。不同时代背景、不同价值观念、不同出发角度,都会导致不同的观点与看法。这些观点和看法有竞争性的,也有非竞争性的[3]。正是由于"教育"的各种不同用法相互竞争、相互补充,教育的概念得以继续存在,并组织着我们在这个领域里的思想,使这些思想具有威力[4]。下面将对不同学者关于"教育"的界定进行总结与归纳。

捷克教育家夸美纽斯(Comenius,1592—1670)认为,对每个人而言,天生就有知识的种子、德行的种子以及虔信的种子,然而当人长大过程中是否能成为具有知识的人、有德行的人、有虔信的人则是因人而异的,人们依靠后天的教育,在活动过程中习得上述的内容[5]。将人看作一种可教之物,这为人的受教育提供了可能。人要成为社会的人,需要受到教育,而人在其成长过程

---

[1] 参见:王静.试论《说文解字》中的"教育"二字[J].教育研究,1995(3):48-52,57.
[2] 参见:陈桂生.教育原理[M].3 版.上海:华东师范大学出版社,2012:181.
[3] 参见:叶澜.教育概论[M].北京:人民教育出版社,1991:2.
[4] 参见:瞿葆奎.教育学文集:教育与教育学[G].北京:人民教育出版社,1993:42.
[5] 参见:夸美纽斯.大教学论[M].傅任敢,译.北京:人民教育出版社,1984:39.

中也具备受教育的可能。教育活动对人的社会性具有重要的意义,并促使人成为真正意义上的人。做个形象的比喻:石头只有被发现,被凿出来,再根据一定的设计被打磨好,才成为可用之物,否则是不能为人所用的;宝石在未打磨之前是不会被人们购买的。这也就是说,教育是使人成为人的过程,是对人的塑造过程;人成为人的过程离不开教育。

英国哲学家洛克(Locke,1632—1704)提出了绅士教育的观点。教育决定了人的品质与能力,人们因为受到教育的状况不同,可能具有良好的德行,也可能形迹不端;可能能力比较强,也可能能力比较弱。教育促使了人与人之间差异的产生,这种影响伴随人成长的全过程,从孩提,到儿童,到少年,到青年,到中年,以至老年,都难免受到教育的影响。正如俗话所说"三岁定老",儿童在年幼时受到的教育情况,哪怕是极微小的事情都将影响其一生,甚至产生比较重大的影响。因此,对年幼的儿童进行教育十分重要,这是从源头上决定了河流的流向。教育在儿童的成长过程中起着重要的作用。教育是极为复杂的活动,需要考虑与权衡各种情况,教育中的主体是"人",又增加了其复杂性,面对不同儿童,需要考虑他们的不同背景、不同年龄、不同性格等,有针对性地实施教育行为。教育没有一本标准的说明书,可以适用于所有的对象。正如我们不能找到两片完全相同的叶子,我们也不能找到两个完全相同的儿童。因此,对不同的儿童需要实施不同的教育,正如洛克的观点:对王子、贵族、普通绅士的儿子的教养方式应当是有所区别的。针对我所教的一位绅士的年幼的儿子而言,儿童应被看做一张白纸,或者将其看做一块蜡。[①] 教育行为如同在白纸上作画,画家决定了画的内容,也就是教者决定了所教儿童的未来的可能。因此,对儿童的教育应该因材施教。另外,洛克认为德育比智育更加重要,对儿童德行的培养是父母教育的重要内容,因其可能影响孩子的未来生活。

法国启蒙思想家、教育家卢梭(Rousseau,1712—1778)提出了自然教育的观点:教育如同栽种植物,如果一株植物在幼苗期就被施加过多的肥料,促其长成参天大树,那么这株植物非但不能迅速长成,反而可能因肥料过多而导致在幼苗期死亡;类似地,如果对处于儿童阶段的人实施不适合其年龄阶段的教育,也可能会产生适得其反的效果。从这一形象的描述中,我们可以发现卢梭的观点:教育应根据人的生长阶段来培养人。他认为,教育不仅能

---

① 参见:洛克.教育漫话[M].杨汉麟,译.北京:人民教育出版社,2005:203.

为人们提供出生时所无之物,还能为人们提供长大后所需之物,自然、人、事物都可以对人施加教育①。比如说人的器官的生长是一种自然的教育,他人教我们如何运用器官则是一种人的教育,在此过程中我们所获得的经验总结则是事物的教育。三种不同类型的教育方式综合作用在儿童的身上,如果三者是一致的、相容的,则儿童会因此而健康地成长与发展;如果三者是矛盾的、不相容的,则会耽误儿童的健康发展,以致产生若干问题。卢梭认为,在以上三种教育之中,由于自然的教育是人类难以决定的,所以其他两种教育应该配合自然的教育,也就是说教育的目的应该是培养一种自然的人。

德国哲学家康德(Kant,1724—1804)在《论教育》中提出,人要成为人必须通过教育的方式,而其中的教者也必须是受过教育的人。另外,康德提出了人的自然(nature)和人的社会构成(social construction)两个关涉教育的问题②。动物需要的是喂养(feeding),但不需要养育(nurture),此处的"养育"是指温柔的照料与父母对孩子的关注。教育是上一代人对下一代人的教育过程。训诫(discipline)作为一种对人的规范,避免了人的一些动物本能而使其具有人的理性,但训诫是消极的,教育的积极部分是指导(instruction)。人是需要养育与文化教育的,其中文化教育即包括训诫与指导;据人们所知,这些都是动物不需要的,而这些对于人却是很重要的,人只有通过教育才能成为人。

德国哲学家雅斯贝尔斯(Jaspers,1883—1969)认为:教育是年长一代对年轻一代的交流活动,这一交流活动涉及身体的与精神的内容。年长者对年幼者不仅教授基本知识,而且教授对生命的理解,通过一种文化的传承规范年幼者的行为,与此同时,赋予年幼者一定的自由,启迪其天性,促其成长为独立的个体③。教育在于对人的培养,促其发现自我,而非学习刻板的知识;教育是一种实践活动,在实践过程中,受教育者不断地进行尝试,逐渐成长。不同的课程锻炼不同的能力,比如手工课使学生具有一定的动手能力,体育课使学生具有强健的运动能力,哲学课培养学生的思考能力,历史课使学生对历史产生敬畏之感,科学课培养学生的发现与探索意识,外语课培养学生的语言能力。教育是为了促使学生的潜能得到最大限度的发挥。教育不是

---

① 参见:卢梭.爱弥儿:论教育(上卷)[M].李平沤,译.北京:商务印书馆,1996:7.
② 参见:梁敬东.现代社会中的人性及教育:以涂尔干社会理论为视角[M].上海:上海三联书店,2006:3.
③ 参见:雅斯贝尔斯.什么是教育[M].邹进,译.北京:生活·读书·新知三联书店,1991:3-5.

为了使学生成为知识的储存罐,而是为了使学生成为一个有灵魂的人。在雅斯贝尔斯看来,教育的关注点不应是知识的学习与积累,而应是一种精神的养成,更是一种文化意义上的概念。从这个角度来讲,教育是为了实现文化的传承,缺少了这重含义的教育是不健全的。另外,教育并不是为了单纯教学生堆积知识和提高认知,更重要的是为了净化学生的灵魂,使学生成为一个有德行的人。

美国教育家约翰·杜威(John Dewey,1859—1952)认为,教育作为社会的一个职能,是实现社会对人的规定的过程。教育将人培养成为社会需要的人,通过抚养、培育与教养的方式,抚养、培育、教养等词意味着教育含有注意成长条件的意思;另外,也使用养育、培养、教化等词,这些词表明了教育所要包括的不同水平[1]。在杜威看来,教育即生活,教育的过程是使年轻人逐渐社会化的过程,这种社会化不仅指物质的社会化,而且指思想经验的社会化。教育的目的是使受教育者成为一定社会文化背景下所需要的人。

当代中国著名教育研究者鲁洁(1930—2020)认为,教育是一种使人成为人的过程,人之所以为人是因为人可以实现人性的觉醒,教育的本真是要回归到人[2]。有两种观点影响了人们对人的界定。一种是,基于"神人观"的视角,教育的目的是使人成为"神"的存在。从这个意义上来讲,教育的使命是促使人听从个人本性的召唤,从而试图摆脱人的自然性,将人性的部分从"神人"中除去,从而成为"神",这样则使人脱离了世俗的现实生活。然而,最终人没有成为"神"的存在,反而成为一种"物"的存在。另一种是,人通过理性来规约自己的行为,尤其是技术理性对人的影响,使人逐渐被工具化、被物化:一方面人在一定意义上,成为一种机器的存在,或者仅仅是一个小小的零件;另一方面,人被看作与其他动物一样的存在物,所有的活动都是为了满足基本的生理需求。然而,教育是为了实现人的回归,也就是人的觉醒。人性的塑造需要通过后天的实践过程才能实现,先天的遗传因素只是提供了人成为人的可能,"做人"指的是在做的过程中使人成为人,也就是说,需要在生活实践中实现人的成长。人的成长过程充满了不确定性的复杂的因素,人最终成为何种人,可能是偶然的。人要成为人,首先要按照成人的要求设定一定的目标,然后想方设法在生活中实现这些目标,也就是说人是具有主动性的,

---

[1] 参见:杜威.民主主义与教育[M].王承绪,译.北京:人民教育出版社,1990:12.
[2] 参见:鲁洁.做成一个人:道德教育的根本指向[J].教育研究,2007(11):11-15.

人要主动地去设置目标,并朝着目标努力;其次要抱有坚定的意志,成人的过程并不是一帆风顺、一马平川的,而是充满艰难险阻、障碍重重的,因此更要一路坚定坚持;再次要落实到实际的行动中,也就是说有了目标,则需要朝着目标勇往直前地走下去,在成人的过程中坚持不懈、不断实践,即使遇到困难也要坚持下去,所有主观的意愿最终落实为实际的行动,成人的过程是一个待完成的过程。总之,在鲁洁看来,教育是使人成人的过程,是为了使人做成一个人的过程,这一过程是在真实的生活中实现的。

当代中国著名教育研究者叶澜(1941—)认为:"教育是什么?",这是将教育作为一个整体的对象进行研究的关涉教育基本理论的需要回答的一个重要问题[①]。在当今现代社会中,受过不同程度或者不同方式教育的人越来越多,人们对"教育"的理解逐渐趋于一个生活化的词语,实际上,这种理解具有片面性。"教育"作为人类社会活动的重要组成部分,有着悠久的历史,对其内涵的界定是众说纷纭的,其外延也是包罗万象的,学术界对此抱有各种不同的观点。因此,需要借助于较为复杂的思考方式来对教育进行一个整体性的阐释,从而回答"教育是什么"的问题。叶澜借鉴系统论的相关理论与观点,提出教育可被归类为复杂的开放系统,其中"复杂的"是相对"简单的"而言,"开放"是相对"封闭"而言。也就是说,复杂的开放系统,从整体的角度来看教育,教育是存在两种以上内在联系的要素,并与环境(包括社会环境、文化环境等)有着联系与发生作用的,具有整体功能的系统。教育作为一个整体概念,与人类的其他社会行为进行互动,并产生各种相互作用。

综上所述,本书试图从词源学的角度,以及通过分析不同学者对"教育"的阐释,来对本书中的"教育"下一个定义。正如索尔蒂斯(Soltis,1931—2019)所认为的,"我们并不缺乏对教育进行的定义,我们需要做的是寻找教育的那个'真正的'定义"[②]。谢弗勒(Scheffler,1923—2014)在其《教育的语言》(*The Language of Education*)一书中,提出了三种定义的类型:"规定性定义、描述性定义和纲领性定义。"[③]其中,规定性定义是通常意义上的定义,通过一些特殊类型的话语来阐述,显示出在一定特殊语境下一个术语与其他

---

① 参见:叶澜.教育概论[M].北京:人民教育出版社,2006:1.
② Soltis J F. An Introduction to the Analysis of Educational Concepts[M]. 2nd ed. Reading, Mass.: Addison-Wesley,1978:7-8.
③ Scheffler I. The Language of Education[M]. Springfield: Charles C Thomas,1960:13-16.

术语的区别。规定性定义被划分为创造性定义和非创造性定义两种。描述性定义是另一种具有普遍意义的定义,主要是为了解释一个术语的主要用途,事实上,描述性定义是为了澄清一些问题。比如说,回答"这个术语意味着什么"主要是为了描述一个术语的主要功用,便于对术语进行进一步的理解,从而将其与其他相似的术语进行区分。纲领性定义则是一种告诉我们事物应该怎样的定义类型。简单来说,规定性定义是用于一个概念区分于其他概念的最一般的精简的表述;描述性定义是为了进一步说明概念的具体意义,便于人们对概念的理解;而纲领性定义则表述了一种应然的状态。因此,对教育的定义可以从这三个维度来展开。就规定性定义而言,针对不同的研究问题,研究者可以针对研究的需要对教育界定自己的规定性定义——这在逻辑上是可行的,因此,需要对教育下一个真正的规定性定义的观点是不恰当的;就描述性定义而言,不同研究者对教育的描述更是因人而异,因研究的需要而有所不同,在不同的语境下,可能会对"教育"一词界定多重描述性定义,因此也不可能存在一个唯一的真正的描述性定义;就纲领性定义而言,这可能是探寻"教育"的"真正的"定义的方式。对"教育"的"真正的"定义的界定,可以依据纲领性定义的阐释方式,首先以自然人为出发点,将人看作真正的人,而不是物的存在或者其他。教育的目的是培养人,培养社会需要的人,培养适应时代发展的社会人,也就是说,围绕"人"这一关键词来考察"教育",教育是一种培养人的活动。

第三节 文献综述

文献综述是针对所研究的主题,对相关的文献进行查找与汇总,通过整理与分析,了解所研究主题的研究现状,并根据已有研究的成果提出继续研究的问题,探寻适合的研究方法。文献综述是研究开展的基础。劳伦斯·马奇(Lawrence A. Machi)在《怎样做文献综述——六步走向成功》(*The Literature Review: Six Steps to Success*)一书的前言中指出:"文献综述是一种书面论证。它依据对研究课题现有知识的全面理解,建立一个合理的逻辑论证;通过论证,得出一个令人信服的论点,回答研究问题。"①

技术影响了教育中重要的主体——"人"。在一定意义上,"人"将技术与教育紧密联系在了一起。因此,本节将分别对"技术对'人'的影响""技术对教育的影响"做文献综述,通过对已有文献中技术与人的关系的分析,反思技术与教育的关系,从而探讨技术对教育影响的价值判断。

一、关于技术对"人"影响的研究

关于技术对"人"影响的研究,有的是从技术哲学的视角进行的,有的是从媒介技术学的视角进行的,还有的是从教育学的视角进行的。综合不同视角的研究,可以发现大致有两种观点:一是技术成为"人的延伸";二是技术导致"人的异化"。

(一) 技术成为"人的延伸"

人类历史表明,技术的发展史是漫长而复杂的,技术从无到有,从单一到多元,处于不断变化中。恩斯特·卡普在《技术哲学纲要》中,从人类学的角度出发,提出了技术是人类身体的延伸的观点。这种观点被称为"器官投影说",即将技术的发展看作人的身体的不断延伸。但器官投影说难以说明技术起源的问题,这是因为它只是对"形成了的人"及其物化技术形态形成的说明,而难以说明"形成中的人"及其"准技术"形态、动作技能形态等的发生过程。

技术成为"人的延伸"的观点,认为技术是一种工具,这种工具是为了达成人的某些目的的。正如人们通常的观点是将技术作为一种工具,关于技术的活动则是制作工具的过程,人类对工具的制造与使用也被认为是人区别于动物的重要特征②。从这层意义上来说,技术与人的关系是"器"与"道"的关系。

从媒介学的视角来看,技术作为一种媒介,是人的身体的延伸。一种观点认为技术促进了人的发展。麦克卢汉(Marshall McLuhan,1911—1980)在《理解媒介:论人的延伸》(Understanding Media: The Extentions of Man)一书中认为,技术可能是人类身体的、思想的或者存在的延伸。比如说,衣服是

---

① 马奇,麦克伊沃.怎样做文献综述:六步走向成功[M].陈静,肖思汉,译.上海:上海教育出版社,2011:3.
② 参见:李庆臻.简明自然辩证法词典[M].济南:山东人民出版社,1986:7.

人类皮肤的延伸,住宅也是人类皮肤的延伸,但衣服是更为直接的延伸,而住宅则是相对间接的延伸——这两种延伸都是为了使人能够感到温暖。麦克卢汉认为,技术的发展从机械时代开始,发展到电力时代,再到现在的数字时代,在发展过程中,从最初的技术作为身体的延伸在小范围的空间内进行,再到后来扩展到更大的范围,人类的中枢神经系统也被延伸了,跨越了空间的限制,在全球范围内形成一种互动,时间与空间的概念被彻底打破①。比如说人工智能的出现,促使技术不仅成为人的四肢的延伸,也成为人脑的延伸,甚至成为整个人的延伸;技术全面进入了人所在的所有领域,这些影响相互作用。

还有观点认为,技术作为人的延伸,反而导致了人与社会的疏远。尼尔·波兹曼著有著名的"媒介批评三部曲":《童年的消逝》(*The Disappearance of Childhood*)、《娱乐至死》(*Amusing Ourselves to Death*)、《技术垄断:文化向技术投降》(*Technopoly：The Surrender of Culture to Technology*)。在《技术垄断:文化向技术投降》中,尼尔·波兹曼认为,人类技术的发展可分为三个阶段,这三个阶段分别是:将技术作为工具使用、技术变为一种统治的力量,以及技术成为一种垄断。其中第三个阶段的特征是,除了技术以外的其他因素都成为各种不重要的存在,或者说都失去了存在的意义。技术将所有的既有概念进行了重新的界定,使这些概念适应技术的新要求,因此,在一定意义上,技术垄断意味着一种更加具有极权特征的统治方式。②另外,尼尔·波兹曼在《娱乐至死》一书中提出,任何一种媒介技术都有共鸣,因为共鸣就是扩大的隐喻③。不管一种媒介技术原来的语境是怎样的,它都有能力越过这个语境并延伸到新的未知的语境中。由于它能够引导我们组织思想和总结生活经历,所以总是影响着我们的意识和不同的社会结构。它有时影响着我们对于真善美的看法,并且一直左右着我们理解真理和定义真理的方法。在《童年的消逝》一书中,尼尔·波兹曼认为,在印刷术发明之前,人们的日常交流发生在人与人之间的互动过程中④。形象地来说,那时的人们处在一个大的社会环境中,人与人主要通过口头语言进行交流,甚至连阅读所采用的也主要是一种口语化的模式,人们跟随着其中一个领读者大声地诵读。但这

---

① 参见:麦克卢汉.理解媒介:论人的延伸[M].何道宽,译.南京:译林出版社,2011:4.
② 参见:波斯曼.技术垄断:文化向技术投降[M].何道宽,译.北京:北京大学出版社,2007:28.
③ 参见:波兹曼.娱乐至死[M].章艳,译.2版.桂林:广西师范大学出版社,2011:18.
④ 参见:波兹曼.童年的消逝[M].吴燕莛,译.2版.桂林:广西师范大学出版社,2011:37-38.

一切在印刷术发明之后发生了变化,印刷术的产生使书籍成为一种日常的阅读物,人们不再需要直接的面对面的口语交流才能阅读,而是更倾向于依赖自己的眼睛,而不是嘴巴。渐渐地,读者成为独立的个体或者说孤独的个体,沉浸在自我的世界,而远离了社会生活。

数字技术时代背景下,技术对人们的生活的影响变得更加深远,技术深入人们的生活之中,作为一种更加细致的产物与人的身体相连,实现了技术成为"人的延伸"的精细化。正如罗杰·菲德勒(Roger Fidler,1942—　)在其著作《媒介形态变化:认识新媒介》(*Mediamorphosis*:*Understanding New Media*)一书中提出的,以数字技术为基础的网络将成为人的延伸[①]。未来,人们将既生活在现实世界,又生活在虚拟世界,网络作为一种沟通渠道成为人们生活的必需品。从电话发明之后,人与人之间的沟通就不再只是面对面的交流,而是可以实现远距离的不同空间的虚拟交流,但电话只能传播思想,却不能实现身体的移动。电报的发明,则为人与人之间的交流提供了更多的方便,因为其不仅打破了空间的限制,还打破了时间的限制,但是与此同时也存在一个问题——共时性问题,电报不能实现同步。网络的产生解决了上述的诸多问题,网络提供了这样一个虚拟的环境,可以实现人与人之间虚拟的面对面交流。网络技术成为"人的延伸"是技术发展到一定阶段的产物,此处,网络技术还是一种工具意义上的技术,网络技术所具有的特征是为了满足人的进一步需求。

(二)技术导致"人的异化"

很多学者都对技术使人异化的问题进行了研究,学者们或从历史的维度,或从社会的维度,或从政治的维度,或从文化的维度等展开研究。其中,卡尔·马克思(Karl Marx,1818—1883)立足于现实历史性维度,对技术与人的关系问题、技术与社会的关系问题、技术导致人的异化的问题等方面都进行了深刻的洞察。"异化"是马克思著作中的核心概念,贯穿于《资本论》《1844年经济学哲学手稿》《德意志意识形态》等著作中。在《1844年经济学哲学手稿》中,马克思基于哲学人本主义的立场,提出了"异化劳动"理论,从而提出了人的异化的问题。马克思认为,一方面,技术是生产过程中所运用的工具和手段,从而影响了生产关系与生产方式,以致影响了作为意识形态

[①] 参见:菲德勒.媒介形态变化:认识新媒介[M].明安香,译.北京:华夏出版社,2000:147-148.

的哲学,另一方面,哲学对技术也有能动作用①。显然,马克思的技术观是站在社会批判的角度上对技术的分析,这种分析是辩证的,既不是全然地接受技术,也不是完全地否定技术,而是试图对技术进行扬弃与改造。马克思对技术的观点不是对技术本身的批判,而是对与技术相关的社会的批判②。马克思明确地将技术异化的根源归于资本主义制度。马克思认为,工人被机器的代替,并不是机器的责任,而是社会的问题,尤其是资本主义社会的问题,机器的产生并不是凭空的,而是有一定的社会背景。马克思的观点为当前的技术研究提供了一种辩证唯物论的理论视角,并从社会批判的视角揭示了技术异化导致的"人的异化"问题。

从现象学的视角来看,技术使人执着于一些符号形式的表达,过于看重现象背后的理性符号,而忽视了自然的意义,使人远离了自然世界,从而导致了人的异化。胡塞尔(Husserl,1859—1938)在《欧洲科学危机和超验现象学》(*The Crisis of European Sciences and Transcendental Phenomenology*)一书中,以批判实证主义科学观来揭示科技异化的实质和根源,认为科学家以数学为一般性的工具,将一切都转化为能以符号、公式、计算等数学形式表达的东西,结果,生动丰富的自然被数学化,这使人远离了真正的自然。数学作为一种技术的力量将自然物数学化,并赋予其新的意义;用形式逻辑的形式表述实质的数学,以及那种扩展了的形式逻辑发展成为自身完备的纯解析学或集合论,这是一个完全合理的、必然的过程③。同样,技术化时常导致在技术的思想中完全迷失自己,这成为一种非常自然的过程,但是,所有这一切能够并且必须成为一种完全自觉地被理解和被实践的方法,则需要赋予这种用数学来解释世界的方式以意义,与此同时,还需要使数学的自然科学从那种对以上这些问题不加提问的传统中解放出来。进一步说,技术危机的实质是人性危机,技术带来的工具理性使哲学远离了生活世界以及人的世界,而被科学化、客观化。因此,胡塞尔提出应该使哲学回到生活世界,重建完整理性,从而在根本上解决技术异化所带来的人的异化的问题。

从文化学的视角来看,技术作为一种工具的概念,对社会文化也产生了

---

① 参见:乔瑞金.马克思技术哲学纲要[M].北京:人民出版社,2002:47-48.
② 参见:米切姆.技术哲学概论[M].殷登祥,曹南燕,等译.天津:天津科学技术出版社,1999:43-44.
③ 参见:胡塞尔.欧洲科学危机和超验现象学[M].张庆熊,译.上海:上海译文出版社,2005:61-62.

影响,从而形成一种技术文化,或者说是一种机械文化。斯宾格勒(Spengler,1880—1936)在《人与技术:对生命哲学的贡献》(Man and Technics: A Contribution to a Philosophy of Life)一书中提出,技术不仅是指物质的技术,而且还包括社会的技术,技术的外延是广义的,但无论如何,技术是一种有目的的活动,是反自然的,是人们与周围环境相对抗的重要工具与手段[1]。技术的发展会使人类的生活变得越来越智能化。与此同时,斯宾格勒认为,西方文化是一种"浮士德文化"或"机械文化",也就是一种发展极致的技术文化,"浮士德文化"的产生是由于人的动物性(为了生存)的一面,以及人的神性(为了美好的生活)的一面,而如今这种"浮士德文化"患了一种机器病。作为一种内在"腐蚀"的文化,人不再是一种主人的身份,反而被机器所控制,被机器所奴役[2]。另外,在《西方的没落》(The Decline of the West)一书中,斯宾格勒洞察到技术对人的压迫,他认为,机器成为折磨人的存在,不断地对人施加着各种压力,人性在机器的压迫下越来越变得模糊[3]。机器的存在形成了一个特殊的作用场,这个场所产生的力如同一张大网,将人们遮蔽起来,人们越来越难以发出原有的声音,车轮、转轴和杠杆不再有声,所有重要的东西都藏在内部,人越来越感觉到机器像魔鬼一样萦绕在生活的周围,人开始成为被奴役的对象。斯宾格勒从文化的视角对技术进行了开创性的解读,肯定了技术存在的必要性,而研究的局限性则在于带有一些悲观主义的色彩。

有不少学者的观点与斯宾格勒的观点是一致的,都认为技术引发了西方的各种危机。比如雅斯贝尔斯在《什么是教育》(Was ist Erziehung?)一书中指出,技术的闯入震撼了人存在的根基,引起了西方世界最深层的破裂,在那里人人都体验了破裂的痛苦[4]。他认为技术是引发西方危机的一种重要因素,但是,因为技术是西方在其精神展开中所创造出来的,其破裂依然是处在它所从属世界的连续性中。然而,对于其他的所有文化而言,从外面而来的破裂就是一种灾难,再也不能从陈旧的构造中延续下去。印度和东亚和西方一样,都在面临着这个基本的问题,在技术文明的世界里必须转变社会条件,否则就会走向没落。雅斯贝尔斯在其宏大的"轴心"理论框架下对科技异化进行了分析,他认为,人类历史可以划分为四个时期,其中人类文明的轴心期

---

[1] 参见:斯宾格勒.人与技术[M].董兆孚,译.北京:商务印书馆,1937:32.
[2] 参见:斯宾格勒.人与技术[M].董兆孚,译.北京:商务印书馆,1937:71.
[3] 参见:斯宾格勒.西方的没落[M].张兰平,译.西安:陕西师范大学出版社,2008:330.
[4] 参见:雅斯贝尔斯.什么是教育[M].邹进,译.北京:生活·读书·新知三联书店,1991:137.

是在公元前600年至前300年间,"轴心期"过后人类进入了技术时代。这一时代是人类的转折期,其时代特征是技术表现出"双刃剑"的功能,既给人类生活带来了很多机会,同时也带来了各种危险,逐渐使人成为机器的奴隶,失去了生活的乐趣。因此,应该超越科技异化,重视"思"而否定实证主义,恢复技术的人性。

启蒙运动之后,理性成为至高无上的存在,理性与知识的结合使技术成为影响社会各个方面的重要因素。霍克海默(Horkheimer,1895—1973)和阿多诺(Adorno,1903—1969)在《启蒙辩证法》(*Dialectic of Enlightenment*)一书中以艺术这种文化现象为典型,批判了工业社会中所存在的技术异化的问题,把人和自然关系异化的根源归结为启蒙理性,把科学等同于技术。在当代西方技术理性日益盛行的条件下,自然屈从于技术理性,成为异化于人的对象。理性的力量成为人类战胜自然的重要力量,人类利用包罗万象的知识,运用这些知识对自然进行解读、改造,人类朝着逐渐理性化的方向发展[①]。启蒙运动将理性和知识归结为技术,认为技术既是控制自然的工具,同时也是控制人的工具。启蒙理性一方面以理性和科学反对无知和迷信,另一方面用理性追求对自然加以统治,控制人类生活,技术成了强大的统治力量,不仅是实现人战胜自然的工具,也是实现人对人统治的工具,具有意识形态的功能,导致了文化与社会的堕落。同样地,芒福德也持有类似的观点,他认为,自哥白尼以来,由于人们崇信理性和秩序,追求数学化、数量化、机械化和自动化的普遍化和绝对化,追求单一的技术理性,技术的单一化程度变得日益明显和突出,而人的情感、意志等则被排除在外;这种技术越完善,机器作为一种对人性的毁灭技术就日益发展起来,这也就进一步加深了技术对人的异化的作用。因此,芒福德提倡应该以一种民主的技术形式取代过去单一的技术形式,从而实现技术、人、社会的协调与可持续发展。

有社会批判理论研究者认为,技术使人成为一种异化的存在表现为技术对人的奴役方面,持此观点的学者有马尔库塞(Marcuse,1898—1979)等,他分别在《爱欲与文明》(*Eros and Civilization*)和《单向度的人:发达工业社会意识形态研究》(*One Dimensional Man: Studies in the Ideology of Advanced Industrial Society*)中分析了技术的进步没有使西方人走向自由和解放,反而使人们陷入了技术的奴役之中。在《爱欲与文明》一书中,马尔库

---

① 参见:霍克海默,阿多诺.启蒙辩证法[M].渠敬东,曹卫东,译.上海:上海人民出版社,2003:2.

塞提出了两个关于压抑的不同概念:一个是必要的压抑,一个是额外的压抑。通过对两种压抑概念的分析,马尔库塞试图建立起非压抑的文明形式,但实际上,技术的进步却阻碍了这一进程的实现。现行的压抑主要是一种额外的压抑,这种压抑不但不是来源于劳动的需要,而是一种统治权力的施加[①]。在《单向度的人:发达工业社会意识形态研究》中,马尔库塞则把分析科学技术的政治功能作为分析晚期资本主义社会的理论出发点,他指出科学技术已经成为维系资本主义社会政治统治合法性的意识形态工具。马尔库塞将真实的需求与虚假的需求进行对比,以此来说明技术作为一种意识形态的存在。真实需求是一种人可以支配的需求,而虚假需求则是人无法支配的;真实需求包含物质和精神两个维度,虚假需求是被一定的利益集团所施加的,虚假需求带来了压抑、剥削等负面影响[②]。马尔库塞认为,技术作为一种控制人的意识形态,使人成为生产和消费的奴隶,因此,技术再也不具有"中立性"的特点,技术剥夺了人的批判意识,造就了单面的人和单面的社会。

技术成为一种意识形态的存在,不断地对人进行控制,使人逐渐丧失了自然性,成为一种物的存在。正如哈贝马斯在《作为"意识形态"的技术与科学》(Technology and Science as Ideology)一书中指出的,科学技术在当代西方社会出现了两种发展趋势:首先,各个西方国家努力采取多种举措以此来保障资本主义国家的稳定;其次,科学与技术对人们的日常生活的影响越来越大,这两种趋势密切联系在一起[③]。哈贝马斯进一步认为,根据目前的情况,马尔库塞对技术作为一种意识形态的分析,为解释当下的两种趋势提供了一个新的视角。技术与资本主义制度两者之间互相成为对方的辩护者,维护着对方的利益,使对方都成为合理性的存在。与此同时,技术逐渐成为一种统治的力量,技术异化了,人被奴役了,人的精神性被消解了,人逐渐成为一种物的存在,人被物化了。

从未来学的角度来看,学者们对技术的应用持有一种悲观的态度。奥雷里欧·佩奇(Aurelio Peccei,1908—1984)在《世界的未来:关于未来问题一百页》(One Hundred Pages for the Future: Reflections of the President of the Club of Rome)一书中,认为对技术的发展不应抱有一种乐观的心态,虽然

---

① 参见:马尔库塞.爱欲与文明[M].黄勇,薛民,译.上海:上海译文出版社,2005:112.
② 参见:马尔库塞.单向度的人[M].刘继,译.上海:上海译文出版社,2006:6.
③ 参见:哈贝马斯.作为"意识形态"的技术与科学[M].李黎,郭官义,译.上海:学林出版社,1999:58.

技术进步促进了人类社会的发展,但实际上技术的应用目的是服务于统治阶级的利益与目的的。另外,技术本身是存在诸多问题的,人们对技术的运用超出了一定的界限,技术被过度使用了[①]。佩奇关于技术的观点是悲观的,他忽略了技术本身与技术应用之间的差别。这种悲观的技术观认为技术导致了"人的异化",因此,应该限制技术的使用。

伴随技术逐渐成为一种具有自主性的存在,技术使人异化的过程经历了几个阶段,技术逐渐从一种物的单一存在,转变成一种整体的系统存在。埃吕尔在《技术系统》(*The Technological System*)一书中,从社会学的角度研究了现代技术的特征和功能,描述了科技异化的现象。他认为我们已经进入了一种技术的社会中[②]。系统化了的技术将技术本身看作一个权威,表现出明显的自主性,不再按人的意愿而是按技术固有的内在逻辑发展,技术成为评判一切的标准。埃吕尔得出这样的结论:技术成了社会的决定因素,它决定着社会的政治、经济,同时,技术为人营造了独特的生存环境即技术环境,社会进入了技术化的社会。埃吕尔强调,在技术化社会中,人成为技术的附属,以技术为行为准则和价值规范,以技术进步为最高目的。技术使人的自主性逐渐减少,以至于使人成为一种物的存在,具有一定的技术属性,人被异化了。埃吕尔对技术化社会表示极大的担忧,在他看来,技术不会停滞或减慢步伐,而会加速发展,他对人类是否能摆脱技术困境持消极的态度。

技术由于本身的原因而产生了技术异化的问题,这一问题在当代表现得越来越显著,尤其是表现在技术异化对人的异化的影响方面。弗里德里希·拉普(Friedrich Rapp,1932—)是现代西方著名的技术哲学家、技术社会学家。在其代表作《技术哲学导论》(*Introduction to Philosophy of Technology*)一书中,他认为,技术在带来诸多成果的同时,也带来了种种的不良后果[③]。另外,唐·伊德(Don Ihde,1934—2024)认为,必须从当下的技术环境入手,反思技术世界的新问题[④],并进一步提出了从现象学的视角来看技术的问题[⑤],以此提出对技术进行批判的新观点。

---

① 参见:佩奇.世界的未来:关于未来问题一百页[M].王肖萍,蔡荣生,译.北京:中国对外翻译出版公司,1985:23.
② Ellul J. The Technological System[M]. New York:Continuum,1980:65.
③ 参见:拉普.技术哲学导论[M].刘武,等译.沈阳:辽宁科学技术出版社,1986:150.
④ Ihde D. Philosophy of Technology,1975-1995[J]. Techné,1995,1(1):8-12.
⑤ Ihde D. Postphenomenolgy:essays in the Postmodern Context[M]. Evanston:Northwestern University Press,1993:119-142.

综上所述,有学者立足于社会中的人、人性,较深入地分析和说明了技术异化的种种现象,但未能触及人和人性背后的社会,未能找到克服技术异化的有效途径;有学者分析了技术在当代资本主义社会的新功能,批判了技术作为资本主义社会的政治统治工具及其负面影响,但把技术的功能绝对化,片面强调技术对社会的消极作用,忽视了技术的积极意义;有学者以人与自然的关系为切入点,对技术持悲观主义态度,引发了西方发达工业社会的现实生态运动和生态理论思想;有学者在深入分析技术的特点和实质的基础上,揭示了技术异化的表现和根源,但片面强调技术对社会的决定功能,忽视了人和社会对技术的影响,无法找到解决技术异化的有效途径。现代人类社会面临的重大问题都与技术密不可分,以上思想流派和思想家,无论其理论重心是什么,都围绕着技术异化的问题,分析中都有其精辟之处,但大多数思想家限于所处时代的背景,未能全面地对技术异化的问题加以分析。

二、关于技术对教育影响的研究

(一)技术对教育影响的理性因素

反思技术对教育影响的理性因素,通过分析技术理性的实质,并对技术理性进行批判,从而进一步分析技术合理性的形成。雅斯贝尔斯在其著作《时代的精神状况》一书中有这样的观点:今天,人们把人类生活就是在技术进步的帮助下由合理化的生产来满足大众需求这一观点看作是理所当然的。这个结论背后存在这样的假定,即将人类对世界的理解认作一个整体,技术的进步带来社会的进步被看作一种自然的存在,或者是一种合理的存在,然而,面对当下存在的不确定性可能,我们需要做的是反思人们的这一想当然的观点。[①] 从技术理性的视角反思技术对教育的影响,为本书提供了一个新的看问题的方式,也为教师对技术所持态度以及应持态度提供了一种解释,从而可以为我们提供一种分析技术时代的技术对教育影响背后的理性因素。

1. 技术理性的实质

技术理性的生成与理性的概念密切相关,要理解技术理性,则首先要对理性有一个清晰的理解。对理性的理解,从本体论的视角出发,将其与对世界本体的理解联系在一起;从人性论和认识论的视角出发,将其与对人的能力以及人性的理解联系在一起。具体来说,一方面,从本体论角度来说,理性

---

① 参见:雅斯贝斯.时代的精神状况[M].王德峰,译.上海:上海译文出版社,1997:28.

是指传统理性,是一种绝对的理性主义。柏拉图提出了传统理性的概念,认为理性是脱离于人的一种绝对精神;亚里士多德进一步强化了柏拉图关于理性的观点,认为理性是人的品格最重要的部分;黑格尔(Hegel,1770—1831)将理性主义发挥到了极致,认为理性是世界的主宰,理性的最高形式是绝对精神,人类、自然、社会只是绝对精神的外化形式。另一方面,从人性论和认识论的角度来说,理性则指人的本性和一种特有的能力。这种理性可被称为"启蒙理性",不仅将人与动物区分开来,而且将人性与非人性区分开来,是人的一种独立思考的能力,这种能力与正义、自由、人性密切相关。

18世纪发生的工业革命和启蒙运动,对科学技术有着重要的影响作用。工业革命的发生,促使科学运用到实际的生产中,从而推动了技术的发展,工人被机器取代,从而转变了资本主义生产方式与生产关系。启蒙运动的发生,则从思想领域,对神学与封建专制进行了批判,传播了科学精神与科学知识,理性成为衡量一切事物的标准和准绳,牛顿的万有引力定律为人们提供了一种理性的规则。然而,人们试图将牛顿的方法应用到整个自然科学中,甚至将其应用到伦理学中,并认为理性可以解决一切问题[①]。整个社会充满着理性规则,通过对规则的掌握,人们试图控制自然,甚至主宰一切。

技术与理性结合在一起,从而使理性可以通过客观的物质形态得以呈现,这种客观的物质形态就是人类的实践活动,比如劳动手段、技能体系等。理性的力量在人对自然的控制过程中、工艺设备的使用过程中体现得淋漓尽致,因此,关于技术的活动是人类理性活动的外在物化形态,以客观物质的形式体现了人类的理性的形态和结果。在社会实践活动中,技术与人类理性相互作用在一起,从而扩大对自然环境的控制,在此过程中,为了提高效率,降低成本,并能达到既定的目的,人们需要求助于理性的力量,求助于一些相关的知识[②]。技术是理性的产物,是理性的技术,基于理性的形式确定下来的技术思维,将导致理性走向片面化,从而逐渐成为一种技术的理性。19世纪以来,科学技术不断深入社会的各个领域,认识理性不断被人文理性所替代,实践理性不断被科学理性所替代,甚至人文理性不断被科学理性所替代,更有学者认为科学知识应该是辨别一切真伪的唯一标准。

马克斯·韦伯(Weber,1864—1920)将理性划分为工具理性与价值理性,

---

① 参见:贝尔纳.科学的社会功能[M].陈体芳,译.北京:商务印书馆,1986:63.
② 参见:巴伯.科学与社会秩序[M].顾昕,等译.北京:生活·读书·新知三联书店,1986:63.

并认为资本主义工业化生产以及以此为基础的资本主义社会都是工具理性的结果。马尔库塞基于韦伯对理性的划分,进一步将理性划分为技术理性和批判理性,并指出批判理性与韦伯的价值理性相对应,具有批判的、实践的特性,是指向目的的;技术理性则与韦伯的工具理性相对应,是基于工具理性的技术的物化,注重技术的使用目的。他认为技术已成为社会统治的工具,并是一种意识形态的存在。在《单向度的人》一书中,马尔库塞认为前技术阶段与技术阶段拥有一些共同的基本概念,这些概念是关涉人和自然的。前技术理性不仅是一种理论理性,还是一种实践理性,前技术理性确定了万物的本真,而发达工业的成就导致了单向度的产生。稳定的趋势与肯定性思维,以及理性的破坏性要素和否定性思维,形成了相互之间的冲突与矛盾。这在柏拉图提出的辩证逻辑与亚里士多德提出的形式逻辑的对比中可以清晰地得以呈现。亚里士多德在《工具论》中提出,当事物虽然具有共同的名称,但所相应的定义是不同的,则被称为"同名异义",比如真实的人和图画的人,都被称为"人",虽然他们有一个共同的名称,但定义却是不同的[①]。亚里士多德提出了形式逻辑的概念,并认为知识是不同概念的联结,此后,真理与现实被割裂了,抽象概念和数学运算建立了一种技术理性的思维方式,自然等实存物被解释成为一些数学的符号运算,技术理性逐渐代替前技术的理性。马尔库塞认为,形式逻辑试图为思维规则提供普遍有效性[②]。通过对亚里士多德形式逻辑的分析,马尔库塞认为,技术理性是一种肯定性的思维方式,同时也是一种单向度的思维方式。技术理性具有以下特征:首先,技术理性是在形式逻辑、数学、工具理性等基础上形成的;其次,技术理性以形式化和定量化作为知识及实践的标准,依据自然科学来衡量知识;再次,技术理性将一切都理解为工具,关注于功能操作等实用目的;最后,技术理性将事实与价值严格区分,具有工具主义与意识形态的特征。马尔库塞揭示了从前技术理性到技术理性的转化过程。

2. 技术理性的批判

通常情况下,一般的观点都是谴责技术社会所表现出的权威主义的管理、盲目的生产与消费。社会批评家宣称,技术理性和人类的价值在争夺现代人的灵魂。然而,技术给教育带来的种种问题需要追问蕴含在技术之中的

---

① 参见:亚里士多德.工具论[M].李匡武,译.广州:广东人民出版社,1984:10.
② 参见:马尔库塞.单向度的人[M].刘继,译.上海:上海译文出版社,2006:124.

技术理性,忽视这一事实的改革将会失败,这包括像简化的生活方式或精神复兴之类的思路。尽管这些都是值得尝试的,但是在一个为了生产而牺牲众多社会成员和剥夺他们在社会生活的每一方面的权利的社会中,根本性的进步是不可能发生的。一个好的社会应当扩大其成员的个人自由,同时能让他们有效地参与范围广泛的公共事务。在最高层次上,公共生活包含有关它对人类意味着什么的选择,现今的这些选择逐渐以技术决策为中介,人类是什么和将会变成什么不仅取决于政治家的行为和政治运动,而且也取决于我们的工具的形态。技术究竟只是一种简单的工具,抑或是影响我们社会文化生活方方面面的具有自主力量的系统?技术是负载价值的,抑或是价值无涉的?技术是中立的,抑或是自主的?技术是可控的,抑或是不可控的?对这些问题的回答,都影响着我们应该如何来对待技术。在技术充斥着整个社会的今天,一种对技术的清醒反思会在最大程度上帮助我们来面对眼前的选择。

科学技术将理性推到了至高无上的高度,人们认为技术理性能为自己的生活带来巨大的改变,相反地,人们对技术理性的过度关注,对技术的滥用,导致了各种无法控制的严重后果。无论是生存的外部条件,还是个人的内心世界,人类都面临了巨大的挑战,由此,人类产生了对技术理性的信任危机。相当一批崇尚人文理性的学者开展了对技术理性的一系列批判研究,这些批判的视角涉及社会层面、政治层面、哲学层面,以及文化人类学层面,等等。

从社会政治层面,马克思对技术理性进行了批判。马克思揭示了技术对工人的控制,认为技术导致了人的异化,在劳动过程中,机器生产代替了工人的手工劳动方式,这样使得一部分工人从事过去的手工劳动,而使另一部分工人成为一种机器的存在,使工人变得愚钝,变成畸形[1]。马克思提出了"异化劳动"的概念,认为异化劳动不仅包括工人与技术产品之间的异化,还包括技术活动自身的异化。技术活动使得人的自觉自愿的活动变成了被迫的活动,工人不再具有自身的价值。马克思关于"异化劳动"的观点,体现了对技术的批判,以及对技术理性的批判。马克思通过批判技术来批判技术所处的社会形态——资本主义社会,以及与此相关的经济制度——私有制。因此,马克思的技术批判首先是关于技术的社会批判,揭示人与人之间,以及人与自然之间的矛盾关系[2]。马克思从社会历史的角度出发,考察现实的物质生

---

[1] 参见:马克思.1844年经济学哲学手稿[M].中共中央马克思恩格斯列宁斯大林著作编译局,译.北京:人民出版社,2000:54.
[2] 参见:管锦绣.马克思技术哲学思想研究[D].武汉:武汉大学,2011:37.

活,提出了"异化劳动"理论,并在此基础上建立了技术批判理论。马克思的技术批判揭示了技术对自然的影响、技术对工人的影响,将人的异化归结为劳动的异化问题,以此提出了异化劳动的扬弃。

从哲学层面,海德格尔通过追问技术的本质,对技术理性进行了批判。在《技术的追问》一文中,海德格尔对技术的本质展开了论述。他认为,技术不同于技术之本质,正如一棵树的本质不是在树林里能见到的树,技术的本质也不是在日常的技术里能找到的技术。传统的观念认为技术是一种合目的的工具,其中包含两重含义:一是技术是工具,二是技术要合目的①。技术的工具性观念体现了人们对技术的控制,然而,要了解技术的本质,需要追问工具性背后的原因。海德格尔认为,在现代社会,技术成了人的生存方式,技术的本质以具有强求性、统治性特征的"座架"替代了人们一般所理解的"人的活动工具和手段",技术成为人所不能驾驭和控制的强大力量,这主要表现在两个方面:一是技术使人误以为自己是自然界的主宰;二是技术使人的思维能力衰退了,人失去了存在的意义及其本性。海德格尔希望能通过唤醒人的沉思意识和能力来反省技术本身以及涉及技术的活动,从而解决技术理性所带来的各种问题。对此,海德格尔还是乐观的,正如危险所在之处必有解救之道,通过一种追问的方式,试图探寻解决问题之道。

斯宾格勒在其著作《西方的没落》一书中,认为生活把思想当作一种"芝麻开门"的咒语来使用,在多种文明的顶峰上,在大城市中,技术鉴别因为苦于成为生活的奴仆而自行变成暴君的时刻终于来到了。西方文化,甚至直到现在,还在饱尝着这种无拘无束的思想的放纵行动,并且达到了一种悲剧的程度。② 最终,文化的终结将指向文明,技术不过是物化的文化。斯宾格勒认为,技术对人类而言是一种生活的工具,这在一定意义上与动物的本能相类似,其中的不同在于,人的技术活动是一种基于"心灵"的活动,以观念为基础。机器效力于过程,过程背后的观念决定了工具的使用,比如说交通工具是由"载运"的观念而来,而非"火车"概念而来③。斯宾格勒认为,人的技术行为是在理性的指导下进行的,以一种技术的观念存在,人对技术具有能动性。但斯宾格勒同时也强调,虽然人是技术的创造者,但并不意味着技术对人的

---

① 参见:海德格尔.技术的追问[M]//海德格尔.海德格尔选集(下)孙周兴,选编.上海:上海三联书店,1996:924-954.
② 参见:斯宾格勒.西方的没落[M].张兰平,译.西安:陕西师范大学出版社,2008:328.
③ 参见:斯宾格勒.人与技术[M].董兆孚,译.北京:商务印书馆,1937:9.

影响一定是积极的,一定是造福于人类的;相反的,自技术产生之日起,就注定了其悲惨的命运。技术是人以一定的目的为前提所进行的活动,这种目的活动是为了实现人类对自然的控制,然而,在人与自然的较量过程中,自然最终会取得胜利。斯宾格勒认为技术理性和人文理性是西方工业文化的两大精神支柱,由于人们对技术理性的推崇,出现了各种负面效应,人们借助实验等科学研究方法去认识世界并解释世界,对自然展开了掠夺性的统治;与此同时,技术反过来又对人进行折磨与控制,技术不再是奴仆而变成暴君,将人奴役。

3. 技术合理性的形成

技术已深入人们生活的方方面面,是人们社会生活中一种不容小觑的力量,技术的发展也是不可逆转的。在这样的背景下,我们无法抛开技术来谈问题,因此,探讨技术合理性的问题变得极为重要。通过对这一问题的分析,试图化解技术理性对人的控制,在技术社会中实现人的回归,重建技术与人的良好互动关系。为了实现技术的合理性,需要对技术进行批判性的反思,在技术中融入一种新的价值观,摆脱技术的功利性与工具性,从而将技术作为一种工具和手段,实现人类的全面发展。要克服科学主义对技术理性的片面追求,以及人文主义对人文理性的片面追求,实现技术合理性,需要站在马克思辩证论的立场上,使技术理性与人文理性相统一、工具理性与价值理性相统一。

技术理性作为工业社会的一种统治形式,究其原因与技术理性所呈现的工具性相关。正如马尔库塞的观点:从技术本身以及技术的应用角度来说,技术理性这个概念都可能是意识形态的,是一种科学的、有计划的、可靠的对自然和人的控制,这些关涉利益的统治目的并非外在地强加于技术,而是存在于技术的自身之中[①]。马尔库塞提出,技术作为一种意识形态的力量,在政治、经济、文化领域发挥作用,技术的合理性是指统治的合理性,整个社会成了单向度的社会。从经济领域来看,技术进步似乎消除了阶级差异,技术可以满足普通民众和统治阶级观看同样的电视节目的需求,尤其是从物质需求的满足的角度来看,技术看似促进了人与人之间的平等关系,但阶级并未消失,伴随社会财富的增加,人们被奴役的程度也在与日俱增;从政治领域来看,技术是政治控制的最好手段,政府通过鼓励提高生产率,巩固现存的统治

---

① 参见:马尔库塞.现代文明与人的困境[M].李小兵,译.上海:上海三联书店,1989:106.

制度,促成了极权社会的形成;从文化领域来看,技术进步不断满足个人的需求,使人们逐渐失去独立思考和判断的能力,失去批判的意识,而单纯为了适应社会的现有状况,接受一种被统治的命运,从而成了单向度的人。

哈贝马斯以主体性为前提,提出了主体间性的概念。他认为主体性强调的是主体对客体的认识与控制,体现了以自我为中心的占有性;主体间性则强调的是主体之间的理解与交流,体现了以交互主体为中心的交互性与一致性。哈贝马斯提出,主体间性的哲学基础是交往理性,其研究焦点从认识工具合理性转移到了交往合理性[①],技术不超越边界,在自身的应用范围之内作用,则是合理的。哈贝马斯认为人类的社会文化发展模式由两个因素决定,一是人支配技术的权力,一是制度对理性活动的被动适应,两种社会文化发展模式体现了技术作为生产力和意识形态的双重性。技术理性成为统治性的力量,是由于技术超出了其应用范围而过多地干涉了人类的生活世界。解决这一问题的关键,需要从政治的、社会的视角重新审视技术,将技术与人结合起来进行讨论[②]。这就是说,不仅要从技术作为工具的角度入手进行调节,而且要深入技术作为一种意识形态的力量对社会制度的形成过程的交往层面进行调节。

从文化人类学的层面,盖伦(Gehlen,1904—1976)提出技术合理性的形成应该基于对人的心灵的回归。盖伦认为技术起源于人与自然的斗争过程,技术发展分为三个阶段:工具阶段、机器阶段和自动化阶段。首先,在工具阶段,器官代替和器官强化原则协同在一起,比如用石头打人来代替赤手打人要更有效,显微镜扩大了人的可视范围,电话扩大了人的声音的传播距离[③]。盖伦认为,工具产生于人类对自己劳动的客体化,这背后蕴含的法则是人类对省力化的追求。其次,在机器阶段,随着技术的发展,技术对身体器官的延伸功能已经渐渐超出身体的范围,延伸到无机的层面:一方面,由有机物到人造物;另一方面,有机的能源取代非有机的能源。技术的思维正在逐步强加于一些非技术的领域。最后,在自动化阶段,技术的进步使得人们的各种行为趋于格式化的行动,人的思想和行为成了一种自动化的惯性,在技术高度

---

① 参见:哈贝马斯.交往行动理论(第一卷)[M].洪佩郁,蔺菁,译.重庆:重庆出版社,1994:498.
② 参见:哈贝马斯.作为"意识形态"的技术与科学[M].李黎,郭官义,译.上海:学林出版社,1999:95.
③ 参见:盖伦.技术时代的人类心灵[M].何兆武,何冰,译.上海:上海科技教育出版社,2003:3.

发达的社会,人的一切行为都在人类社会这个大机器中趋于一致,技术理性将人的个性抹杀了。最初人类出于生存的本能借助于技术的力量,并促进技术的发展,再到迷恋上技术,甚至说是受控于技术,失去了人的本性;技术作为一种工具的力量,从最初的造福于人,到后来的对人的控制,技术理性约束了人性。盖伦认为,自启蒙运动之后,理性促使人们不断地探索,并确立了人在社会中的主体地位,然而随着技术的飞速发展,技术理性逐渐成为一种主导的力量,控制人的行为,使人成为一种物的存在。为了重塑人与技术之间的关系,需要回归人类的心灵,使技术服从人的需求,因为心灵对技术有决定性的作用。

当代美国著名的技术哲学家安德鲁·芬伯格[①](Andrew Feenberg,1943—)师从马尔库塞,是新一代法兰克福学派的重要代表人物之一,明确提出了技术批判理论,从社会建构论的视角来研究技术问题。芬伯格认为,已建立的技术理论包括三种:工具理论(Instrumental Theory)、实体理论(Substantive Theory)和技术批判理论(Critical Theory of Technology)。工具理论是当下在政治领域政府制定政策时所依据的主要理论;实体理论则是关注于技术作为一种自主的实体的理论,代表人物有埃吕尔等;技术批判理论是对技术展开系统批判的理论,代表人物有马尔库塞、芬伯格等。技术批判理论从批判理论的视角说明技术不仅在设计过程,而且在应用阶段都表现出一定的社会价值。

工具理论认为技术是工具,技术是中性的,技术是不负载价值的,这是人们通常对技术的观念。工具理论未讨论技术价值的问题。人们对技术的中立性的理解一般有四种不同的观点:首先,人们认为技术只是一种工具手段,人们对技术的使用是没有目的的,是偶然的;其次,人们认为技术是与政治因素无关的,一张桌子就是一张桌子,一辆汽车就是一辆汽车,一台电脑就是一台电脑,工具的使用情况与所处的社会形态没有关系,技术在任何社会的用途都是一样的;再次,技术中蕴含着一种理性的因素,这种理性因素与科学相关,是一种对普遍真理的认识,因此,技术可以在不同的社会形态与不同的阶段运用,完全不受政治的影响;最后,技术的使用目的是提高效率,技术对效率的追求,使技术体现出一种标准化的特征,因此技术的使用是不受政治因素影响的。

---

① 又译安德鲁·费恩伯格、安德鲁·芬博格。

按照上述解释,技术领域能被非技术的价值所限制,但不能被这些非技术的价值所转化,它似乎可以用来解释传统、意识形态与社会技术的变化中产生的效率之间的张力,工具理论为这些类似的研究提供了分析的框架①。著名的全球性未来研究团体罗马俱乐部(Club of Rome)指出:有些科学家不会太在意其进行的技术创造是否得到了利用,或者是如何得到利用的,也不在意利用的目的是善良的还是邪恶的②。科学家对技术的态度是一种对学术追求的态度,是出于个人兴趣的,而未能全面考虑技术的价值意义;科学家对技术的态度也是一种工具理论的观点。工具理论的这些观点,尤其是关于技术是中立的的观点,被广泛应用于经济和人们的社会生活中。事实上,技术对效率的追求正如一位司机选择最短捷径的驾驶,在达到目标的过程中,各种危机跃然而生。

实体理论不同于工具理论的技术中立的观点,它认为技术形成了一种技术文化,这种文化扩张到整个社会,社会也变成一种技术的社会,对于此,人们只有回归到最原始的生活状态才能逃离技术的影响。这种观点其实已经暗含在马克斯·韦伯的理性化的"铁笼"(iron cage)这一悲观概念中了,尽管他并不是特意将这种理论与技术联系起来或提供一种解决方法。埃吕尔也对技术持悲观态度,把技术与社会的文化的联系明确表达了出来。他认为不管社会的政治意识形态是什么,技术都会一直存在于现代社会之中。埃吕尔断言,"技术已经变成自主的了"。海德格尔赞同埃吕尔的观点,海德格尔声称,社会的各要素都已转化为一种技术的原材料,从技术上对现代社会进行重新构造根源于对权力的虚无主义的意志,即人和存在被贬黜为单纯的对象。持工具理论的人会认为,快餐能够便捷地为人们提供一顿营养餐,这比家人聚在一起吃晚餐要方便得多;吃饭的目的是吸收足够的营养与能量,从生物学角度来说,是否要与家人一起做饭、一起吃饭并不是很重要。这种观点忽视了技术的文化内涵。在采用一种严格的功能观点时,我们已经认定吃饭是一种有技巧的操作,它可以或有效或无效地完成,而这本身是一种可从价值观上进行评价的选择。这个例子在诸多事例中很有代表性。在这些例子中,从传统到现代性的转变被一种内含在现代性之中、与传统相背离的效率标准判定为是一种进步。技术的实体理论试图让人们意识到这种构想的

---

① 参见:芬伯格.技术批判理论[M].韩连庆,曹观法,译.北京:北京大学出版社,2005:4-5.
② 参见:佩西.世界的未来:关于未来问题一百页[M].王肖萍,蔡荣生,译.北京:中国对外翻译出版公司,1985:64.

武断,或者说让人们意识到技术的文化特性,问题不是机器已经"接管"了一切①。实体理论批判优先考虑控制和效率的战略立场,而这恰恰正是现代社会不断扩大其有效性的特征。实体理论延伸了技术的概念,不再单纯从物的角度来界定技术,而是融入了文化的视角。

埃吕尔是实体理论的代表人物,其技术哲学思想主要表现在技术自主论的观点②。其技术自主论的观点来源于两大概念的提出:一是,从社会学的角度来分析,"技术社会"这一概念的提出。他认为,现代社会已成为一个技术社会,技术组成了社会的一切,社会的一切皆为技术而存在。二是,从技术哲学的角度来分析,"技术系统"这一概念的提出。他认为,现代社会已成为一个复杂的技术系统,技术不受外部力量的评判,只遵守自身的规律发展。进一步说,技术对社会生活的方方面面影响深远,教育作为社会系统的重要子系统之一,受到技术的影响具有必然性。

(1) 技术的不可逆性必然对教育产生影响。埃吕尔认为,在特定的文明中技术进步是不可逆的③。没有什么理由可以阻止技术进步,技术呈现不断进步的趋势,这一点是毋庸置疑的。就像数学计算题,1+1=2,这是公理式的运算,没有可讨论的必要。不可否认的是,在技术的发展过程中,可能会出现一些障碍,但这最终将会被消除,因为技术的发展是一个无限的、开放的过程。技术进步只取决于先前的技术状况,技术的发展是一个对先前技术不断超越与完善的过程,社会的、经济的、教育的等其他因素并不是决定性的。在传统社会,技术被外部因素所支配。埃吕尔认为,技术在西方的发展归功于一系列因素,社会的、智力的、经济的、历史的因素,幸运地,令人惊奇地连接④。教育作为一种社会因素,在一定程度上促进了技术的发展,也同样受到了技术进步的影响,但教者对技术的选择与使用在很大程度上具有自主性。也就是说,技术对教育的作用受到个人因素的影响,尊重个人需求的不同,个人与技术是平等的关系。从传统社会到技术社会再到技术系统的过程中,技术的发展从为了追求技术与个人的平等,到为了追求技术自身的整体发展逻辑,这一过程都是不可逆的。在这一阶段,技术对教育的影响,蒙上了一层

---

① 参见:芬伯格.技术批判理论[M].韩连庆,曹观法,译.北京:北京大学出版社,2005:7.
② 此段参见笔者已发论文:胡伟.埃吕尔技术哲学思想及其教育研究的影响[J].教育学报,2013,9(6):28-34.
③ Ellul J. The Technological Society[M]. New York:Vintage Books,1964:89.
④ Ellul J. The Technological System[M]. New York:Continuum,1980:195.

"技术化"的面纱,人的自主性在逐渐消退,却浑然不知。然而,这一过程同样是不可逆的,教育中的人的自然属性在逐渐消失。

(2) 技术的普遍性必然对教育产生影响。埃吕尔明确指出,技术的普遍性表现在两个方面,即地域上的普遍性和性质上的普遍性。一方面,从地域的角度来讲,技术在不断地扩张,其作用范围遍及全球。不管技术的使用者是谁,技术的效果与个人专注于技术的程度成比例。在人类历史进程中,不同地区、不同民族有着不同的文明规则,但是今天它们都倾向于与技术结盟。当然,这并不意味着它们都达到了同样水准——它们处于同一轨道的不同点上。美国表现出的类型,法国可能30年后出现,中国则可能需要80年[①]。另一方面,从技术性质的角度来讲,埃吕尔认为,技术已经逐渐掌握了人类文明的各个要素,人类自身也因技术控制而成为技术的对象,技术也因将人作为其对象而成为社会的中心,这通常被称为技术文明。为文明所必需的艺术、文学等活动在现代社会中也以不同的方式从属于技术的需要。人们已不能将技术简单地理解为代替人类劳动的机器。每一项文明活动——智力的、艺术的、道德的——都只是技术的一部分。技术已将其力量延伸至所有社会活动和所有的文化。[②] 技术的普遍性对教育的影响,从地域上来说,主要表现在:不同地域、不同民族的文明规则虽然不同,但技术这一因素都深深地渗入教育这一人类重要的活动中,影响教育目的、教育本质等一些基本问题,以及教育手段、教育方法等一些具体问题。从性质上来说,技术文明渗透到智力的、道德的等文明活动,教育作为社会活动的一个方面,是培养人的过程,对人进行智力、道德等方面的培养。技术的普遍性使得教育原有的"社会化"功能的内涵发生了变化,教育原本使人成为属于地方、民族、和国家的人,成为特殊的文化建构物,而技术使得人成为普遍的存在。因此,技术对教育的影响具有普遍性。

工具理论对技术的态度是一种全然的接受,实体理论对技术的态度是一种全然的否定,技术无论是作为一种工具手段,还是作为一种统治文化,都体现出这两种理论对技术的态度从一定程度上来说都是有种宿命态度的。有学者认为应该放弃对技术的使用,应该采取一种自然的方式,回归到传统的状态,避免技术对人的异化;也有学者认为应该全然接受技术,技术作为一种

---

① Ellul J. The Technological Society[M]. New York:Vintage Books,1964:116-117.
② Ellul J. Technological Society[M]. New York:Vintage Books,1964:127-128.

提高人们生活效率和质量的重要手段,已成为人们生活的必需品[①]。然而,当面临选择的时候,除了做出非此即彼的结论以外,技术批判理论还应该分析现象背后种种错综复杂的关系,以此获得一种新的看问题的视角。

现代社会中唯一达成共识的价值就是效率,而技术批判理论试图限制的恰恰正是这种价值,以便使其他的价值繁荣昌盛,此外,技术批判理论认为需要为技术的理性文明的可能性来辩护。在现代社会中,实用性的胜利已经成定局,人们需要的是一种与原则更加一致的替代的实用性,今天的问题是该如何做得更好的问题。有学者认为可以采用一种限制技术发展的方式,但这种方式显然是不可行的,限制技术的使用在一定意义上也是使用了一种与众不同的技术形式来控制技术。有学者认为在过度技术化的社会中,为了使人们不成为技术的存在,可以采用一种回归到原始状态的方式,但这不是在一定意义上的超技术手段吗?如果无法做出这种试图脱离技术的选择,那么该如何来对待技术呢?技术批判理论拒斥了技术的中立性,简单来说,技术批判理论认为技术是负载价值的,这种价值从技术的出现,到技术的应用过程,一直在起作用,技术所反映的是各种利益群体的意识的角逐。在决定论和工具论的解释中,效率是元等级的唯一原则,但从技术批判理论的视角来看,对于技术的设计来说,除了效率,还有很多其他待确定的因素也起着重要的作用,这些待确定的因素与效率共同作用,可以将最终的技术成果导向一个方向。

从工具理论的视角来看,技术是一种纯粹的物的工具;从实体理论的视角来看,技术是一种蕴含在人们的生活之中的力量,对人们的生活产生了方方面面的影响;从技术批判理论来看,技术是一种负有价值的产物,技术的设计以及应用是不同利益群体斗争的结果,技术因此而表现出不同的群体的价值。当然,通过对三种理论的梳理,我们可以发现,人们对技术的态度或是中立的,或是有价值判断的,但无论从哪种理论来解释,其中所共同表现的结论则是技术无处不在,技术与人们的生活息息相关,其中不乏为人们积极地带来生活的便捷,与此同时,也为各个领域带来了一些新的挑战。技术批判理论认为,技术的民主政治可以为克服现代技术为人类和自然环境造成的种种破坏方面提供一种可能的替代形式。

---

① 参见:芬伯格.技术批判理论[M].韩连庆,曹观法,译.北京:北京大学出版社,2005:8.

(二) 技术在教育中的应用程度与范围

教育随技术的发展而发展。在农业社会中,技术水平较低,教育则侧重于传统和文化的传递,随着社会的不断发展,技术水平也在逐渐提高,教育则侧重于培养具有熟练技能的人。教育活动不同于其他活动形式,是一种倾向于对过去进行重复的活动,倾向于对一种稳定性的追求,因此,教育对社会的变革既起到一种推动的作用,也起到一种阻碍的作用。这种矛盾的作用,使技术对教育的影响在一定程度上是迟缓的。从宗教革命到文艺复兴,一直到现代的早期,中世纪以后的欧洲对文明的发展曾产生过有力的影响,打开了开阔的知识视野,解放了新的社会力量,并重新诠释了人文主义的含义。事实上,哲学思想的发展,以及心理学的发展等方面都扩大了我们的眼界,而且在某些地方还使实践具有了生命力。虽然如此,教育在一定程度上对于这种影响的感觉却是迟缓的。[1] 新事物对教育的影响总是滞后于其他领域,同样的,技术对教育的影响也是迟缓的。这与教育所培养的人是为未来社会服务的这一目的是相矛盾的。

赵勇、王安琳在《教育与技术的关系探微》中提到:虽然近百年来由于技术的突飞猛进使人类的生活方式、生产方式、人际交往方式等发生了根本的改变,但是技术对教育的影响却微乎其微[2]。正如在美国流传的这样一则寓言:华盛顿如果能够乘坐时光机器来到现在的美国,估计他应该会认出至少两样东西,其中之一就是教育,两个世纪以来,学校的教育方式始终没有发生实质性的改变。当今的数字化社会,数字技术已成为人们生活中一种最普通的存在形式,人们讨论的技术问题不再是有跟无的问题,而是该如何使用的问题。因此,技术对教育的影响研究应该成为教育研究的重要课题。

当然,技术在教育中的应用需要经历一个过程。美国技术未来学家保罗·萨弗(Paul Saffo,1954—)提出了非常著名的"三十年法则"[3]。他认为在过去相当长的一段时间内,一种新的思想或一种新的技术完全渗入一种文化与社会的过程大概需要三十年,这三十年大致分为三个阶段:第一个十年,人们往往怀有很多的惊喜,也会面对很多的挑战,喜忧参半;第二个十年是新思想或新技术慢慢渗入文化与社会中的十年,会出现一系列的问题;第三个

---

[1] 参见:联合国教科文组织国际教育发展委员会.学会生存:教育世界的今天和明天[M].华东师范大学比较教育研究所,译.北京:教育科学出版社,1996:32.
[2] 参见:赵勇,王安琳.教育与技术的关系探微[J].中国电化教育,2004(5):19-21.
[3] Saffo P. Paul Saffo and the 30-year Rule[J]. Design World,1992(24):16-23.

十年，人们不再有过多的兴奋感，不再感觉这些新技术或新思想有什么吸引人的地方，而是将其作为一种通常意义上的存在物，或者成了一种普通的标准。新思想与新技术进入文化与社会的过程从开始的兴奋，到随后向社会渗透，再到最后人人拥有。从这一观点出发，我们应该相信技术对教育的重要作用，但新技术在教育中的应用和融入则需要相当长的一个过程。

类似的，媒介学者埃弗里特·罗杰斯（Everett M. Rogers，1931—2004）提出了一个著名的理论——扩散理论，用来解释一项新的发明是如何被人们所接受的，整个接受的过程包括哪些阶段，受到哪些因素的影响。这一理论可以用来分析技术是如何在社会中被人们所接受的，人们的接受程度又有什么特点。罗杰斯认为，一项新发明需要具备相对的便利性、兼容性、复杂性、可靠性、可感知性五个要素，新思想的扩散呈现出一种S形曲线的规律，当扩散率达到百分之十到百分之二十五的时候，会出现一种急速扩散的特征[1]。新技术的发明与出现，不会迅速代替旧技术成为人们应用的主要技术，尤其是一些完全不同于旧技术的新技术，人们对其使用或适应的时间会更长。比如说，印刷机发明之后，并没有被迅速应用起来，直到进入16世纪以后很久，印刷都一直被看作与自然书写相对的人造书写，并且主要被当作一种廉价的手段来出版圣经、古书或者教皇文件等——因为这些出版物的需求量比较大。再比如说报纸、期刊等都经历了一段漫长的过程才逐渐被人们接受。从人类传播技术史的角度来看，新的技术形式在相当长的一段时间内是得不到广泛采用的。

技术的设计是否能打破人们过去的习惯，是否能满足人们的兴趣，或者是否有充分的使用价值，也在一定程度上限制了技术的应用程度。约翰·希利·布朗（John Seely Brown，1940— ）在《信息的社会层面》（*The Social Life of Information*）一书中提出，设计完美的技术不会在视野狭隘的设计面前轻易退却，许多已被宣布淘汰的工具至今仍在大量使用，此类例子在未来学中不胜枚举，比如说打字机在现今许多"信息化的"办公室中，也仍然占有一席之地[2]。一种技术之所以能在社会中被人们接受并使用，与人们的使用兴趣和习惯有很大的相关性。旧技术没有被新技术取代，有可能是因为旧技术仍有使用的价值，而新技术没有被大众迅速接受也可能是因为新技术没有完全考虑到使用者的习惯。

---

[1] Rogers E. Communication Technology: The New Media in Society[M]. New York: Free Press, 1986: 117-118.
[2] 参见：布朗，杜奎德. 信息的社会层面[M]. 王铁生，葛立成，译. 北京：商务印书馆，2003：5-6.

关于技术对教育的影响涉及一些中观和微观方面的研究,部分论文提出从学校管理、教学模式、教学方法等方面进行研究,提出应该在这些方面做出调整以此来适应当前技术的发展。比如张俐蓉博士撰写的《信息技术与学校教育关系的反思与重构》[1]一文重点论述了在将信息技术运用到学校教育的过程中产生的一些问题,学校教育如何重新进行调整、布局和应对,最后得出结论——教育系统只有面对新的时代背景,才能培养新时代需要的人。

大多数论文主要从技术在教育中的应用入手展开研究,也就是说偏向于一种实践性的教育技术视角。比如郭晓玲的《多媒体技术对教育的影响》[2],概述了多媒体技术的特点及其功用,明确指出在教育过程中采用多媒体技术进行教学的重要性,以及技术的使用对教学思想、教学内容、教学方式方法及课程体系所产生的巨大变化;与此同时,还提出了在教育过程中利用多媒体技术开展教学所应注意的一些问题,总结了多媒体技术在现代教育中所发挥的积极作用,分析了一些可能还需要进一步研究的问题。林浩和李胜永在《计算机支持的协作学习及其应用》[3]一文中,提出了计算机支持的协作学习(computer supported cooperative learning,简称 CSCL),并进一步指出了计算机支持的协作学习的具体方法和注意事项。

还有些论文从技术对教学观的影响入手进行研究。比如叶伟强的《信息技术与教师继续教育的整合》[4],提出信息技术能否成功应用于教学的关键在于教师对于信息技术的掌握程度,因此要对教师进行信息技术的继续教育,使信息技术与教师继续教育相整合,把信息技术应用于教学过程。这篇论文主要从教师观念的角度,分析教师该如何应用技术。

在"技术对学习的影响"方面,美国国际教育技术协会于 1998 年、2000 年相继推出了分别面向学生和老师的《国家教育技术标准》,并于 2000 年出版了面向学生的《国家教育技术标准:课程与技术整合》(*National Educational Technology Standards for Students: Connecting Curriculum and Technology*)[5]。唐·泰普

---

[1] 参见:张俐蓉.信息技术与学校教育关系的反思与重构[D].上海:华东师范大学,2004.
[2] 参见:郭晓玲.多媒体技术对教育的影响[J].中国电化教育,1996(5):4-6.
[3] 参见:林浩,李胜永.计算机支持的协作学习及其应用[J].当代教育科学,2005(24):34-35.
[4] 参见:叶伟强.信息技术与教师继续教育的整合[J]教育理论与实践,2003(18):42-45.
[5] Wheeler M, Renchler R, Conley K, et al. National Educational Technology Standards for Students: Connecting Curriculum and Technology[M].[S. L.]:ISTE,2000;美国国际教育技术协会《国家教育技术标准》项目组.面向学生的美国国家教育技术标准:课程与技术整合[M].祝智庭,刘雍潜,黎加厚,译.北京:中央广播电视大学出版社,2003.

斯科(Don Tapscott)的《数字化成长》(*Growing Up Digital*)[1]论述的是信息化时代人们通过网络等多媒体进行学习的情况,从建构、解构到探索。美国教师教育学院协会(American Association of Colleges for Teacher Education, AACTE)的会议论文集《登录还是认输:技术对21世纪教师教育的影响》(*Log On or Lose Out: Technology in 21st Century Teacher Education*)[2]分析了教学和技术的相关问题,包括伦理的、社会的、课堂的、评价的等。

教育具有自我保存的功能,教育不仅能实现自己再现,而且也能实现自己更新,然而人们时常责备它是固定不变的,这与教育的重复功能有关。教育的内容之一是不断地将过去的一些经验与文化传递给下一代,这是一种不断重复的过程,这也是教育一直以来没有受到技术深刻影响的一个重要原因。教育体系因此看起来是一种内向的和后退的体系,教育本身是保守的,因此,技术对教育的影响是缓慢的。

(三) 教育技术研究中涉及"以人为本"理念

技术是一种能改变自然与人自身的力量。技术的作用将生活中的问题打碎,每个问题都要求单独的技术和单独的大量专门知识[3]。在教育技术研究领域中,"发展价值"统领教育技术的价值观,考虑了技术与人的关系、与教育的关系,不仅批判了技术的工具理性,而且重新建构了新的价值观。"人的发展"既是教育的本质目标,也是教育教学的核心指向。

周南照在《加强教育科研,促进教育创新》[4]一文中,从新的深度和广度探讨了信息通信技术对教育的影响,他认为ICT(信息通信技术)不只是能创造巨大学习机会的强有力工具,使教育以最有效的方式传送给最边远的地区和人群,而且具备了极大的潜能,在新的层面上强化师—生、生—生、师—师、人—机的互动关系,从而有利于教和学的质量与效益的提高。周南照的研究涉及了人与人之间的互动问题。

李祺和李春鹏在《教育新技术化与新技术化教育》[5]中论述了教育中以人

---

[1] Tapscott D. Growing Up Digital: The Rise of the Net Generation[M]. New York: McGraw Hill,1998;泰普斯科特.数字化成长:网络世代的崛起[M].大连:东北财经大学出版社,2003.
[2] AACTE. Log On or Lose Out: Technology in 21st Century Teacher Education [C]. Washington, DC: American Association of Colleges for Teacher Education,2000.
[3] 参见:鲍曼.后现代伦理学[M].张成岗,译.南京:江苏人民出版社,2003:232.
[4] 参见:周南照.加强教育科研,促进教育创新[J]教育研究,2003,24(9):3-12.
[5] 参见:李祺,李春鹏.教育新技术化与新技术化教育[J].电化教育研究,2007(1):8-11,16.

为本的技术理念、技术工作流程,以及技术与人和媒体的关系,对"有形技术"(物化形态的技术)、"无形技术"(观念形态的技术)之说提出了新的见解。另外,他们认为技术离不开人与实践活动,技术中的人本因素包含六个方面,技术体现了人的智慧,因此,在教育领域中应用新技术需要体现以人为本的理念,需要让技术服务于人。

吴遵民和张媛在《教育技术与人的主体性关系之辨析》[①]一文中探讨了教育技术与人的主体性关系这一核心观念问题,提出人作为教育的主体,其地位应是技术所无法取代的。换言之,教育技术只有参加到教育的实践活动之中才有可能体现其价值。因此,教育技术服务于培养人的目的的程度,又受到教育实践中教师、学生等主体因素的制约。即使教学设备再先进,教学手段再丰富,其终不可取代教师而成为"全职的替身"。与此同时,为了弥补"人—机"互动的先天不足,教师的另一主体作用在于加强与学生的情感交流。

舒红跃在《技术与生活世界》一书中,从技术哲学的视角深入研究了技术和生活世界的关系问题[②]。颜士刚博士在其论文《技术的教育价值的实现与创造研究》中认为,技术在现实教育活动中是负载价值的,教育理论和实践中的技术中性论是站不住脚的。"技术教育化"和"教育技术化"是技术教育价值本质的两条理论依据。一般来说,技术教育化主要是指将教育活动中所涉及的技术进行教育化的过程,将技术的力量转化为教育的力量;教育技术化则主要是指将技术应用于教育活动过程中,从而使技术具有教育的作用,从而实现教育的技术化[③]。这两者都需要涉及与"以人为本"的价值理念相关的内容。

郝凤霞的博士论文《技术的社会选择》[④]、杨庆丰的博士论文《技术作为目的》[⑤]、张慧敏的博士论文《技术的民主控制》[⑥]、郑晓松的博士论文《技术与合理化》[⑦]、王桂山的博士论文《技术理性的认识论研究》[⑧]、闫宏秀的博士论文

---

① 参见:吴遵民,张媛.教育技术与人的主体性关系之辨析[J].电化教育研究,2007(3):26-30.
② 参见:舒红跃.技术与生活世界[M].北京:中国社会科学出版社,2006.
③ 参见:颜士刚.技术的教育价值的实现与创造研究[D].南京:南京师范大学,2007:摘要.
④ 参见:郝凤霞.技术的社会选择:基于技术的社会形成观之研究[D].上海:复旦大学,2003.
⑤ 参见:杨庆丰.技术作为目的:超越工具主义的技术观念[D].上海:复旦大学,2003.
⑥ 参见:张慧敏.技术的民主控制:当代西方民主的技术思想研究[D].沈阳:东北大学,2005.
⑦ 参见:郑晓松.技术与合理化:哈贝马斯技术哲学研究[D].上海:复旦大学,2005.
⑧ 参见:王桂山.技术理性的认识论研究[D].沈阳:东北大学,2006.

《技术进步与价值选择》①、刘丹鹤的博士论文《赛博空间与网际互动》②等,都从道德、伦理、价值和目的等方面对技术进行了较为深入的研究和探讨,深化了我们对于技术的认识和理解,有助于我们思考和评价技术对教育的各种影响。

有关技术的道德、伦理和价值等方面的研究最近数十年来一直是国内外学术界的学术热点,所以相应的文献资料很多。就这些研究的动机和态势来看,主要以人文主义的价值取向和目的观为核心,兼有对技术内部在哲学、伦理学、文化学、社会学和教育学方面的警醒、反思、批判和重建。

三、已有研究成果评述

(一)已有研究的学术贡献

第一,学界从媒介学的视角出发,分析了技术作为一种媒介工具,成了一种延伸——从人的四肢的延伸,到人的大脑的延伸,再到整个人的延伸。伴随这样一个过程,技术为人们的社会生活提供了越来越多的方便之处,也将人逐渐推向一种理性产物。从技术不断推动人类发现世界的角度来看,技术对人的发展起着推动的作用。

第二,学界从技术哲学、技术文化学、技术社会学等视域对技术与人的关系进行了相关的研究。这类研究主要集中在科学技术哲学领域,从宏观的视角入手,讨论技术与人、技术与社会的问题,其中不乏大量的持批判性观点的论文以及著作。这些研究成果探讨了技术给人与社会所带来的影响,以及这种影响背后所呈现的技术理性思维,为本书的相关研究提供了哲学层面的理论基础,并为本书的研究展开提供了一定的研究线索。

第三,学界从教育技术学的视角出发,分析了技术(尤其是信息技术等现代技术)对教育规模、教学观、师生观、学习观、师生关系等方面的影响,分析了技术(尤其是信息技术等现代技术)在教育领域中的应用范围与应用程度,并试图探索一种不断适应当下环境的教育方式,将技术融入课堂当中,创设一种能培养社会需要的人的课堂。随着技术的发展,教育领域所受到的影响势必会越来越大。

第四,从研究方法的视角来说,已有研究综合了多种研究方法,如纯理论

---

① 参见:闫宏秀.技术进步与价值选择[D].上海:复旦大学,2003.
② 参见:刘丹鹤.赛博空间与网际互动:从网络技术到人的生活世界[D].复旦:复旦大学,2004.

的思辨的研究方法、以实证为基础的研究方法、综合历史与辩证的研究方法、定性与定量的研究方法、理论与实践的研究方法，等等。这些都为本书的研究方法、分析框架提供了有益的启示。

（二）已有研究成果存在的不足

通过以上综述，我们可以看出已有研究成果主要有以下不足：

首先，在研究视域方面，主要集中在论述技术对人的影响以及技术对社会的影响，较少从宏观视角分析技术对教育的影响，也就是说缺乏一种系统而全面地分析技术对教育影响的研究。现有的研究往往是从单一学科领域入手的，比如说从纯粹的技术哲学的视角入手，或者从教育技术的视角入手，而缺少一种跨学科的综合性的研究。

其次，在研究内容方面，已有研究主要是通过介绍一些具体的教育技术的使用，或者是从技术哲学的角度讨论"技术与人"或"技术与社会"的关系问题，较少从历史的角度分析技术对教育的积极影响与从技术哲学的角度分析技术对教育的消极影响相结合的研究。

最后，在研究方法方面，已有研究主要通过哲学的思考方式进行反思式的研究，或者是运用定量的研究方法，得出一些具体的具有可操作性的结论，缺少综合应用定性与定量相结合、理论与实践相结合、历史与逻辑相结合的研究方法进行的深入剖析。

（三）本书的努力方向

研究视域：扩大研究视域，从技术哲学、技术社会学、媒介学、教育哲学、教育社会学等跨学科相结合的视野出发，对技术对教育的影响展开较为系统的分析研究。

研究内容：通过研究技术对教育的影响，分析技术对教育影响背后所蕴含的理性因素，并基于此反思技术，探寻在技术飞速发展的时代背景下教育领域内的各种问题的解决之道及未来的可能走向。

研究方法：运用多种研究方法来对问题进行深入的分析，如理论与实践相结合、历史与逻辑分析相结合的研究方法。具体来说，有文献梳理、历史考察、逻辑分析、案例分析等方法。

第四节 研究目的与问题

一、研究目的

通过技术来思考教育,这与当前哲学中的"技术"转向相一致。"技术对教育影响研究"这一论题就是在这一背景中形成的,它是对"技术进步对教育发展影响"的新解读,是从技术哲学视角分析教育问题的一种新视角,此外,它还是新技术时代背景下探究和解决当前教育发展困境的新途径。本书所进行研究所涉及的学科主要包括教育哲学、技术哲学、教育社会学、技术社会学等,通过技术对教育影响的历史考察,从而分析技术对教育影响的历史渊源,从技术哲学的角度对"技术对教育的影响"展开系统的考察,从辩证的视角分析技术对教育的积极影响——推动了教育的发展,以及技术对教育的消极影响(或者说技术对教育的挑战)——导致了教育的异化。为了寻求平衡技术与教育之间关系的解决之道,进一步从本体论和价值论的视角探寻教育的本真目的、教学观、学习观与师生关系,为当下人们该做的选择提供一种可能。本书不在于给人们指明一条必走之路,而是展现了多种可能,并试图探寻当下存在的意义,澄清一些现实的问题。另外,本书试图阐释技术对教育影响背后所蕴含的一些理性思维,以此来促使人们思考当下所产生的一些困惑,为人们该如何对待技术提供一种可替代的选择。

本书是关于教育基本理论问题的研究。以往关于技术对教育影响的研究主要是从科技哲学的角度探讨技术对人的发展的影响,或者是从教育技术的角度来探讨技术在实际课堂中应用的具体问题,而本书则全面而深入地从研究教育与人、人与技术、技术与教育三者之间的相互关联与作用入手,从宏观上探讨技术对教育的影响这一理论问题,以试图勾画技术影响下的过去教育、当下教育和未来教育的景象,这是一个具有深远意义的跨学科课题。本书试图通过研究为更新教育观念、深化教育改革、发展教育事业、完善教育科学理论提供一些可资借鉴之处。

二、研究问题

技术的效率追求,引领和支配着现实的教育活动。技术对教育的影响是否一直以来都如此强大?在技术的发展过程中,教育领域受到了哪些具体的影响?从今天的情况来看,技术带来的教育领域的巨变,是应该继续推动下去,还是应该适可而止?从现实情况来看,一方面,教育实践在技术的作用下,不断式微,教育自身所承载的对人的发展的要求再三被压缩。因此,这样的教育本身已经沦为一种工具,技术使现代教育面临着深刻的矛盾。另一方面,美国著名教育技术专家詹姆斯·芬恩(James D. Finn, 1915—1969)认为:我们不能一味地否定技术,如果我们盲目地否定教学器具、电脑、电视,否定新的教学和学习方式,那么最终我们将否定我们自己,甚至是我们所说的语言。我们的孩子正处于技术变革的时代,作为教育者,我们要学会如何走向这一技术时代。[①] 同样的,德国著名存在主义哲学家雅斯贝尔斯认为:对技术的否定最终将导致对世界的否定[②]。从他们的观点来看,技术的发展是不可逆的。从当下的社会现实来看,技术不断深入人们的生活同样是不可避免的。如何来理解并面对技术发展对教育的影响,为本书提供了相关的实践意义。所以,在现实的教育过程中,如何保证在考虑到人的自然属性的前提之下,最大限度地发挥技术在人的成长中的作用,即技术在人的受教育过程中的作用,是本书试图回答的问题之一。

如何对待教育的现代性的问题,涉及如下问题:教育是侧重于科学的还是侧重于人文的?教育是侧重于效率还是侧重于人本身的?这些问题都涉及教育是为了培养什么样的人的问题。[③] 现代性所带来的现代理性、技术理性,使学校教育侧重于对学生知识的教授,学生成为知识学习的耕种者,成为一种理性的物的存在。技术赋予现代教育以理性精神和诸多现实性的诉求,使得传统教育自身所具有的人文性、道德性、情感性和生活性不断受到冲击和解构。这就要求在教育实践中,必须尽可能地规避技术对教育内在性的潜存风险,本书也尝试初步来回答这样的问题。

---

① Finn J D. A John Dewey Society Paper: A Walk on the Altered Side[J]. The Phi Delta Kappan, 1962, 44(1): 29-34.
② Jaspers K. The future of Mankind[M]. Chicago: University of Chicago Press, 1961: 192.
③ 参见:于伟. 现代性与教育[M]. 北京:北京师范大学出版社, 2006: 3.

第五节 研究思路与方法

一、研究思路

本书跳出教育系统内部做了一个跨学科的讨论,而不再局限于运用教育研究的相关理论来展开论述。正如迈克尔·阿普尔(Michael Apple,1942—)所言,在进行研究的过程中,作为研究者需要尽一切可能将所研究的内容放置到更大的背景中去,其中不仅包括教师所传授的知识、教师教授知识的方式、学生学习知识的方式、课堂中的师生关系,还包括作为保存和分配经济和文化的学校组织①。本书试图从技术哲学、技术史、教育哲学、教育社会学等角度来研究技术时代的教育变革,即技术对教育的影响,从历史发展与逻辑推演的角度多方面多层次地展开分析与论述。本着"逻辑清晰、层次分明""提出问题→分析问题→解决问题"的原则,本书的总体框架为"肯定—否定—否定之否定"式,层层演进;而每一章内部又都是纵深式的分析方法,将历史的考察与逻辑的分析结合起来,从对概念的界定、问题的提出,到对历史演进与现状的分析,再到问题的解决和对未来的憧憬,一环扣一环,层层推进,力图对理论予以实践思考,对实践给予理论思考。另外,本书引入一种空间场域的思维方式:"教师与学生"作为学校场域的主体,"学校"作为教育场域的核心,"教育"作为社会场域的组成。本书试图探讨"技术"对"学校""教师与学生""师生关系"的影响,从而从多维角度呈现技术时代的教育变革。

本书的中心是回答技术时代的教育变革有哪些,技术对教育的影响有哪些方面,这些影响背后蕴含着何种理性的因素,该如何看待技术对教育的影响,教育的本真是什么。技术作为一种切入视角,是当下的一种社会样态,但是我们在适应技术社会的同时,应该始终不忘教育的目的是什么,回归教育的本真。技术的发展不可逆转,对技术不能采取完全地接受或否定的态度,

---

① 参见:阿普尔.意识形态与课程[M].黄忠敬,译.上海:华东师范大学出版社,2001:3.

教育所涉及的主体毕竟是人,需要调整技术使其为人服务。通过多种教育方式的融合,实现教育的多样化,以适合个体的需求,进而推动教育改革的实现,以适应社会的需求。教育是为了培养能适应社会的人。

沿着这一思路,本书共含五章,具体内容如下:

第一章为绪论部分。论述本书的研究缘起,对技术、教育的内涵和外延等相关概念进行厘定,通过整理相关文献,对已有研究成果的贡献与不足进行总结与论述,以此提出本书的研究目的与问题,并进一步提出本书的研究思路与研究方法。

第二章主要论述技术对教育的推动。首先,从技术发展的视角展开,分别阐述了口头语言、手写文字、印刷技术、模拟技术、数字技术等对教育发展的影响。在此语境中,技术历经了从实体型技术、模拟技术到数字型技术的形态变迁。其次,从教育要素的视角来看,在技术的发展过程中,无论教育者、受教育者还是教育资料等都受到了一定程度的影响。

第三章主要论述技术对教育的挑战。首先,从学校的视角来说,技术对学校的挑战表现为传统学校地位的削弱、学校育人目的的偏离、学校知识传授功能的弱化、学校评价的标准倾向。其次,从教师与学生的视角来说,技术对教师与学生的挑战,主要表现在教师与学生的效率追求、教师与学生的技术追求、教师与学生的客体存在三个方面。最后,从师生关系的视角来说。伴随技术的发展过程,师生之间的关系由过去的受到前喻文化的影响,到现在出现一种后喻文化影响的特征,以此导致了一种文化反哺的现象,教师面临教育失语的困境,而在数字技术时代,教师作为"数字移民",学生则是"数字土著",师生之间的矛盾与问题变得愈加明显。在上述分析的基础上,教师与学生成为一种"技术人",学校则成为一个"技术实验室",而教育则变成了一个"技术应用场"。

第四章主要论述技术时代的教育展望。技术的发展是不可逆的,在这样的背景下,对教育的一些基本问题进行重新思考十分必要,教育研究者不能对技术采取非此即彼的完全放弃或完全采纳的态度,而是要思考教育的本真,将技术作为一种"器",融入教育的本真之中,实现教育的回归,分析技术时代(尤其是数字技术时代)教育的应有之义。本章分别从教育目的、教学观、学习观、师生关系四个方面展开论述。

第五章是结语部分。认识技术发展的不可逆,以及学校教育的必不可缺,呈现存于当代的人们可以选择的"品味"(态度)。未来是充满不确定因素的,而教育却是指向未来的。被教育的人落后于当下的时代,造成了教育的滞后性,伴随网络技术的飞速发展,近二三十年,社会发生了翻天覆地的变化,教育该如何选择?这是一个值得继续思考的问题。面对技术,人们无须恐慌,也不必对其言听计从。

二、研究方法

本书在历史唯物主义和辩证唯物主义的指导下,以定性分析为基础,综合采用了多种研究方法。

一是文献法。任何科学研究都是建立在前人基础之上的,尤其是人文社会科学研究,通过梳理文献对历史进行分析不可或缺。梳理文献的过程包括对文献的收集、筛选、综述、分析与应用,这是进行学术研究的基本步骤。通过广泛查阅浙江大学图书馆、美国威斯康星大学麦迪逊分校图书馆、国家图书馆、中国知识资源总库——CNKI系列数据库(包括期刊文章和优秀硕士学位论文和博士学位论文三个部分)、Web of Science、EBSCO、ProQuest 等数据库,对国内外相关文献资料进行收集整理,对技术哲学、教育学等学科中关于技术与人的关系、技术与教育的关系等相关理论和研究成果进行梳理,从而奠定研究的基础。

二是历史法。对一项研究而言,在研究的过程中首先要有历史意识,只有将其作为研究的基本认识,才能揭示事物的本质和规律。为此,在梳理历史的过程中要与逻辑相结合。黑格尔在《哲学史讲演录》中指出:如果掌握了逻辑的进程,我们亦可从它里面的各个主要环节得到历史现象的进程[1]。在《逻辑学》一书中指出:那在科学上是最初的东西,必定会表明在历史上也是最初的东西[2]。黑格尔认为,先有历史,后有逻辑,将历史现象看作逻辑过程中事先安排好的东西。就逻辑学作为真理的绝对形式来说,尤其是就逻辑学作为纯粹真理的本身来说,它决不单纯是某种有用的东西[3]。这种方法要求研究从事实出发,把研究历史、研究现状与研究趋势结合起来,把历史叙述与理论分析结合起来。马克思和恩格斯继承和改造了黑格尔的逻辑与历史相统一的方法,从唯物主义出发,形成了科学的历史与逻辑相结合的辩证逻辑法。恩格斯认为:历史从哪里开始,思想进程也应当从哪里开始,而思想进程

---

[1] 参见:黑格尔.哲学史讲演录(第一卷)[M].贺麟,王太庆,译.北京:商务印书馆,1981:34.
[2] 参见:黑格尔.逻辑学(上卷)[M].杨一之,译.北京:商务印书馆,1986:77.
[3] 参见:黑格尔.小逻辑[M].贺麟,译.北京:商务印书馆,2004:64.

的进一步发展不过是历史过程在抽象的、理论上前后一贯的形式上的反映①。技术、教育与人的关系等问题一直是恒久的话题。因此,有必要首先对其进行溯本求源,进而在历史考察的过程中,运用逻辑分析的方法对社会生产方式发展的各种现象和趋势进行深层剖析,分析不同历史时期人类技术使用的具体情况对教育工具的影响,以便审视其中所蕴含着的人与自然关系的演化轨迹、知识的演化轨迹,以及师生关系的演化轨迹,并在理论上对这一历史演变进行对比思考,指出对其反思的历史必然性,从而揭示出多学科视野中教育基本问题的新见解。

三是文本分析法。以美国《国家教育技术计划》为例,通过对政策话语的剖析,对四项计划进行解读,发现话语背后蕴含着效率追求的技术理性思维。这种对技术理性思维的追求使人逐渐追求效率。

---

① 参见:马克思,恩格斯.马克思恩格斯选集(第2卷)[M].中共中央马克思恩格斯列宁斯大林著作编译局,编译.北京:人民出版社,1995:122.

第二章 技术对教育的推动

技术发展是教育发展的动力。技术发展不仅推动了教育方式、教育内容的进步,而且推动了教育思想、教育体制的变革。我国的《国家中长期教育改革和发展规划纲要(2010—2020年)》明确提出了应该重视技术对教育的重要影响。根据马克思的历史唯物观和辩证唯物论的观点,技术对教育的影响包含积极的影响与消极的影响两个方面。本章试图首先探讨技术对教育的积极影响,分别基于技术发展的视角和教育要素的视角来分析技术进步对教育的推动作用,并进一步分析当下的热点研究主题慕课和翻转课堂如何促进教育的公平与提高教育的效率。

第一节 基于技术发展的视角

一项研究的开始,往往需要对研究问题进行追本溯源的探讨。正如《学会生存:教育世界的今天和明天》一书中提出的观点,在考察现状之前,我们学一下尤利西斯的儿子泰里马丘斯每次出发之前的做法,那就是,首先需要简单地回顾一下过去,回顾的内容包括许多世纪以来人类所过的生活和他们所受的教育,并进一步回顾一下教育的根源和它的发展过程①。这样一幅图景也许可以帮助研究者比较清楚地了解所研究的教育问题的各个侧面。这幅图景交织了不同时代的人与物,在这幅图景中,既有雄伟的建筑,也有一些断垣残壁,透过这些过去的情景,可以促使我们去思考未来的人、未来的生活、未来的一切。回顾过去,并不是要重写一部编年史,而是为了说明一些问题,并试图去探求一些问题的前世今生。回顾无法做到面面俱到,只是一种碎片化的组合。在此借用后现代的一些理论观点,来对技术对教育的影响史进行一个简单的梳理。技术对教育的影响是强烈的,技术不仅推动了社会的发展,而且为作为社会子系统的教育的发展留下了很多的遗迹。本节试图简单回顾并截取技术发展史的一些片段,来描绘一下技术的进步是如何推动教育的发展的。

技术变革对人们生活的影响是不可比拟的。人们对自然的发现在逐步地扩展,到了近代,人们逐渐深入问题的核心,理解了自然的神秘力量,并将发现的结果逐渐应用到日常生活之中。技术从过去对人体机能的代替,发展到现在进一步征服人类的精神。不同于经济扩张对社会的影响,现在每个地方、每个人几乎都受到了技术变革的影响,人们能够理解最广阔的空间与时间概念。技术革命使知识有了全新的意义,使人类在知识传播的方式和获得上有了许多全新的方法。然而,在变革的过程中,并非每个人都可以迅速适应变革的发生,这一适应过程需要一定的时间,需要人们对其原有观念的反思和突破。我们不可能为变革做好所有的准备并预先知道所有的结果,但对变革的历史考察为我们观察未来的可能情况提供了一定的依据。

英国教育家埃里克·阿什比(Eric Ashby,1904—1992)认为教育历史上曾发生过四次革命②。阿什比对四次教育革命的描述大致是这样的:在最初的时候,教育主要由原始社会的大家族负责,主要通过对受教育者讲授寓言、故事,并通过一些礼仪学习来将部落一直以来的传统文化传承下去,教育的目的主要是继承部落的传统,获得生活的经验。到了后来,由于各种原因,各

---

① 参见:联合国教科文组织国际教育发展委员会.学会生存:教育世界的今天和明天[M].华东师范大学比较教育研究所,译.北京:教育科学出版社,1996:25.
② 参见:阿什比.科技发达时代的大学教育[M].滕大春,滕大生,译.北京:人民教育出版社,1983:37-39.

地区的教育逐渐变得专业化,教育儿童的活动由专门的人来负责,教育活动也逐渐从过去的以家庭教育为核心转为一种教会教育的方式,施教场所也从家庭转到了教会,这可以称为第一次教育革命。第二次教育革命的标志是教育工具的变化,也就是书写作为教育工具被广泛运用,教育行为不再限于口语交流,而且增加了文字的交流方式。第三次教育革命的标志是印刷术的发明,印刷术发明之后,教育的规模进一步扩大了,更多的人可以受到教育。人们对印刷文字的适应也经历了漫长的时间,正如手写文字刚出现的时候,文字内容采用了人们熟悉的对话的形式,以此使人们能慢慢接受从口语到文字的变化,早期的印刷物采用的字体也主要是一种手写体,这如同在博物馆中所摆放的人们在早期阶段所设计的汽车一样,车灯的设计都是按照马车的设计来进行的。第四次教育革命的标志是新技术在教学上的采用,这些新技术包括电视机、录音设备等,新技术的使用进一步扩大了教育的规模。由于时代的限制,阿什比并未对网络技术等数字技术进行分析。智利教育家何塞·华金·布伦纳(José Joaquín Brunner,1944—)所持观点与阿什比稍有不同,他也认为人类历史上共经历过四次教育革命,但划分的依据有所不同,其中:第一次教育革命的标志是学校的建立,第二次教育革命的标志是公立教育系统的建立,第三次教育革命的标志是大众教育的逐渐兴起,第四次教育革命的标志是教育向信息社会迈进。

不同于以上两位学者的观点,尼尔·波兹曼从西方历史出发,认为人类历史上共经历了三次教育革命[①]。波兹曼认为,第一次教育革命的标志是雅典人从一种口语交流的方式转变为一种书写文字的交流方式,这大致发生在公元前5世纪,在这一阶段所呈现的转变,在柏拉图的著作中得到了很好的诠释;第二次教育革命的标志是印刷术的发明,手写文字由机器印刷代替,教育领域发生了巨大的变化,这大致发生在16世纪,可以通过阅读洛克的相关著作了解这一阶段的转变;第三次教育革命的标志是电子技术的使用,这次革命在美国表现得尤为淋漓尽致,尤其是电视机对教育的影响,完全不同于之前的任何一种技术,这场革命对教育领域的影响是十分显著的,麦克卢汉的著作对这场革命的描述可为经典。菲德勒从媒介形态变化的视角,将传播系统的演化分为三个阶段,这三个阶段的重要标志是语言的变化,从口头语言

---

① 参见:波兹曼.娱乐至死[M].章艳,译.2版.桂林:广西师范大学出版社,2011:152.

到书面语言再到数字语言,实现了三次媒介形态的变化①。南国农、李运林从教育传播的角度出发,将教育传播的过程划分为四个不同的发展阶段:第一阶段,口语传播;第二阶段,文字传播;第三阶段,电子传播;第四阶段,网络传播②。郭文革在《教育的"技术"发展史》一文中,将媒介技术发展史分为五个阶段③。教育革命的发生与传播技术的发展息息相关,虽然不同学者对"教育革命"的时期划分持不同观点,但他们划分的重要标准都是技术在教育领域的介入。经过分析比较并结合当今时代的已有技术,本书认为技术发展经历了五次变革,这五次变革的标志分别是口头语言、手写文字、印刷技术、模拟技术、数字技术的产生。本节将分别从这五个方面来阐释在教育的重大变革过程中,技术发展对教育进步起到的影响,主要从知识的保存形式、教育的传播范围、教育的目的、师生关系与教育场所等方面展开。

一、口头语言与教育的发展

从人类头盖骨化石上搜集到的解剖数据可知,在距今9万到4万年前,人类具有了说话的身体能力④。口头语言的出现使人们能有效地与他人分享经验和知识,提高了人类的生存能力。口头语言的兴起促使了第一次媒介形态变化的发生,人类利用口头语言,来处理与自然环境的关系。口头语言促使人们在更大的群体中进行交流,提高了收集和处理经验知识的效率,增强了人与人之间的有效沟通。口头语言能力明显地提高了人们的推理、判断以及计划的能力。

口头语言作为传播技术的时代始于公元前4世纪中叶以前。那时人类还完全处在"自然环境"之中,生活条件十分简陋,为了生存和发展,人们必须过群居生活。人本身既作为知识的创造者,也作为知识的传播者,知识只能通过人脑的记忆来保存。为了便于知识的记忆,人们依靠韵律诗和谚语来记录人类的经验和智慧。口头语言限制了知识的传播范围,人与人的交流限于面对面的喊话形式,教育的范围十分有限,人们以部落的形式群居在一起生活,分享生活经验。此时的教育目的是满足部落成员自给自足的生活,培养具有一定生产和生活经验的人;通过教育将积累的经验、知识和技术传授给下一

---

① 参见:菲德勒.媒介形态变化:认识新媒介[M].明安香,译.北京:华夏出版社,2000:46.
② 参见:南国农,李运林.教育传播学[M].2版.北京:高等教育出版社,2005:11.
③ 参见:郭文革.教育的"技术"发展史[J].北京大学教育评论,2011,9(3):137-157.
④ 参见:菲德勒.媒介形态变化:认识新媒介[M].明安香,译.北京:华夏出版社,2000:48.

代,从而使下一代具有进行狩猎等生产活动的能力,通过协调集体生活,维持部落群体的基本生存。

正如菲德勒的观点,口头语言作为一种传播技术将上一代的经验、文化等内容一代一代地传下去,人类传播的目的是将部落文化与生活经验一代一代地传递下去。口头语言这一传播技术不是为了单纯地传播已有的信息,而是一种用以维系社会发展的方式。在传播的过程中,人们的共同追求被传承下去。年长者将已有的生产和生活经验以口耳相传或身体力行的简单方式传授给年轻者,这时候的教育场所是不固定的,人们通过一种图腾崇拜的方式维持社会的一些规范与礼仪。

口头语言的传播效果,限于人们记忆能力的强弱。在信息传播过程中传播的内容容易被改变,或者因某些原因而被遗忘,这是口头语言作为传播技术的一个明显缺点。口头语言的传播方式是不可靠的,或者说是不稳定的,因此,信息通过口头语言传播的方式在族群之间、代际传递后常常会不同于最初的意思,变成被曲解的含义,而变得难以理解。口头传播天生就是不可完全信赖的,对于后代人来说,许多通过口头语言的方式流传下来的历史,由于经过训练的故事记忆者的链条被打断和文化激变而丢失。由于教育范围的有限性,以及对经验的依赖,这时候的技术与教育处于相对分离的状态,技术的进步对教育的发展并未产生深刻的影响。

二、手写文字与学校的出现

公元前 11 世纪之前,人们主要通过口头语言来交流思想与情感、传播知识与技能等,这种"口耳相传"和简单模仿的教育手段及方法具有很大的局限性,不利于知识的传播和保存。原因主要是口语阶段人的记忆能力对教育的内容与取得的成效有决定性的作用。受到记忆能力的限制,人们对知识的记忆可能不会持续很长时间;而记忆也可能会出错,与先前的意思出现不同;另外,运用口头语言的方式进行知识交流限制了讲不同语种的人们之间进行有效的交流。社会在不断地向前发展,人与人之间的交流越来越广泛,人们的生产实践活动也在不断地发生着变化,单纯地依靠大脑记忆的方式进行口语交流已经不能满足人们的生产实践活动与日常生活的要求,知识需要通过新的方式来被保存,这种方式能提高传播与记录的稳定性与有效性。在这一背景下,一些图形、实物等开始成为人们保存和传递生产和生活知识的手段,最早的文字出现了。文字在不同的国家出现的时间有所不同:美索不达米亚的苏美尔人在公元前3000多年的时候,发明了能够刻在泥板上的数学符号以及图画文字等,这些符号与文字随后逐步演变为楔形文字;古代的埃及人在约公元前3000—前2890年间发明了象形文字;腓尼基人在公元前13世纪前后,创造了一套共有22个辅音字母的字母文字,这种字母文字的出现主要是由于受到了古埃及文字以及两河流域文字的影响;古希腊人在腓尼基人发明的字母文字的基础之上添加了元音字母,从而形成了希腊字母系统,这为后来欧洲各个国家字母的形成提供了重要的基础;汉字是世界上独立形成的几种最古老的文字之一,它的发展过程经历了由图画演变为图画文字,进一步由图画文字演变为象形文字的过程,字体经历了由甲骨文、金文到篆书,由篆书到隶书,由隶书到楷书等由繁到简的发展演变过程,另外在造字方法上也经历了由图画、象形到指事、会意、形声的发展过程。从口头语言到文字的发明经历了一个漫长而曲折的过程。

在古埃及时期,文明的繁荣、农业的发展与经济的繁兴需要新的工具来传播文明,保存人类的各种经验,这为文字的出现提供了契机,对文字的出现起到了催化的作用。文字的出现使人们可以通过一种书面语言的形式进行交流,与此同时,文献记录技术也成为一种重要的记录技术,对农业经济文明的传播起到了十分重要的作用。这一技术不仅可以记录有关农业作物生长的情况,也可以记录人们的思想与观点。文字的记录方式具有较高的有效性和稳定性。[①] 文字的出现实现了表达者和表达内容的分离,书面信息不再受到时间和空间的限制,信息的交换不再需要信息发送者和信息接收者在同一时间存在。正如戈夫曼的观点:一种符号记录方式的出现,可以实现事物本身与代表事物的符号之间的分离,当事物本身不在当下的环境中时,人们可以将代表事物的符号当作事物本身来运用[②]。手写文字的出现促使知识传播方式产生了新的变革,知识传播方式的改变也影响到了教育的实践领域,最初的学校以及学校教育方式伴随文字的出现而出现了。手写文字的出现使人们可以大量地保存知识与信息,人们需要学习该如何去阅读这些文字所表达的知识与内容,这就需要教师的教授;教师需要在一定的环境中与学生进行教与学的活动,这自然促使了学校出现,学校因此而成为专门的场所以供教师与学生进行教育活动。

[①] 参见:Pei M. The Story of Language[M]. Philadelphia:Lippincott,1965:90.
[②] 参见:戈夫曼.日常生活中的自我呈现[M].冯钢,译.北京:北京大学出版社,2009:213.

文字的出现进一步扩大了知识的传播广度,提高了知识的保存稳定度,从而使教育得到了进一步的促进与发展。这主要表现在下述几个方面:一是,文字体系的形成改变了传统的通过"口耳相传"进行教育的形式,增加了教育的信息量,教师不再仅限于自己的记忆能力,而是可以通过利用丰富的文字记录内容来向学生传授知识、经验等,从而使学生习得较为系统的知识与技能,这种教育方式使受教育者不仅可以听教师"言传"接受教育,而且可以通过"眼看"接受教育,并为受教育者自学提供了可能;二是,文字体系形成后,受教育者不再局限于在较小的空间内接受教育,而是可以在更大的空间内接受教育,这样使受教育的人群进一步扩大了,更多的人可以获得受教育的机会,与此同时,手写文字的出现也为不同民族与地区之间的文化交流提供了可能与更多的机会。手写文字的发明、使用与发展对教育的发展具有重要的意义与作用,但也存在一定的问题,比如在西方国家,在手写文字时期,由于用于手抄文字的莎草纸和羊皮纸等价格昂贵,而且数量稀少,这时的读写教育只是少数精英阶层成员的特权,尤其是在中世纪,书本不是为了让人们阅读使用,而是为了增加教堂的财富和富人的收益,此时的手抄本成为当权者经济上的奢侈品[①]。这一现象表明,书本并没有在普通人中得到普及,普通人仍旧停留在运用口头语言来进行交流、接受教育的阶段。

三、印刷技术与班级授课制

伴随印刷技术的出现,教科书在较大范围内得到了广泛的运用,班级授课制作为一种新的授课模式出现了。印刷技术出现之前,人们用来记录的载体有难以篆刻的小面积的甲骨,有携带十分不方便的笨重的竹简,还有价格高昂的不容易保存的绢帛。印刷技术发明之后,人们用于保存文字的方式得到了明显的改善,尤其是活字印刷术发明之后,大大改善了印刷书籍的质量,提高了印刷书籍的数量,降低了印刷书籍的成本,从而进一步扩大了教育的规模,改变了传统的教育模式,打破了教师传统的教学方式,教育过程逐渐成为一种有计划的、系统化的过程,班级授课制出现了,教育活动变得逐渐规范化。

书本是最古老的大量生产的产品。它们具有高度的标准化,一次印刷出来的书本,几乎全都一样,而对市场,特别是远距离市场来说,按照标准化尺

---

① 参见:勒戈夫.中世纪的知识分子[M].张弘,译.北京:商务印书馆,1996:6.

寸生产标准化产品的企业效率最高①。印刷技术的发明为书本的标准化生产提供了可能,书本被大量地生产出来,这进一步扩大了人们受教育的范围以及人们受教育的程度。印刷技术具有四大特点:首先,具有较强的表达力;其次,保存时间长久,超越了时间的概念;再次,传播速度快,超越了空间的概念;最后,具有较广的扩散面,不受阶层等级的影响。印刷技术在大范围内得到了广泛的应用,尤其对教育领域产生了巨大的影响,这主要包括以下两方面原因:一方面,人造纸造价低廉,降低了知识的保存成本;另一方面,印刷机取代了人工抄写的方式,提高了知识的复制效率,读和写不再是贵族阶层的特权,普通人也可获得充足的阅读物。

教育载体的革新与教育技术的发展,为教育的普及做出了巨大贡献:各级各类的学校不断设置和完善,并出现了高级研究机构"书院",其中岳麓书院、白鹿洞书院、嵩阳书院、应天书院,根据规模及其影响被合称为中国四大书院。印刷术的发明大大提高了人们受教育的机会,普通人也能够享受到"十年寒窗"的教育机会。教育面的扩大,增加了受教育者的人数,为社会的进步与科技的发展打下了坚实的基础,这样既保存了广大人民群众生产和生活的知识经验,也为各种人才的培养提供了条件;使得当时学校数量增多,规模增大,教育教学理论也有了较大发展,引发了教育史上的第三次革命,极大地促进了教育事业的发展。犹太法典《塔木德》(Talmud)里提到了师生比率的概念:每25名学生为一班,设教师1人;25到40人,增加1名助教;凡超过40人,须聘教师2人②。印刷术等技术的发明,促使师生比率降低,提高了教育的效率。

随着更多的儿童进入学校,人们越来越习惯于运用书面语言进行交流,以此来表达思想。由于知识需要加以整理和组织,以便持久地保存供人们使用,书面文字变得越来越重要,口语交流也开始依赖于书面材料,由此形成了人们通过文字来理解世界的一种文化。但书本知识是一种抽象的知识,书面表达比口头表达更容易陷入抽象的危险,容易使人遗漏它的具体内容而变成一套观念和符号,从而形成与现实之间难以逾越的鸿沟。采用班级授课制的教学方式,教师无法根据每位学生的兴趣爱好、知识和个性等方面的差异进行差异性教学,无法满足学生自由发展的需要。

---

① 参见:布朗,杜奎德.信息的社会层面[M].王铁生,葛立成,译.北京:商务印书馆,2003:46.
② 参见:阿什比.科技发达时代的大学教育[M].滕大春,滕大生,译.北京:人民教育出版社,1983:30.

四、模拟技术与教育现代化

模拟技术在教学中的应用推动了现代教育的进程,从而产生了一次新的教育革命,这次教育革命可以说是具有重要意义的。19世纪末,人们只是刚刚开始认识到电是多么急剧地改变了他们的生活和他们所熟悉的世界。电灯的发明使人们在漆黑的夜晚也可以看到光明,人们打破了自然对黑夜与白天的安排,电话与电报的发明撼动了人们对在一定时间与空间内进行交流的一般概念,留声机和动画片已经捕获了声音和情景,并且正在重新塑造曾经共有的"真实"世界的概念。[①] 印刷术的发明和广泛应用,虽然促进了教育的发展,但是使得近千年的教育一直停留在讲书、听书、看书、背书的模式。随着工业革命的深化、技术水平的提高,人们接受教育的需求不断增大,主要靠书本、黑板和粉笔的"小生产式"的教育面临挑战。模拟技术促进了系统化设计教学法、远程教学法的出现,幻灯片、无线广播、电影、录音、电视、录像等视听技术在教育中的广泛应用,使教育逐步摆脱了传统模式的束缚,教育领域出现了生动的电子课本、电子老师等等。光学媒体(如幻灯机)可以看作人眼的延伸,它能提供扩大了的图像,使更多的学生同时进行观察和学习;音响媒体(如收音机)可以看作人耳的延伸,能收录各种声音,并能长期保存,根据需要多次播放;声像媒体(如电视机)可以看作人的眼睛的延伸与人的耳朵的延伸的共同体,不仅能够提供图像,而且可以提供声音,通过逼真的图像活动,突破了空间的限制,更加广泛、高效地为学生提供教育资源。

模拟技术促进了教育的发展。一方面,模拟技术可以发挥学生的多种感官功能,使学习内容变得更加形象、直观,从而引发学生的学习兴趣,提高教与学的效率,增强教与学的效果。另一方面,模拟技术可以扩大教育的规模,提高教育的效率。举例来说,在第二次世界大战期间,美国为了在短期内培养大量的在战争期间需要的人员,充分利用了模拟技术在教育中的功用,仅用了6个月时间,就培养了大量的所需人员,完成了预期的计划。从信息传输手段的角度来说,模拟技术相对于印刷技术而言,突破了空间的限制,扩大了教育的开放性,扩大了教育的规模,提高了教育的效率。总之,模拟技术大大地推动了现代教育的进程。

基于模拟技术生产的电视具有单向传播的特点,人们不可以随便决定电

---

① 参见:菲德勒.媒介形态变化:认识新媒介[M].明安香,译.北京:华夏出版社,2000:73.

视台的播放节目。对于伴随电视发展而成长起来的孩子们来说,电视播放了很多父母不会教的内容,孩子们发现了很多成人世界的秘密,成年人再也不能将文字作为一种控制工具了;特别是在 1960 年以后,电视彻底摧毁了那个系统,并且冲淡了成年人的权威性。约舒华·梅诺威兹(Joshua Meyrowitz)指出,现在的孩子不同于以前的孩子,以前的孩子更为单纯,现在的孩子变得失去了一些童真,电视的发明是重要原因之一,孩子们通过观看一些电视节目而过早知晓了很多成人的私密[1]。电视的出现,削弱了家长对孩子的控制,孩子接受知识的方式变得更加多样化。模拟技术的单向传播性的特点,使得模拟技术也具有一些缺陷,比如说不可控性等,另外模拟技术还具有不稳定性的缺陷,这些缺陷削弱了其使用的有效性,甚至容易被利用,比如单向传播的方式使得电视成为政治和商业广告的宣传工具。

录音机作为一种教学的工具,受到了教师和学生的欢迎。课堂学习过程中,学生不但可以通过视觉来看教师的教学,而且可以通过听觉来听录音的内容,尤其是在语言类的课程中,无论是教师教学还是学生学习都变得容易了很多,并因此提高了教与学的效率,但有时候录音机也会被滥用。有这样一则故事可以做一个形象的描述:某位教授因为一些事情不能亲自来教室上课,因此将上课的内容用录音机录了下来,并交代学生需要按时来上课听取录音机的内容。到了上课的那天,教授的事情临时取消了,又亲自到教室准备上课。当教授到达教室的时候,一幕场景令他感到非常意外——教室里面空无一人,只有一排排的录音机放在桌子上,等着录下教授的讲课录音。因此,技术在发展的过程中,也需要不断地突破之前的限制,适应新的环境下的要求。

五、数字技术与教育信息化

数字技术是计算机发明之后所产生的一种技术。数字技术大大推动了教育的信息化进程,作为当今社会的主导技术,数字技术日益显示出巨大的作用,而成为目前以至未来社会发展、变革和进步的重要标志。正如菲德勒的观点,数字技术是第三次媒介形态变化的重要标志,数字语言作为一种全新的语言进一步催化了第三次媒介形态的变化。数字语言不同于其他语言,

---

[1] Meyrowitz J. "Mediating Communication: What Happens?" [M]// Downing J, Mohammadi A, Sreberny-Mohammadi A. Questioning the Media: A Critical Introduction. Thousand Oaks: Sage Publications, 1995:44-45.

数字语言的出现改变了人与人之间的沟通与交流方式,人与人之间不再需要面对面地沟通,不再需要模拟技术,不会再有失真的状况发生。这是一种全新的用数字来进行编码与处理的语言,以"0""1"代码的形式实现机器与机器之间的交流与互动,再通过一种转译程序,转为人类所需要的语言形式,通过传输的终端进行输出,从而实现人与人之间的交流。数字语言的出现以及应用都离不开数字技术的发展。后信息时代将消除地理的限制,就好像"超文本"挣脱了印刷篇幅的限制一样。数字化生存将越来越少地依赖于特定的空间和时间概念[1]。数字技术的出现,使人们对于时间、空间、现实、虚拟等方面的认识发生了巨大的改变,这一新的数字技术正在逐渐影响社会生活中的方方面面以及存在于社会生活中的每一个人,对社会、政治、文化、经济等宏观方面,以及人们的日常生活等微观方面都产生了深刻的影响。

美国社会学家与传播学者詹姆斯·贝尼格(James R. Beniger,1946—2010)曾假设:信息社会的到来与技术所带来的控制危机有关[2]。技术是引发社会变革的重要原因,也是引发教育变革的重要原因。数字技术可以帮助那些不在同一地点工作的人有效地组织教育教学,以此实现教育的信息化。数字技术不仅将人们由实体世界带入虚拟世界,而且将人们由虚拟世界再次带回实体世界;这样的转化不是单方面的,而是双向的。有了数字技术,可以根据个别学习者的家庭背景、学校环境以及各种特殊需要进行差异化的教学,满足学生个性发展的需要,从而实现教育快速度和大规模的发展。比如说,小朋友可以通过使用一些电子设备阅读数字版的书籍,这种数字版的书籍生动形象,当小朋友看到自己感兴趣的内容,可以点击链接得到更具体的介绍——其中可能包含视频、图片、文字等,一切情境都变得真实而具体。点击小狗,会发出小狗的叫声;点击大海,会有大海的视频……这种数字版的书籍还会和小朋友进行互动,如在小朋友做对题目的时候,会给小朋友鼓励。

数字技术的发展解决了人们面临的速度问题,可以实现信息的远距离的瞬间传播,大大促进了教育的信息化。虽然现在仍然是这一变革的早期阶段,但以计算机网络为基础的数字技术已经极大地影响了教育领域,加强了学生与教师、学生与学生、教师与教师,以及教师与家长之间的互动。一些新的教育形式也因此得以实现,比如依赖于网络技术的慕课、翻转课堂、微课

---

[1] 参见:尼葛洛庞帝.数字化生存[M].胡泳,范海燕,译.海口:海南出版社,1997:194.
[2] Beniger J R. The Control Revolution: Technological and Economic Origins of the Information Society[M]. Cambridge: Harvard University Press,1986:25.

等。加拿大媒介学者、多伦多麦克卢汉研究所所长戴里克·德·科克霍夫(Derrick De Kerchhove)认为,电脑可以看作整合了不同层次技术的产品,电脑本身基于计算机技术的高度发展,电脑的外部则是涉及网络化的互动交流,网络的连接促进了人与人之间的交流,实现了虚拟与现实的互动①。电脑空间的有效利用极大地促进了人与人的交流。

对于无纸社会的畅想,自第一台电脑诞生之后就引起了人们的关注。人们想象利用数字技术不仅可以储存大量的文本资料,而且可以迅速地传递信息,并以多种不同的方式携带、复制、传播。然而,实际上,电脑的诞生并没有立即降低人们对纸张的需求,反而促使人们对纸张的消费量提高了。计算机与打印机的结合创造了更多的纸质文献,纸张并没有因为计算机的出现而被取代,反而计算机成为其需求量增长的重要工具。因而,纸质出版商认为在相当长的时间内,纸质阅读仍是人们的主要阅读形式,数字阅读形式不可能取代纸张成为主流,这种无纸的数字技术并没有很好的前景。面对机械式的印刷机所印制出来的纸质阅读材料与数字式的阅读工具,人们还是钟情于一种纸质的阅读方式,这种更加真实与熟悉的阅读方式仍是人们的首选。当然,这种状况是在一定阶段的现象,随着出生在数字时代的人的日益增多,人们开始适应无纸阅读,人们的认识与思维方式会发生彻底的变化,这种变化将促进数字式阅读的发展。

数字印刷媒介要想成为机械印刷和纸张的实际替代品的话,需要一些基础技术,这些技术应与今天的个人电脑和用户在线网络大不相同②。正如菲德勒的观点,首先,数字印刷品应极其便于携带,可以供任何人使用而不需要任何阅读说明书,而且具有阅读的灵活性和舒适性,人们可以按照自己喜好的方式随时随地地阅读;其次,数字印刷品也需要融合电脑媒介的一些更具吸引力的因素,如交互性、超文本以及音频的或视频的片段,而不必牺牲使用纸张时的可读性与便利性。数字技术的出现,不会使印刷技术消失,而是促使其以一种新的形式适应当下的社会需求。

技术的发展并不是完全取代性的,在新技术发展的过程中,旧技术不会消亡,而是以一种新的形式继续适应社会的发展。技术的不断进步与各种社会力量、人们的使用情况,还包括一些政治的、经济的、文化的力量息息相关。当下,

---

① Kerchhove D D. Brainframes: Technology, Mind and Business [M]. Utrecht: Bosch & Keuning, 1991:73.
② 参见:菲德勒.媒介形态变化:认识新媒介[M].明安香,译.北京:华夏出版社,2000:200.

上述的口头语言、书写文字、印刷技术、模拟技术都以一定的方式存在于教育系统之中,正如法国社会学家布鲁诺·拉图尔(Bruno Latour,1947—2022)将文件称为"不变的移动"(immutable mobiles)。一方面,文件便于携带和流传;另一方面,文件具有不变性,但是文件要固定,而信息要流动,因而二者产生了矛盾,纸张与墨水建立了平衡,既易于携带,又牢固不易改变。印刷术保持了这种平衡,而电报、广播则趋向不稳定,数字技术也趋向于不稳定——网页的信息不断被更新。纸张所具有的固定的特点,使阅读同样材料的人可以产生一种归属感,形成一种文化的氛围。因此,在一定程度上来说,纸质阅读的方式使阅读者更具安全感。但随着社会变化速度的加快、信息量的不断增加,以数字技术为基础的保存方式将逐步代替纸质保存的方式。

以网络技术为例,作为一种新技术革命以来的重要数字技术,其迅猛发展对教育领域产生了重要的影响,其影响范围涉及教育领域的方方面面。一方面,网络技术促进了教育的公平,使更多的人可以接受教育。传统的教育方式是受制于地域限制的,受教育者的各个方面都受到了地域差异的影响;网络技术的出现,促使一种超越地域差异的教育形式出现。通过网络,教师与学生都可以直接与世界相连,一些教学条件相对落后的地区也可以通过网络平台获得相同的教育资源;网络技术可以促使不同地域的教师与师生进行讨论与交流,这种讨论与交流可以以一种论坛的形式存在,也可以以一种远程课堂的形式存在。另一方面,网络技术提高了教育的效率,教师不再只是采取刻板的说教式的教学方式,而是可以利用网络技术为学生呈现一些具体而形象的知识,以此增加学生对所学内容的感性认识;与此同时,学生可以通过网络技术来完善自己的所学,根据个人的兴趣来进行补充学习,从而以一种非系统化的、碎片化的学习方式来完善个人的知识体系,这样的学习方式不仅可以提高学生的学习主动性,而且可以拓宽学生对所学内容的理解范围。另外,网络技术也实现了具有不同文化背景的人们之间的沟通,无论是教师还是学生都可以通过网络去了解世界不同国家和地区的教育情况,其中包括学校的课程设置、教学内容等。下面将分别从网络技术对教育公平与教育效率的影响维度出发,结合当前的热点主题慕课以及翻转课堂的例子,论述网络技术对教育的影响。

一是,网络技术促进了教育的公平。

20世纪末信息技术的兴起使网络成为人们使用的重要工具。"在线教育""终身学习""全球化"等概念应运而生,而"慕课"(Massive Open Online

Courses,MOOC,又称"大规模开放在线课程")作为以上理念的具体化,引起了大众的关注。"慕课"这一新的教育理念的出现是为了回应当下的教育问题。全面认识"慕课"的提出背景、核心理念,来揭开"慕课"背后的神秘面纱,有助于我们合理地看待和利用这一新的时代产物。

"慕课"与网络紧密相连,适应了灵活利用教育资源的要求。按照教学理论的不同,"慕课"被划分为两种基本类型:一种是 cMOOC,一种是 xMOOC。其中,cMOOC 的教学思想是关联主义学习理论,即以"网络化的连接"作为知识的本质,强调知识获取的"去中心化",着重于知识的创新和生成;xMOOC 以行为主义学习理论为基础,即教师作为"讲授者",学生作为"接受者",这与传统的教育理念相一致,着重于知识的复制与传播,并得到了大范围的推广和应用。

"慕课"对学生的数量没有限制,对学生的类型也没有限制,这与各个国家致力于努力扩大教育规模的理念是一致的,以此可以进一步促进世界范围内教育公平理念的实现。比如说,联合国教科文组织(UNESCO)为此开展了"移动学习周"(Mobile Learning Week,简称 MLW)活动,这一活动致力于探究新的可使用技术如何扩大教育规模与提高教育质量。2014 年 2 月,在法国举行的"移动学习周"活动主题是"教师"。教师作为教育系统的支柱,其参与程度对于信息和通信技术(Information and Communication Technology,简称 ICT)在教育中的应用至关重要。尤其是在当今移动技术涌入教育的主流之际,从非正规方式到正规方式、从小的独立个人项目到大的政府资助项目都关注于这一领域。在日复一日的工作中如果没有教师——包括那些与儿童、青年和成人一起工作的人——的支持,技术只能被放置在教与学之外。2014 年的"移动学习周"活动探讨移动技术是如何帮助教师在不同情境下更有效地工作的。另外,目前迫切需要具有全球视野的教师。2015 年举办的"移动学习周"活动主题是"运用技术解决教育的性别公平问题"。由此,我们可以看出,"慕课"突破了传统课堂对学生数量和学生类型的限制。

"慕课"融合多种利益共同体,促进了教育的公平。"慕课"作为一种全新的在线教育形式在全球范围内开始普及。其中的利益共同体不仅有平台供应商、风险基金、慈善基金,还有众多世界一流高校。当今世界三大"慕课"平台分别是:Udacity、Coursera 和 edX。其中 Udacity 和 Coursera 以取得商业利益为目的,一些商业风险投资机构纷纷注资。截至 2014 年 11 月 23 日,Coursera 已融资 85 亿美金。Udacity 推出了"综合学位课程"(Comprehensive Degree

Track Program)。edX 则与谷歌(Google)展开合作，推出"MOOC.org"，以此使教师可以建立自己的数字课程。edX 是非营利性的，其目的在于与世界其他高校合作，利用网络技术推动学校改革；通过建立全球性的在线学习社区，利用大数据分析学生的学习方法、教师的教学方法，为全世界提供免费的网络教育资源，以此来实现教育的全球化。慕课提供了免费的优质教育资源，以及完整的在线学习体验，与现行教育体制互相补充，扩大了优质教育的受益群体。慕课的理念来源于开始于 2001 年的开放教育资源(Open Educational Resources，简称 OER)运动。开放教育资源运动在发展过程中形成了几个共识：一是促进知识共享；二是减少教育成本；三是增强创新能力；四是发展合作精神。回望慕课发展的脉络，大致有以下几个关键的时间节点：

2008 年，加拿大教授斯蒂芬·道恩斯(Stephen Downes)和乔治·西门斯(George Simens)首次提出基于人机交互学习方式的 MOOC 概念，这一概念关注于开放性课程，校内校外学生都有权利注册学习。另外，这一概念突破了传统的课堂时空限制，使教师和学生可以更加灵活自由地进行教学和学习。

2011 年，美国斯坦福大学的塞巴斯蒂安·思瑞(Sebostion Thrun)和皮特·诺文奇(Peter Norvig)在网上免费开设了"人工智能导论"(Introduction to Artificial Intelligence)课程。课程上线一周之后，160 000 人注册了这门课程，其中的 23 000 人最终获得了结课证明(Certificate of Completion)，完成率 14%。思瑞认为修完并获得结课证明的这些学生完全达到了斯坦福大学在校生的标准(虽然注册人中没有人来自世界一百强的高校)。斯坦福大学的"人工智能导论"课每周更新一次，考核方式包括平日作业、期中考试、期末考试——与斯坦福大学的学生一样，会有非常严格的要求。从教学方式的角度来看，"人工智能导论"课通过简短的视频和频繁的测验来展开教学，课程依赖于网络进行同步，并有 10 周的课时；整个课程是没有助教来协助教授授课的，大家可以通过学生之间的知识积累来相互帮助。来自不同背景的学生使课程变得很有意思，并产生了很多激烈的讨论。"人工智能导论"课是没有赞助公司的，但是思瑞会将课上最优秀的 1000 个学生的简历推荐给加利福尼亚最有名的技术公司。虽然课程的交互性在一定程度上受到了限制，但是每周学生所提出的大家都比较关注的问题会得到解答，两位教授会快速地做出回应。"人工智能导论"课的开放，标志着慕课作为一种新的教育形式，对教育领域将产生重大的影响，并推动大学 2.0 时代的到来。

2012 年被称为"慕课元年"(The Year of the MOOC)，这一说法由《纽约

时报》作者劳拉·帕帕诺(Laura Pappano)提出。她认为:"到2012年,慕课已经作为一种协作技术在学生的学习过程中应用了几年,但2012年这一年,有好多组织都想加入慕课队伍之中。一些精英大学正在以迅速的步伐与Coursera展开合作,其中包括普林斯顿大学、布朗大学、哥伦比亚大学、杜克大学。在九月,谷歌推出了慕课在线开发工具,斯坦福大学也发布了两门新的课程。各方力量都在推动慕课在更大范围的应用。"这标志着一场数字海啸的到来。2012年1月,塞巴斯蒂安·思瑞成立在线教育商业公司Udacity。2012年4月,斯坦福大学教授安德烈·恩格(Andrew Ngond)和达芙妮·科勒(Dophne Koller)创立了教育科技公司Coursera,合作的大学有普林斯顿大学、斯坦福大学、宾夕法尼亚大学和密歇根大学。Coursera于2013年10月进入中国市场。2012年5月,哈佛大学积极地加入了"慕课"建设大军,与麻省理工学院合作建立了在线教育平台edX。哈佛大学分管教学创新的副教务长包弼德(Peter K. Bol)教授认为,哈佛大学之所以加入"慕课",是因为技术时代的到来,给教育带来了巨大的机遇与挑战[①]。一方面,先进的技术与新的教学方式改变了过去呆板的课堂,师生之间、同学之间可以实现真正意义上的互动;另一方面,很多学生成为积极主动的学习者,而不再是被动的知识接受者。其中网络将人们连接在一起,使所有人可以参与进来。基于此,加入"慕课"可以更好地实现哈佛大学的使命:一来,可以降低优质教育门槛,让更多的人有机会获得优质的高等教育;二来,借助于收集的大量数据,运用分析工具进行分析,从而研究学生的学习和交互行为,帮助教师改进教学设计,提高学科教学质量。

2013年,"慕课"进入中国,清华大学、复旦大学、上海交通大学、北京大学率先加入"慕课"行列,随后浙江大学、山东大学、重庆大学、哈尔滨工业大学等大学也加入了"慕课"的队伍。在中国大学MOOC平台上,有31所学校开设了课程。为了打造中国基础教育阶段的"慕课"平台,华东师范大学成立了国际"慕课"研究中心,其主要任务是研究"慕课"在基础教育领域的开展。2013年8—9月,研究中心联合国内高中、初中、小学各20所,成立了"C20慕课联盟"。

"慕课"体现了知识的机会公平性。学习者不因其身份、年龄等限制,皆

---

① 参见:张麒,刘俊杰,任友群.哈佛"慕课"深度谈:访哈佛大学副教务长包弼德教授[J].开放教育研究,2014(5):4-10.

可通过网络和终端设备来进行学习,在此过程中,学习者可以以匿名的身份参与学习团体的讨论、评价等环节。在传统的教学方法下,教师在固定的教室对固定的学生进行授课,授课内容仅限于当堂学习的学生,教师需要进行大量的讲授知识点的重复工作,而"慕课"可以将教师的授课内容制作成模块化的网络视频的形式,循环使用,提高了教学的效率。另外,"慕课"体现了学习的自由公平性,学习者不受学习场所、时间等因素的影响,可以根据个人的兴趣,选择学习的内容和方式,这种灵活性可以适应学习者作为独立个体进行个性化学习的不同要求。

"慕课"相对于昂贵的传统教育具有一定的经济性。"QS世界大学排名及学费信息"[QS World University Rankings with Tuition(包括国内和国际学生)Fee Information]发布的数据显示:2014—2015年度,美国麻省理工学院本科生的平均学费为45 016美元,研究生学费为43 210美元;英国剑桥大学计算机科学专业本科生(国际学生)学费为38 108美元,研究生学费为44 479美元;英国帝国理工学院计算机科学专业本科生(国际学生)学费为42 244美元,研究生学费为43 940美元;美国哈佛大学本科生(包括国内和国际学生)的平均学费为43 938美元,研究生学费为43 774美元;英国牛津大学计算机科学专业本科生(国际学生)学费为34 965美元,研究生学费为29 142美元;英国伦敦大学计算机科学专业本科生(国际学生)学费为33 334美元,研究生学费为35 981美元;美国斯坦福大学本科生(包括国内和国际学生)的平均学费为44 184美元,研究生学费为44 184美元;美国普林斯顿大学本科生(包括国内和国际学生)的平均学费为41 820美元,研究生学费为43 720美元;美国耶鲁大学本科生(包括国内和国际学生)的平均学费为44 800美元,研究生学费为44 800美元。世界一流大学的学费之昂贵,使一般的家庭无力负担。而"慕课"的在线课程一般都是免费的,授课教师来自世界一流大学,如果在线学生希望取得"学历认证",则只需要支付仅仅几十美元的认证费。"慕课"使教育资源得到了大规模的扩散,实现了全球范围内的教育资源共享。

"翻转课堂"的教学模式因为"慕课"的出现而兴起。尤其是在基础教育领域得到了应用。这种教学模式是线上和线下教育的结合体,其流程为:课前学生通过在线视频进行自学,课中教师进行课堂教学,课后学生完成在线作业,并进行测验;通过学习系统对学生的学习情况大数据进行分析,从而得到相关的学生学习情况等结果。陈玉琨教授认为:"翻转课堂"是继班级授课制以后最大的一次革命,超越了时空的界限,使优质教育资源在全球范围内实现了共享。以往的在线课程,简单地将一节45分钟的视频放在网上,没有监督学生学习的机制,没有相关的评价系统。"翻转课堂"不同于以往的在线课程,首先视频时间在10分钟左右,视频结束后有小测试,学生如果不能完成测试,则需返回重新学习。学生在学习过程中,可以随时与教师、同学进行互动。在基础教育阶段,我国的"翻转课堂"不同于西方,课程是根据学校教育的系统性呈现有逻辑层次的知识体系,而不是零散的知识。[1] 翻转课堂大大改变了教育领域中的两个重要主体:一是教师,一是学生。无论是对于教学方式、学习方式,还是对于教师身份、学生身份,都产生了重要的影响。

"翻转课堂"实现了教育的个性化,促进了教育的公平。数字化技术的未来,为个性化社会的实现提供了技术基础。尼葛洛庞帝曾经在1995年所著的《数字化生存》中描述的场景,现在已然在日常生活中得以实现。比如人们开始习惯于在互联网上进行买书与看书的行为。在中国,人们习惯于在京东商城、当当网、孔夫子旧书网等网站上购买书籍。当你在网站上注册成为用户之后,互联网会根据你的搜索关键词,来锁定你所喜欢的书的类型,根据你的不同喜好,将相关类型的书推荐给你——这是一种量身打造的互联网服务。如此看来,个体化社会的时代已经到来,技术的发展对个体化社会的到来起到了推动作用。人工智能的出现,使机器成为能够与人进行互动的所在,机器甚至能了解每个人的不同喜好,并根据这些信息服务于人们的日常生活。比如iPhone(苹果手机)的Siri(苹果智能语音助手)可以通过人机对话的形式,满足使用者提出的一些基本要求——该功能在不断完善中。在这样一个大背景之下,教育领域需要做的是对学生进行个性化教育,在一定意义上,个性化教育的实现离不开因材施教的理念。

数字技术的发展为教育活动带来了大量的数据,这些数据提供了各种信息。一般来说,大数据具有四个主要的特点:数据量大(Volume)、实时性强(Velocity)、种类多样(Variety)、真实性(Veracity)。现在社会中充斥着各种庞杂的数据,大数据为人们的生活实践提供了巨大的价值。大数据所带来的很重要的意义在于改变了人们的思维方式,促进人们形成了基于实证与数据的思维方式;这种思维方式也促使了一种实证文化的产生,以此为学生提供的教育更具科学的意义,更是一种基于事实的支持,这种支持更有针对性,凸

---

[1] 参见:徐倩.慕课:一场正在到来的教育变革:专访华东师大国际慕课研究中心主任陈玉琨[J].上海教育,2013(10A):24-25.

显了每个个体的差异。另外,大数据以一种更直观、更具体的呈现方式来体现学生的发展情况与各种差异,因此具有更强的可视性。通过收集大量的数据,无论是教师,还是学生,都能获得一系列科学的可知的数据,并依据这些数据进行一些更有针对性的可预测的教育活动,从而促进学生的个性化发展,在一定程度上促进教育的公平。

二是,网络技术提高了教育的效率。

网络技术为提高教育的效率提供了一种新的工具,基于网络技术的"慕课"改变了传统的师生关系,提高了教育的效率。"慕课"是网络技术的产物,具有开放性、虚拟性、可扩张性、经济性、大众性、交互性等特点[①]。"慕课"的出现在一定意义上重新定义了人们的生存方式和交往方式。"慕课"在当下的兴起有其必然性:首先,数字技术的快速发展为"慕课"的出现提供了基本的前提;其次,人们开始进入一种数字化的生存方式,人们被划分为"数字土著""数字原生代"等不同的数字人群,人们需要如"慕课"这种新的在线学习方式来开展学习活动;最后,现实教育领域中优质教育资源欠缺,用于促进教育发展的经费严重不足,这也促使了"慕课"的出现。"慕课"的影响如此之大,它是对数字技术时代的回应。"慕课"将大数据分析、在线学习、网络技术等多种技术手段应用到教育领域,改变了过去学校系统中师生之间的单一的生态关系,而形成了一种更加多元的生态关系,以此提高了教育的效率。

传统的学校是以实体的形式存在的,学校中有着一座座风格迥异的教学楼,有摆满各个学科藏书的图书馆,有飘着各种美食香气的食堂,有理工科学生进行实验的实验室,有铺着红色塑胶的跑道,有五颜六色的花儿和葱郁的树……这样的学校校园是固定的,招收的学生数目是有限的,录取的学生是有一定要求的,每个学生所享有的教育资源也是有限的;在一定意义上,这样的校园是小规模的。而"慕课"中的学校是以虚拟的形式存在的,不再有固定的校园,取而代之的是无限的虚拟网络空间;这样的学校是大规模的,招收的学生数目是不受限制的,在"慕课"中注册的每位学生都可以与其他人共享所有的教育信息,学习时间也不受白天黑夜的限制。形象地说,这样的学校是没有"围墙"的,是完全开放的一种学校形态,这在很大程度上提高了教育的效率。

---

① 参见:曾晓洁.美国大学 MOOC 的兴起对传统高等教育的挑战[J].比较教育研究,2014,36(7):32-40.

"慕课"中的师生之间的互动行为冲破了时间与空间的限制，"慕课"弥补了传统课堂单一的教学形式，拓展了教学渠道，学生可以使用笔记本电脑、智能手机、iPad等工具来开展学习。通过"慕课"平台，学校的教学管理更加现代化，采用网络数字化管理学生的考试和作业等，提高了教学管理的效率。教育资源共享，免费的开放在线教育加大了学校之间的竞争，扩大了教育范围和教育规模，跨越了时空概念。"慕课"借助于在线平台，通过在线课程收集大量的"数据"，通过对这些数据的分析，可以呈现出学习者的个人学习规律，具有非常强的针对性，教师和教育管理者可以依据这些数据更加准确地对学生进行综合评价，以此提出针对每个学生的个性化教育计划，同时，这也体现了个性化的针对学生的学习评价。

　　从教学的角度来说，"慕课"能够为教师提供翔实的学生学习情况反馈。比如哈佛大学对学生的相关数据进行了记录，在学生注册课程时，就对学生的背景（包括年龄、学历、家庭情况、上课目的、学习能力水平等）进行了详细的调查，在每堂课开课前和下课后设有课前问卷与课后问卷，以此来了解学生的期望和建议等；除了对学生行为进行每周的定量分析外，还采用结构主题建模（structure topic modeling，简称STM）等工具，提取出学生在网上讨论信息的关键主题，有针对性地进行集体答疑；通过文字云图（word cloud）等对大规模的定性数据进行分析，快速提取主题词，及时反馈信息给教师，以此提高教师的教学效果。另外，"慕课"促进了学习者学习的高效性。传统学习方式是一种一对多的学习，具有即时性的特点，对于一门课程学生只能听一次，如果有知识盲点，或者因为某些原因不能参与课堂学习，则需要再咨询同学或任课教师。"慕课"的学习方式则与传统的学习方式有所不同，学生只要有手机或者电脑等终端，就可以不受时间和空间的限制，通过网络随时随地进行在线学习。这有效地实现了实时或者延时的学习方式，也加强了学习者与学习者之间，以及学习者与教者之间的交流与互动。

　　"翻转课堂"改变了传统的教学观念，提高了教育的效率。"翻转课堂"中的教师关注学生的问题解决能力，重视课堂教学，教学方法走向现代化。相比于传统授课模式，"翻转课堂"的教师虽然依然是授课主体，但他既是在线课程的讲授者，也是幕后课程的建构者。"翻转课堂"对教师的教学观念的影响主要表现在：一是，在理念上，教师需要把握各个知识点在知识体系中的作用，拓展学生的思维，结合前沿问题，探讨一些具有创新性的问题，使学生的已有知识得到更好的延展。二是，在方式上，照本宣科的讲课方式被取代，教师需要重新设计课堂教学,使整个课堂更具灵活性。三是,在角色定位上,教师变成知识的引导者、建构者。在传统课堂中,教师是知识权威的代言人,师生关系处于一种不平等的关系,教师作为传道者,学生对教师更多的是依赖与崇拜。在"翻转课堂",教师不再是绝对的知识权威,师生关系打破了过去的不平等关系,教师作为指导者,学生与教师的沟通更加平等。

"翻转课堂"中的学习者可以采用多种不同的学习方式,比如说线上线下多重学习方式。面对丰富的网络学习资源,学生可以成为学习的主人,自己决定学什么、怎么学。学生可以在课外完成基本的学习任务,再通过课堂上与教师的互动与交流,进行探索性学习,完成知识的内化。这样不仅可以培养学生的创新精神,而且可以提高学生的实践能力。学生学习的目的不再仅仅是"继承",而演变为继承、批判、创造等多重形式。结合以获得资源为目的的继承性学习与以情境探究为目的的批判式学习,师生之间、生生之间完成了创造性的学习过程,以此实现了对学生的发展性学习评价。学生完成进阶作业和测验,相关数据被收集起来,通过大数据分析软件,可以了解学生的学习情况,并将问题反馈给教师,这样教师就可以有针对性地对学生进行指导。大数据与云平台的分析,可以清楚地显示学生在某个知识单元的学习时间和面临的问题,使教师、家长都可以及时地了解学生的情况。

"翻转课堂"对中国基础教育的影响很大。首先,学生可以实现一定程度的自学,只需在家里使用电脑并连接网络就可以实现随时的课程学习,并根据自己的具体情况的反馈,决定学习内容的重复次数,以此来掌握基本的知识点,辅助自己的课前预习。其次,促进了教育公平,不管学生在什么层次的学校进行学习,都可以享受到优质的在线教育资源,不需要通过教师流动的方式就能使落后地区的学生接受优质的教育。最后,有效提高了课堂教学效率,学生通过在家的提前自学,掌握了基本的知识要点,再到课堂学习时,可以有针对性地运用已学到的知识点来探索新的问题。

大多数人可能关注于信息的准确性,而有的人则比较关注于存在。耶鲁大学心理学家保罗·布卢姆(Paul Bloom,1963—)认为:网络使人感到人们是如何的友好与善良,网络上大量的信息不是来自公司、政府、大学等,而是来自志愿者,维基百科是最好的例子,数以百万的文章都是由志愿者编辑的[1]。人们并

---

[1] 参见:Brockman J. Is the Internet Changing the Way You Think? [M]. New York: HarperCollins Publishers, 2001:368-369.

不吃惊于网络上有很多不良信息,但是为什么人们愿意花时间和精力以匿名的方式来提供准确的和有用的信息?人们不会随便给一个人20美元,但是人们为什么愿意花费自己的时间和知识,比如刷微博、逛论坛?一个孩子被要求去睡觉的时候,他的回复却是"我还不能睡,现在有个关键问题,网上有人做错了"……显然网络激发了人们在面对面社交中的交流欲望。如果某人迷路了问你方向,你可能不会拒绝或者撒谎;某人跟你讨论你喜欢的书或电影,你同样也不会拒绝:在现实世界中,这是很自然的事情。在网络上提供信息扩大了人们在日常生活中的利他行为,这不仅显示了人性中的慷慨,而且扩大了人的这一正面品性。因此,网络不仅使人们变得更聪明,而且使人们变得更善良。技术扩大了人的交流范围,激发了人性中善的一面。

根据美国哥伦比亚大学心理学家贝特西·丝班柔(Betsy Sparrow)的研究,随着网络的发明,搜索引擎的使用使得人们获得信息如同抬手指一样简单[①]。我们不再需要花费巨大的努力去寻找我们需要的东西,我们可以用谷歌从网上找到需要的文章、信息。如果我们想获得最新的天气情况、球赛结果,我们只需要拿出电脑、智能手机,连接网络,进行搜索,就可以立即得到搜索结果,获得相关信息。这在当下是一件非常普通的事情,但在二十几年前,人们无法想象这样的生活。现在的人们期望通过网络来搜寻信息,网络成为外部记忆的主要形式,这一现象被人们称为"谷歌效应"(Google Effect)。人们不再需要个体大脑的记忆,而以一种外在的记忆方式来获得需要的知识。人类依赖完善的记忆媒介系统,使个体记忆不受时空限制。作为一种新的记忆媒体,网络正在改变人类的记忆模式。在个人记忆层面,出现了"谷歌效应",人们依赖搜索引擎搜索需要的信息和知识。在集体记忆层面,谷歌等搜索引擎技术扩大了人类的有效认知范围。在网络时代,人们的学习不再完全依赖个人的记忆能力,而是通过网络这一媒介实现了一种集体记忆,这在一定意义上是一种新的社会建构。这使我们不得不反思:在网络技术背景下,学习的本质是否发生了变化?学习的内容应该是什么?我们应该如何学习?

综上所述,不难看出,技术的发展推动了教育的发展与变革。可以发现伴随技术的一步步发展,教育领域发生了阶段性的变化。技术的发展不仅改

---

① 参见:Sparrow B, Liu J, Wegner D M. Google Effects on Memory: Cognitive Consequences of Having Information at Our Fingertips[J]. Science,2011,333(6043):776-778.

变了知识的保存方式与传播方式,而且改变了教育的传播范围,以及教者与学者之间的关系,从而实现了教育的向前发展;尤其是数字技术的发展,进一步加速了教育的现代化步伐。口头语言、书面文字、印刷技术、模拟技术、数字技术的出现,不仅促使了人类文化的飞速进步,而且促使了教育系统的巨大变化。每一种技术形态的变化都跨越了不止一代人,每一种技术在不同的时期都起到了举足轻重的作用。一种技术的产生并不是为了替代之前的技术,也无法完全替代之前的技术。新技术在教育中的应用有效地促进了教育的发展,但这一过程并不是一帆风顺的。比如,当书写文字出现时,并非在各个地方都是受人欢迎的。柏拉图在《斐多篇》中,载有苏格拉底认为"书写知识具有危险"的论点,他认为:"因为你们这种发明,将使那些学会书写文字的人信赖书写,忽视记忆,从而不注意记忆了,他们将借助外在的符号去回忆,而不运用自己内在的大脑与才能去回忆了。"他在其他方面也反对书写,他认为:"书写的论文也是如此,你看到他们高谈阔论,常常误认他们对事物好像是理解了,但你要了解他们所说的事物而向他们提问时,你会发现他们永远在复述那相同的故事。"渊源于古希腊的导师制是凭口头施教的,而且有趣的是很多早期文学作品也是对话体;同样的,印刷技术在刚刚开始使用的时候,也遭遇到了来自多方的很大阻力。新技术的出现并不是对旧技术的取代,而更应该说是提供了一种新的选择的可能。在相当一段时间内,技术对教育领域的影响都是迟缓的,教育系统似乎有一层透明的保护膜,在维系着一种平衡。然而,数字技术的出现,对教育系统产生了重要的影响,促使其以一种飞快的速度适应了新的时代需求。正如国际教育技术协会所指出的,教育技术要深入教学和学习过程的每个角落。同样的,国际教育技术协会和二十一世纪技能合作组织(The Partnership for 21st Century Skills,简称P21)也都提出应该尽快加强技术在学校中的应用。

第二节　基于教育要素的视角

《中国教育辞典》对教育要素的界定如下：教育要素包括人（处于相对理想状态的教师，处于相对理想状态的学生）、物（教育资料）、场所（教学设备及教育活动地点）三方面[①]。结合马克思提出的劳动过程的简单要素来看，教师与学生可称为两个独立的基本要素，而教育场所与教育设备均为教育活动的充分条件，而非简单要素。正如陈桂生的观点：教育的简单要素可以简单概括为教育者、受教育者（教育对象）、教育资料，其中，教育资料的构成成分包括作为教育媒介的文化，作为教育材料的文化，作为教育手段的文化，作为教育组织形式的与活动方式形态的文化，作为教育活动场地、设备的文化[②]。技术的迅猛发展，推动了教育思想、教育体制的重大变革，同时也推动了教育者、教育对象、教育资料等简单要素的变革。

在教育现代化的进程中，新技术的不断进步与发展对教育起到了重要的推动作用。"新"与"旧"是一对相对的概念，对现代人而言的旧技术，对于过去的人们来说是一种新技术。前面一节从宏观的视角分析了技术发展对知识的保存、知识的传播产生了重要影响，从而影响了教育的方式和目的。这一节将基于教育要素的视角，分析技术进步对学校中的教育者、受教育者、教育资料等各要素的影响；通过分析现代技术，尤其是信息（数字）技术对教育者、教育对象、教育资料等方面的影响，进一步阐明技术进步对教育发展的影响。

一、技术对教育者的影响

陆有铨认为，新技术革命造成的所谓"知识爆炸"或"信息爆炸"给教育提出了一个新的挑战，即如何在有限的时间内使教育者掌握无限增加的知识或信息，这一新的挑战促进了教学理论的发展[③]。二十世纪五六十年代，围绕着

---

① 参见：王侗，等.中国教育辞典[M].上海：中华书局，1928：668-669.
② 参见：陈桂生.教育原理[M].3版.上海：华东师范大学出版社，2012：6-7，20.
③ 参见：陆有铨.躁动的百年：20世纪的教育历程[M].济南：山东教育出版社，1997：325-327.

在不增加学生学习时间的前提下,教师如何教得更多、更快、更透彻这一问题,出现了几种有代表性的现代教学论,比如布鲁纳的学科结构理论、赞科夫(L. Zankov)的发展性教学理论。在"知识爆炸"的时代,新教学论的共同特点是,既强调对学生知识的传授,又强调发展学生的智力和能力;既重教,又重学,强调学生学习,使学生主动地学、独立地学、探索地学。在这个总的趋势下,除了上面几种新的教学理论之外,还有施瓦布(J. Schwab)的探究教学理论、奥苏贝尔(D. P. Ausubel)的学习策略理论、斯金纳(B. F. Skinner)的程序教学理论、加涅(R. M. Gagné)的学习层次理论、布卢姆的掌握学习理论、巴班斯基(Y. K. Babansky)的教学过程最优化理论等。事实上,这一阶段教育理论的发展,主要体现在教学理论的发展方面,而教学理论的发展,又集中在教学内容和方法的改革方面。概言之,新技术革命向各国的教育提出了新的挑战,教育成为实现国家目的的重要工具。为了使教育更能适合国家的需要,从20世纪50年代后期开始,世界各国先后进行了教育改革。从教育者的角度来说,新技术在教育中的应用提高了对教育者的要求,与此同时,也增强了教育者的素质和技能。技术改变了教师传统的教学观和教学法。

一方面,技术发展打破了原有的知识观,转变了教师的教学观。人们对世界的不同解释形成了各种知识,知识并不是固定不变的,而是随着人们认识的加深或不同有所变化,口语表达与书写文字外化了知识的内容[①]。随着技术的不断发展,知识变得越来越重要,人类社会变得越来越理性,知识以爆炸式的速度飞速地积累,人们对知识的掌握已经赶不及知识的更新速度。面对浩瀚的知识海洋,该如何掌握有效的知识,如何筛选知识、利用知识,变得越来越重要。这样的知识观对教师教学观的影响也是明显的:教师从过去关注于学生对知识的记忆,转变为现在关注于学生对知识的选择与应用;教师教学是为了培养具有创新思维与创新能力的学生。教师对学生的评价方式也由过去侧重于考查学生死记硬背知识点的程度,转变为现在侧重于考查学生运用所掌握知识的能力。另外,一些现代教学技术的应用,可以大大节约教师讲授基本知识点的时间,教师可以利用幻灯片演示文稿(PPT)等取代粉笔字板书来进行授课。讲授知识点不再是课堂的重点,课堂的重点是对学生进行更加具体的有针对性的指导,这样有助于学生作为个体的发展,学生具有了一定的主动性。技术使教师将学生视为独立的个体的人进行教学。

---

① 参见:陈海谊.信息技术对教育改革之影响[J].教育信息化,2004(11):10-11.

另一方面,技术发展改变了传统的教学法。传统的教学法主要注重教师的讲授过程,而忽视了学生的主动学习过程;学生作为知识的接受者,主要是被动的一方。现代技术在教育领域中的应用,为教师的教学提供了多种途径和手段,教师可以利用多样的技术手段丰富课堂的教学过程。比如历史课上,通过播放关于某段历史的视频,学生可以更真切地感受到当时的历史背景,从而引发教师与学生之间的讨论,在讨论与分析的过程中学生加强了对教学内容的理解和记忆。网络技术为教师提供了虚拟的教学空间。教师可以鼓励学生积极利用网络资源,结合课堂教学内容,在网络上搜索相关内容进行深入学习,这使每个学生可以根据自己的不同水平和学习的不同情况进行再学习。另外,教师可以利用网络技术,回答学生的疑难问题;上传课件,以供学生下载学习;学生可以给教师发送邮件,或者进行视频对话交流,及时解决出现的问题;网络技术为教师与学生提供了更加个性化的交流平台。总之,网络技术为教师提供了一种虚拟教学的可能。

二、技术对教育对象的影响

技术发展对教育对象的影响也是十分显著的。首先,教育对象(或称学习者)的学习方式在网络技术的影响下发生了巨大的变化,学习者不再完全依赖于课堂上教师的讲授,被动地接受知识,而是逐渐成为学习的主动者,有选择地进行学习。学生可以利用网络技术,随时进行学习,随自己的兴趣进行学习;学生不仅可以采用面对面的学习方式,也可以采用虚拟的学习方式,慕课、微课、翻转课堂等在线学习资源,为学生进行系统的虚拟学习提供了可能,学生可以根据自己的需要自主地选择学习的课程。比如,学生可以根据教师通过网络上传的上课课件、课程视频,来了解某门课程的学习目的、学习的重点与难点,从而展开有针对性的自我学习。另外,一些在线的网络课程不但为学生提供了学习的内容,还为学生提供了进行学习评价的测试,这些学习评价或是通过阶段性测验的方式,在每个阶段学习结束之后进行,或是在整个学习结束之后进行。网络技术可以收集学习者在学习过程中所产生一系列数据,充分反映学习者的学习效果、学习兴趣、思维方式等等,学习者的知识点的薄弱之处也尽显无遗。评价的目的并不是评价本身,而是促进学习者的学习,在线课程的评价方式提供了一种对学习者的过程性评价,不但真实地反映了学习者的阶段性学习状况,还可以依据评价结果有针对性地进一步提高学习者的学习效果。学习者因此进一步提高了自我学习的主动性。

其次，技术的不断进步，知识的不断更新，使终身学习变得越来越重要，已学习的知识和内容已不能像过去一样成为一劳永逸的资本，而是会逐渐贬值，甚至一文不值，这促使学习者树立终身学习的理念。网络技术的出现，为终身学习的实现提供了很好的平台，网络学习资源十分丰富，在网络上学习者可以看到顶级的大师的教学课件，可以徜徉在满是大师的在线学习空间。对人工智能感兴趣的同学可以选择学习麻省理工学院的人工智能课，对课程与教学论方向感兴趣的同学可以选择美国威斯康星大学麦迪逊分校的相关课程，对商科感兴趣的同学可以选择沃顿商学院的相关课程。学习者再也不需要漂洋过海才能听到世界顶级大师的课程，这一过去被视为完全不可能实现的梦想，现在仅仅需要一部学习的终端，可以是电脑，也可以是手机，只要你能接入网络，剩下需要做的就是注册一个学习账户，学习资料就会扑面而来。学习者可以针对自己的不同水平、不同需要以及不同的学习兴趣等，有针对性地选择需要学习的内容。网络资源在不断更新，学习者可以不断地筛选、组织、学习。在技术发生变革之后，教育的前景也变得更加远大了，经济的飞速发展为人们增加了就业的机会，教育需要训练出更多掌握技术的人员，教育成为社会解放的一种手段，这对教育对象提出了新的要求。

技术的不断发展，促使受教育者可以享有越来越公平的接受教育的机会。最初的教育只是一些当权者与贵族阶层的特权，到后来逐渐成为普通人可以享受到的权利。从过去的单一的精英教育到现在的大众教育，教育在一定程度上逐渐走向一种日渐公平的道路。这所有一切的实现尤其应该归功于当下的网络技术。网络技术的出现大大提高了人们受教育的可能，过去受时间、空间、身份、性别、年龄、阶层等差异限制的教育，在网络技术面前都被隐匿了。网络的特征是匿名的、虚拟的，在网络空间中，人们可以畅所欲言、展现自我。网络技术的应用使教育对象脱离了教室里时间上的限制，学习网站为他们提供了可以自由独立地享用这些文件的机会，网络有助于这些文件随时间推移而逐渐增多，并使师生们做出的改变能为全体师生所用[1]。进一步说，网络技术也有助于消除人与人之间的社会距离，特别是线上的不同时的教学互动，能让那些不愿在面对面课堂上发言的同学，有机会表达自己的观点，这能使那些非母语、残障、少数民族和女性学生受益。尤其是现在移动设备进一步普及，尤其是智能手机的使用，大大扩大了人们连入网络的百分

---

[1] 参见：布朗，杜奎德.信息的社会层面[M].王铁生，葛立成，译.北京：商务印书馆，2003：208.

比,为大多数人的移动学习提供了方便。现在的网络学习已不再像最初的形式,需要局限在电脑、网线的束缚中,而是可以通过手机、通过 Wi-Fi、通过移动网络,实现网络的连入,一种泛在的学习方式逐渐成为人们学习的重要方式。

从数字技术对教育对象的影响来说,数字技术的发展改变了人们的交流方式以及获得信息的方式等方面。由于虚拟世界的存在,人们可以更好地交流知识,提高个人的创造力。数字技术在学生学习过程中的融入可以为学生提供多种途径来探索与解决不同科目中的问题。如何使学习环境能够更好地促进学生的学习?对这一问题的思考促使人们不断地利用技术来解决相关的问题。以数学为例,数字技术的融入可以为学习者提供更多的机会,使其在问题解决过程中学会一些数学知识,以此来促进学习。运用数字技术的目的是促使学生更好地强化建构知识的方法。数字技术的使用可以使学习者更好地参与一些学习的过程,学习者可以分享和讨论他们的主张,通过一些社交软件或平台比如 FaceTime、Twitter、Facebook 等,实现在线的交流与沟通。通过对技术的使用,学习者可以搜索更多的网络资源来补充或扩展他们在常规课堂上所学的内容,这些网络资源包括维基百科、百度百科等。与此同时,也伴有一些问题,比如:该用什么样的标准来筛选网络上的信息资源?学生该如何组织能用的信息?很显然,学生可以很轻松地占有大量的网络信息,但却不能很好地选择和有效地利用这些信息,而这又是至关重要的。有学者提出,应该合理地综合利用网络技术、社交技术等技术来生成一些电子书,为学生提供一些可交互的课本、音频、视频等学习资源。这种电子书可以通过平板电脑、智能手机、笔记本电脑等终端来阅读,以此来实现学习者与学习材料之间的互动。

从一定程度上来说,技术发展与数字工具的使用能为学习者的学习提供更好的学习环境,当然,这需要多种技术的协调使用。比如说,一些视频平台(如 YouTube、优酷等)可以提供一些视频学习资料,与此同时,学习者可以利用一些网络资源(如维基百科、百度百科等)来澄清或扩展自己对概念的理解。同样的,在探索与解决问题的过程中,学生也可以利用一些其他的工具来理解一些相关的概念。综上所述,多种技术在学生进行数字学习过程中起到了重要的作用,也就是说,不同技术的融合使用可以提高学生的学习效果。技术作为一种学习的工具,可以为学生提供一种更加有助于促进学习的学习环境;在这样一种强交互性的学习环境之中,学生不再是一个个孤立的个体学习者,而是成为彼此相连的学习者;这种关联性不仅表现在学生与学生之间、学生与教师之间,还表现在学生与学习工具之间、学生与学习环境之间。从一定意义上来说,这真正实现了学生作为学习的主体,是自我学习的建构者,而教师与技术都只作为一种支持力量。

三、技术对教育资料的影响

从教育环境的角度来看,技术的发展使教育环境逐渐呈现技术化的特征。技术对教育环境的影响主要体现在使教育环境变得越来越具有开放性。自从学校出现之后,教育环境主要是指校园、教室,教育环境受到了这些实体建筑的限制。而随着技术的不断发展,模拟技术使远程教育成为可能,教育环境超出了校园的范围,扩大到了更广阔的空间,数字技术(尤其是网络技术)使一种泛在的学习成为可能,教育环境跨越了时间与空间的概念,一种虚拟的教育环境可以使学生获得更自由的教育。正如微软公司对人们未来生活的畅想,数字技术将成为支撑起学校系统的重要存在。

数字技术时代,学校的教育环境逐渐变得智能化、数字化。有学者描述了数字技术时代大学的样貌:大学不再需要大面积的校区,不必为了建新的校区而负债累累;图书馆也不再需要了,一种数字化的阅读方式完全可以满足人们的阅读需要;教学楼也不再需要了,学习者可以通过一台电脑连入网络,在家里或宿舍里进行学习。现代技术为教育活动的开展提供了一个更开放的教育环境,传统意义上的教育环境被打破了;在这一环境中,新的教育规律也在慢慢产生,教育环境真正成为一个考虑学生为主体的环境,教育迎来了一场大的变革。技术对教育环境的影响还表现在技术使教育环境实现了虚拟与现实的联结。技术在人们生活中的应用促使其影响教育领域。如今的教育方式已不再是过去那种广播式的从教师到学生单向传播,而是转变为一种伙伴关系的双向影响。

从教育模式的角度来看,技术的发展转变了过去的教育模式,正如罗杰斯的观点:老师们不能再拘泥于过去已有的教育模式,数字时代要求他们面向未来并创造出新的教育模式[①]。网络技术已经在很多领域发挥了重要的作用,而在教育领域,这一影响相对而言还是比较微弱的,因此需要思考该如何

---

① Rogers P L. Designing Instruction for Technology-Enhanced Learning[M]. Hershey: IRM Press,2003:71.

推动网络技术在教育领域中的应用,促进教育的变革,尤其是教育模式的变革。比如:网络技术是否能帮助我们解决过去教育领域中一直无法解决的问题?当然,在此所做的讨论是从教育基本理论的视角出发的,而非从纯技术的视角出发。

从当下的情况来看,面对不断发展的技术,各个国家都采取了一些手段来使教育领域适应技术的发展。技术不但推动了教师教学观的改变、学生学习观的改变,而且推动了整个教育模式的改变。虽然传统的以讲授为中心的教育模式仍然是现在学校教育的主流,但随着现代技术的发展,有些富有改革精神的学校已经开始超越这种教育模式,尽可能地利用现有的网络技术,采用一种基于网络技术的研讨式的教育模式。这种教育模式将更加关注于每一个参与课堂学习的学生的学习状况:教师与每位学生都可以在同一个电脑屏幕上进行实时的互动交流;每一个学生的学习状态都被教师尽收眼底,学生不能有丝毫怠慢,一切学习过程都被全程记录下来;老师根据这些记录的数据进行分析,有针对性地辅导每一个学生,学生的学习效果大大提高了。

网络技术为教育领域带来了时间上、空间上、内容上、方式上以及体制上的创新,尤其是对一直以来存在的教育体制产生了较大的影响。网络技术为各种不同类型的教育形式的打破提供了可能,公办教育与民办教育、正规教育与非正规教育、学校教育与终身教育之间的壁垒可能因为网络技术的应用而被打破。网络技术可以使两个完全不相识的人因为对同一主题的兴趣而成为朋友,也可以使两个相距遥远的人彼此联系。

网络技术时代,需要转变这样一些观念:一是从注重教学转为注重学习。传统课堂的特点是教师是课堂的重要主体,起着主导的作用,是知识的拥有者,学生是被动的一方,受教师所支配,课堂主要注重教师的教学;而在网络时代,教师不再作为知识的唯一拥有者,学生的主体地位得到了体现,学习成为更为重要的课堂活动,教学是为了学习服务的。二是从注重学生的共性转为注重学生的个性。自从班级授课制出现以来,学校教育就是为了培养学生成为具有一定知识素养的人,一个老师可以同时教授一个班级的学生,使班上的学生可以习得教科书上规定的一些知识内容;而在网络技术时代,学生的个性得到了彰显,学生可以自主地选择学习知识的各种方式,也可以通过多种渠道与教师进行沟通,因材施教的教育理念得以实现。

纵观网络技术对教育领域的影响,最初,网络只是作为一个平台,教师将平时上课的视频资料录制之后放在网上,学生可以登录网络来反复观看上课的视频,这种方式打破了过去时间与空间的上课局限;渐渐地,教师开始使用一些软件来制作精短的课件,这些课件不再是完整的课堂教学过程,而是将一些知识点等内容制作成一个个短小的视频,学生可以根据自己的需要来学习,比如微课就是这种类型。与此同时,学校的功能也在发生变化:一开始作为教学活动的主要场所,学校的作用还是强调教师的教与学生的学;因为网络技术的使用,更多人可以接受教育,为了使学生能方便地学习,微课便应运而生,它将一个个知识点制作成短小的视频,让学生在家进行学习,而课堂则成为教师与学生进行讨论的场所,也就是说,教师成为促进学生进行思考的引导者,学校的功能是强调学习。网络技术在教育领域中的进一步应用促使一种线上与线下教育相结合的教育方式产生。伴随教育方式的转变,教育评价的方式、教师的教学方式等都需要转变。线上教育能为学生提供大量的零散的信息与知识,将这些知识与信息综合起来解决实际生活中的问题,则需要一种整合的能力,而这种能力的习得需要教师的引导与参与。

从教育内容的角度来看,技术的发展使教学内容发生了改变。很长时间以来,人们对基于网络技术的教育持有一种怀疑的态度,很多家长、教师、学校管理者,甚至是教育研究者都不愿在教育领域接受过多的技术,或者说有些排斥技术。而随着技术在人们生活中一步步地深入应用,人们从观念和行为上逐渐开始接受技术,但这个进程还是比较缓慢的。如今还有相当多的人不具有足够的技术素养,又该如何教出具有技术素养的学生?

据相关数据统计,过去2000年产生的知识总量与近30年产生的知识量是相当的,知识在未来的产生速率会更快。这些海量的知识借助现代技术手段,尤其是网络技术手段,被广泛分享在网络空间中。教育内容不再是一味地积累知识,还包括对知识进行选择、组织、应用,从而形成个人的知识树,对知识脉络有一个整体的把握,从而实现从过去单纯的传递与复制知识到现在的重组与创造知识。教育内容不再是一成不变的了,而是在不断地更新变化,逐渐从过去的简单一元,变为现在的复杂多元;学习者通过对相关内容的学习,学到的不仅是"鱼",更重要的是"渔"。通过网络技术,教育内容也不再局限为一些陈旧的经典的知识,也可以随时更新相关学科的最新研究,将这些最新的成果作为教育内容,从而提高学生分析问题的能力,以及对新知识的掌握与使用能力。

从教育评价的角度来看,一方面,从学业评价角度,技术对教育评价的影响表现在学业评价根据学生的个体差异进行差异性评价。现代技术的出现为学业评价提供了新的工具,为过程性评价提供了有力的支持,尤其是通过在线课程进行学习的学生,可以得到基于大数据分析的学习效果的评价。这种评价完全依据学生的在线学习状况、实际学习能力、对知识的掌握程度来进行评价测试,因此这种评价因个体差异而表现出很大的不同。依据这种差异性的评价,学生可以根据自己的情况,选择学习的强度与难度,针对学习的弱项进行有针对性的强化学习。

另外,评价的手段也是多种多样的,不仅有选择题等文字题目,还有真实的情景在线题目。多种评价方式的融合,增加了评价的趣味性,避免了学生因评价枯燥而产生抵触心理,造成评价结果的失真。评价是为了更好地促进学习,这与"学习"是21世纪教育领域的重要主题这一观点相一致。正如有学者认为,教育需要培养适应社会发展的人,当孩子们离开学校时,他们所面对的世界也许与几年前他们还在读书时所看到的世界有了天翻地覆的变化,因此,我们必须面向未来去教育我们的孩子[1]。另一方面,从教师评价角度,新技术为教师评价提供了先进的工具,比如经济合作与发展组织(Organization for Economic Co-operation and Development,简称 OECD)的教师评价,分为内部评价和外部评价两种类型。通过现代化的复杂评价工具和技术,设置评价标准,以此来保证学校的教师可以收到有效的评价和反馈[2]。新技术为教师评价提供了新的工具,促使教师评价实现内部评价与外部评价结合、过程评价与结果评价结合,进一步提高了教师评价的综合性和可靠性。

在口头语言作为主要教育工具的阶段,教育评价主要是以一种口头评测的方式来进行。教师通过与学生之间的口头交流,来了解学生的学习情况,并据此来展开相关的教学活动。比如苏格拉底采用辩论的方式与学生进行交流,以此来训练学生的思维能力,并通过与学生的口头沟通了解学生对所学内容的掌握情况。这种评价方式可以强化教师与学生之间的面对面交流,综合多种感官了解更多方面的情况。

在书写文字作为主要教育工具的阶段,教育评价主要是以一种笔试的方式来进行。教师通过对学生进行一种基于文字的测试,来了解学生的相关情况,比如我国古代的科举考试制度,就是一种文字测试的评价方式。这种评

---

[1] Southworth G. Learning Centered Leadership: The Only Way to Go[R]. Australia: Australian Council for Educational Research,2003:1.
[2] 参见:胡伟,张茂聪. 基于改进学校办学成果的评价:兼论OECD的教师评价政策[J]. 中国高教研究,2015(4):80-85.

价方式依据于一些既有的答案,或者说有一些衡量尺度,是一种相对于口头测评来说更具稳定性、客观性的教育评价方式。

印刷术的发明促使了教科书的出现,在这一阶段,教育评价主要还是以笔试的方式。它与之前的笔试评价方式的不同之处在于,教科书提供了一些既定的常规参照标准,笔试的目的是对教科书的相关内容进行测试,以确定学生是否已经习得规定的学习内容。这种评价方式直到今天仍然是很重要的评价方式,是受大多数学校和教师推崇的评价方式,比如说一些具有较强竞争性的竞赛、入学考试,以及一些毕业会考等标准测验等。

模拟技术在教育中的应用,为教育领域带来了一些新的不同类型的评价方式比,如英语听力的测试可以通过录音机、广播等设备来进行,综合性的教育评价方式有助于对学生进行全方位的了解,当然,在这一时期,笔试评价方式依然是一种重要的教育评价方式。

数字技术对教育评价的影响与之前的各种技术相比是有显著不同的,评价方式已不再局限于一些真实的、具体的评价,而是增添了一些借助于虚拟技术的评价;尤其是网络技术的出现,对教育评价的影响更是十分巨大的,如网络可以提供学生学习情况的大量数据,这些数据体现了学生的学习兴趣、学习能力差异等。基于网络技术的教育评价方式更加侧重于对数据的依赖、对科学性的依赖,是一种更加客观的评价方式,通过对这些数据的挖掘,来了解学生全方位的情况,从而可以更有针对性地开展教育工作,也可以促使教育评价更加公平与公正。

当然,教育评价并不是最终的目的,而只是一种手段;进行评价的主要目的还是进一步促进学生的学习,培养学生的多方面素养。技术的不断发展促进了教育评价逐渐走向更加科学化、更加客观化的方向,也促使教育活动可以针对每个学生个体的差异性来开展,这将有利于促进学生作为独立个体以及教育主体的实现。

从学校功能的角度来说,面对当下网络技术这样的技术背景,教育研究者不得不去对一些基本的问题做一些思考,比如在新的背景下,我们需要回答:什么是教育?教育的目的是什么?学校应该是什么样的?学校的功能是什么?技术的发展为教育的创新提供了机遇与可能,但该如何把握这些机遇变得尤为重要。

袁振国教授在第四届全国教育局长峰会上,做了"网络时代为教育带来机遇与挑战"的相关报告。在这份报告中,袁振国教授认为网络时代为教育、学校、课堂都带来了巨大的机遇与挑战,在这样的背景之下,我们需要重新思考教育的意义、教育的目的、学校的功能等问题,以此来使教育领域结合网络技术的发展,培养适应时代发展的人。

教育的最终目的是促进人的发展,网络技术对教育提出的挑战主要还是围绕在新的技术时代背景下该如何实现教育对人的培养以促进人的发展的问题。学校并不会因为网络技术的出现而消失,但也并不会完全与过去一样,而是在学校环境、学校理念、学校功能等方面有所变化。另外,还需要重新确立相关的制度,过去的各种制度已不能适应现在多元化的社会需求,比如人们对学位制度的观念,当学生修完一些基于在线教育的课程并获得一定的学分之后,会获得相应的证书。证书需要社会的认可与新的制度的保障,从而使在线教育得到人们的进一步认同。

过去人们对统一性与一致性的追求,与现如今人们对个性化与差异性的追求,形成了鲜明的对比。这与当前的时代相关,网络技术为个体个性化的实现提供了重要的技术基础。学校的功能也由过去的致力于培养具有一定标准的人,而转变为现在的致力于培养具有独特个性特征的人。

综上所述,技术的发展对教育各要素提出了新的要求,也促进了教育者、教育对象、教育资料的发展。技术促使教师从传统的教学观与教学法,转变为基于现代技术的新的关注于学生的教学观与教学法;技术促使学习者更加关注于个体的差异,并进行终身学习;技术推动了教育环境、教育模式、教育内容以及教育评价的现代化。

第二章 技术对教育的挑战

技术在为人们带来不可否认的利益的同时,也带来了很多不利之处。哈贝马斯认为,技术成为一种统治理性,从这一角度来说,人变成了一种不自主的产物,技术加强了对人的统治[①]。随着技术的不断发展,人的个性被压制了,正如马尔库塞的观点:个性在社会必需的但却令人厌烦的机械化劳动过程中受到压制显得再合理不过了,这种技术秩序还包含着政治上和知识上的协调,这是一种可悲而又有前途的发展[②]。技术并不单纯仅仅是工具的物的概念,而且上升为一种社会政治的精神的概念,由此带来了各种社会的、政治的、文化的、教育的挑战。技术为教育所带来的挑战是本章重点讨论的问题。

---

① 参见:哈贝马斯.作为"意识形态"的技术与科学[M].李黎,郭官义,译.上海:学林出版社,1999:42.
② 参见:马尔库塞.单向度的人[M].刘继,译.上海:上海译文出版社,2006:11.

第一节　技术对学校的挑战

从学校的视角来看,技术对教育的挑战表现在技术对学校的挑战上。学校作为现代教育的主要场所,是为未来社会培养人的机构。技术对社会、经济等因素的影响,间接影响了学校;技术在学校的应用,直接影响了学校。以大学为例,大学所培养的人才需要促进经济的增长和技术的改进,因此,经济机构需要不断地扩充规模,这对大学规模的扩充施加了一定的压力。根据学校管理的经验,可以形象地将学校的发展比作有机体的进化,发展是通过一系列的小改革的实现来进行的,突然的大规模的变革容易导致失败或后退,因此,学校的变革应该以原有的传统为基础。试问技术时代,学校将面对何种挑战?学校是否能应对这些挑战?自印刷术发明以来,学校成为传授知识的场所,而知识与社会的关系,较多地涉及为人的态度、伦理道德和生活作风等问题,对此学校却采取不闻不问的方针,师生关系成为一种简单的传授知识与学习知识的关系,缺失了教师与学生之间的真挚交流与沟通。网络技术出现之后,从学校形式来说,虚拟学校对传统学校提出了挑战;从学校教育的目的来说,学校教育的目的不再是培养一批批死板的知识拥有者与死守者,而是培养一个个鲜活的知识使用者与创造者;从学校功能来说,学校作为传授知识场所的功能在逐渐弱化,学生可以通过多种途径获得知识;从学校评价来说,评价方式呈现出一种倾向标准的特征。

一、传统学校地位的削弱

网络技术的出现,给传统学校带来了巨大的挑战,导致了传统学校地位的削弱,促使学校进行改变。同其他社会公共机构一样,学校不仅要重新考虑自身的独有特色,而且要思考学校整体的使命,以及如何达成该目标;学校的行政管理者不仅要考虑如何推陈出新,而且要考虑如何降低成本。自从有了地球村这个概念,诸如"正在形成的电子化全球大学"和"虚拟大学"之类的事情就时有所闻①。与此同时，一群学者认为，没有传统式校园是因为电子化工作空间和全球图书馆能提供比类似的实体设施更丰富的功能。因此他们觉得，大学的功能将被搜索调查系统所取代，该系统能发现学习者的需要，并能找到知识供应商提供的满足他们需要的代理软件。

事实上，许多有砖有瓦的有形大学正努力在网络上建立自己的地盘——这也反映了上述观点。如美国宾夕法尼亚州立大学有一个"世界校园"，而加利福尼亚州有一个遍及全州的虚拟大学，设有 1600 多门线上课程———一向看起来像哥特式宫殿的名牌大学，看来开始变成哥特式的废墟了。英国开放大学原副校长约翰·丹尼尔(John Daniel)认为，伴随全球经济的迅速发展，不论是发达国家还是发展中国家，对人才的需求都在不断增加，即使按照每星期增加一所的速度来建设传统大学，也很难满足当下的需求。在此背景下，需要寻求新的方式来解决人们的受教育问题，网络技术的出现为虚拟学校的开办提供了可能。虚拟学校作为一种在线的教育方式，可以满足不同人群的教育需求，这不仅解决了地理距离造成的教育不公问题，更解决了社会距离造成的教育不公问题。在一定的意义上，虚拟学校缓解了不少国家学生的上学问题，同时为教育公平的实现提供了可能的支持条件。

网络技术挑战了传统大学的地位和权威。正如齐格蒙特·鲍曼(Zygmunt Bauman,1925—2017)在其著作《个体化社会》(*The Individualized Society*)一书中的描述，网络技术的出现对大学的地位和威望施加了足以沉重的打击，涉及每一度学习的制度化了的机构还发现，用以决定专业技巧和潜能的标准曾经拥有毋庸置疑的权力，正迅速地从这些机构的手中悄悄地失落②。网络技术使学校中的教师和学生都可以使用互联网，网络对使用者而言非常方便。此刻，没有学校能声称传道授业是自己天然的权力。回顾过去，正是信息技术的发展，揭示出教师所声称的，也是真实的——权威是多么依赖于他们唯我独尊地集体控制知识的源泉，控制通往这类源泉的所有道路的管辖权，而他们对管辖权的要求并未曾得到准许。

信息技术也显示出这种权威是如何取决于教师独享的权力以塑造"学习的逻辑"，各种零零碎碎的知识能够并需要在其间摄取和消化。那些曾经独享的权力现在已经脱离常规和个人化，变得很容易获取。因此，高等学府不

---

① 参见：布朗,杜奎德.信息的社会层面[M].王铁生,葛立成,译.北京：商务印书馆,2003:195-196.
② 参见：鲍曼.个体化社会[M].范祥涛,译.上海：上海三联书店,2002:163.

再是"追求高等教育"的唯一天然的场所。另外,技术的快速发展,使学习者所学的内容在短期内就丧失了效力,知识和技能需要不断地更新。在这种情况下,由雇主提供并直接面向将来工作的特殊的短期专业培训,或者由大学外的媒介通过市场提供的灵活多变的课程和(迅速更新的)成套自学设备,比起羽毛丰满的大学教育更具有吸引力,这是因为接受大学教育已不再预示着会获得一种终身职业,更不用说保证如此。从事灵活多变的职业所需要的技能基本上不要求长期系统的学习。经常地,这些职业把来路非常正当、合乎逻辑的大量的所获得技能和习惯从过去的财产转变为现在的障碍。这严重地削弱了学历证书的商品价值。也许还会发现学历证书难以与在职培训、短期培训班和周末研讨会的市场价值进行竞争。大学教育失去了它在英国《罗宾斯报告》之后所具有的普遍适应性和相对廉价性,被剥夺了又一个竞争优势,或许还是具有决定性的优势。

鲍曼认为,随着大学教育的学费和生活费用日渐高涨,做出这样的假设并不完全是奇思异想:也许不久就会发现大学教育不再提供值得投资的市场价值,甚至会因为漫天要价而丧失全部的竞争能力……社会和个体的时间的片段性和零碎性是这个世界的特征,而大学因不堪历史感和线性时间感之重负而觉得不合时宜,并且一定感到如芒刺在背。过去的900年间大学所做的每件事情只有在永恒的时间或前进中的时间内才会产生意义;如果说现代性消除了前者,那么后现代性则结束了后者。凌驾于永恒和前进的双重毁灭之上的片段性时间,被证明不适宜于我们生来就认为是大学的标记的任何东西,这种大学就是《牛津英语词典》中所定义的"为寻求高等教育而聚焦之地"。另外,鲍曼认为,传统大学现在所面临的危机的关键大致是这样的:大学曾经高高在上的地位所依赖的传统基础和理由几乎全部地一去不复返,或是被显著地削弱。随之,在一个丝毫不再使用其传统服务的世界中,它们面临着需要重新思考和表述自身的作用,为获取威望和影响的游戏制定新的规则,并以日趋明确的怀疑态度来审视自身所代表的各种价值;至少在发达和富裕国家情况如此。在"正在现代化"的国家,它们或许仍然扮演着传统工厂的角色,提供迄今为止尚且匮乏的受教育的精英人物。[①] 技术对效率的不断追求,冲击着传统学校的运作模式;新技术的出现,对传统学校的办学形式提出了质疑。

---

① 参见:鲍曼.个体化社会[M].范祥涛,译.上海:上海三联书店,2002:168.

现代技术削弱了传统学校的存在价值与存在意义。从过去的农业时代的封建社会发展到现在的工业时代的现代社会，人们受教育的场所由过去的私塾，转变为现在的现代化学校。现代的教学环境里随处可见各种信息技术以及各种新的设备。相对于传统学校的校园围墙，虚拟学校提供了一种完全开放的校园形式。整个教育系统的主要部分由传统学校、网络学院和虚拟大学一起构成。在新的学校形式中，面对面地获取知识的方式已经不再是唯一的学习方式，计算机和网络技术的应用可以使教师和学生足不出户地完成教学过程，并使学生得到专门的有针对性的辅导。全球的电子资源可以实现空间的互动与共享，学习地点不再局限于学校，家庭和各种便捷的场所成为学生新的学习空间，分布于世界各地的教师与学生可以通过网络技术被联接在同一个"教室"，从而完成同步的教学与学习过程。

事实上，人们已经开始质疑传统学校理应作为主要的教育场所这一观念。取而代之的，应当是能够为人们提供灵活学习资源，并可以促进实现终身学习的现代综合学校形式，以此发挥不同类型学校所具有的最大教育功能。从中我们可以看出未来的发展趋势：从传统技术到网络技术，从工业时代到网络时代，我们与学校的关系正在从"我们走向学校"转变为"学校走向我们"，学校不再是过去的作为知识装备厂的形式，而是变成一种新的虚拟的形式。与此同时，我们还要再次重申这样的问题：传统学校存在的意义和价值何在？传统学校该如何与虚拟学校等其他学校形式取得一种平衡关系？这些都是值得深思的问题，也为学校应该如何适应新时代提出了新的挑战。

二、学校育人目的的偏离

技术导致学校育人目的的偏离，使之忽视了人的整体性。面对教育的衰落，有些人主张回到过去，抛弃现有的教育形式，回到"培养有德行的人"；也有些人只注重培养人的技能、传授实用知识，将人培养成为"现代社会所需要的人"。对年轻人的教育决定了社会的未来，然而，当下的教育完全忽视了将人看作人的基本前提。教育者运用先进的技术，致力于各种教学活动，每年出版不计其数的著作和论文，探讨先进的教学方法和教学理念，从事没完没了的教学试验，进行一些不仅无关而且表面的调查分析……每位教师为教育事业所花费的时间和心血达到了前所未有的程度，但这背后却缺乏一个统一的整体，换句话说，未能将人看作一个完整的人。学生成为被设计的个体，被各种理论所解释；被各种研究所调查，技术文化充斥着学校的每一寸土地，一些不可言说的部分，也被试图加以解释与控制：学校的育人目的变相成为一种控制行为。

伴随技术的发展，人们对理性的追求，致使学校过分注重科学知识，而忽视了学生的精神培养。雅斯贝尔斯认为，在强调科学知识的背后隐藏着一片阴影，使教育忽视了对人的精神进行培养，教育的目的只是关注于学生对知识的掌握，尤其是关注于一些有助于日后工作需要的知识，这样的教育培养出来的学生不会具有反思的能力、批判的能力和独立思考的能力；在这些理性指引下，对不可知的未来制订计划，就是计划的局限性，这是相互矛盾的。[①] 反思现今的教育，这些力量仍在继续左右学校的发展。生物遗传决定了人的自然状态，教育则使人成为一种社会人。人通过教育得到发展，逐渐与其所在的社会环境融为一体，成为一种社会人的存在。技术背后所蕴含的技术理性，使教育的目的变成一种客观知识的追求，这进一步导致了学校教育对分数的追求，而忽视了人的发展的诉求。传统学校对考试和分数的看重，使教师和学生都集中一切精力在知识的积累和占有上，至于学生的道德习惯的养成、社会处事能力的培养，都被抛至九霄云外，学校教育目的变得片面而局限。

面对日益技术化、智能化的生活，社会需要越来越多的具有创新能力和创新思维的技术人才，培养技术人才成为当今教育的重点。然而技术人才的培养是为了服务于某些特定的工作，一个人掌握了一定的技术，并不能说明这个人成了一个完整的人、全面发展的人。教育是为了培养全面发展的人，一个人仅仅获得了技能的训练、专业知识的学习，还远远不能算是受到了全面的教育。精神的陶冶、思维方式的训练、理性的培养对一个人的成长则是更为重要的部分。技术、知识等使计划成为可能，或者成为统治者的工具，但还是存在很多不可计划之事。对不可计划之事我们需要做的是提供一个可实现的空间。动物的长大需要的是被饲养、被照顾与被关怀，但是人类需要的则是抚育与教育。教育是在人与人之间的交往过程中，倾听、对话，唤醒他人的信念。真正的教育不能按人为控制的计划加以实行，否则就变成了一种训练，一种知识的堆积。技术带来的一个问题，就是对未来"技术人"的培养，有相当一部分的专家在预测未来需要何种人才，这种人才应该具备何种能力、何种素养，比如前面所讨论的经济合作与发展组织提出的《国际学生评估项目》测试以及美国提出的《共同核心州立标准》，都是针对当下的情况，来对

---

① 参见：雅斯贝尔斯.什么是教育[M].邹进，译.北京：生活·读书·新知三联书店，1991：32-33.

未来社会公民应该具备的素质进行标准化培养的测试。

现代技术是建立在科学研究基础之上的,这导致了技术对教育的过分计划与解读,然而这种过分的计划与解读使教育育人的功能偏离了。有学者认为,计划与自由之间的矛盾,物性与人性之间的矛盾,都对学校的目的具有重要的影响作用。学校的目的最终是培养人,但到底培养何种类型的人却是一直以来众多学者和教育工作者所不得不面临的问题。历史的进程以一个不断递增的速率走向未来,而教育在于培养社会需要的人,在这一背景下,学校不断进行着计划的工作,以培养能适应未来世界的人。然而,人类长久存在的原因在于以自由精神作为前提去制订所有的计划,而技术打破了这一前提,完全倾向于一种理性的计划,忽视了自由精神,人不再被作为一个整体来加以考虑,而是作为一个理性的产物。"计划"是一种规范性、规定性的概念,预示着一种未来的可能性,但是在后现代社会,一切都充满着不确定性,因此,我们更难去界定一个统一的、标准的答案,取而代之的,我们可以做的可能仅仅是提供一种关注当下的态度以及一种可能的选择。

技术是不能取代教师的。虽然技术已经在人们的学习过程中发挥了很重要的作用,也被人们普遍地使用起来,但是,很多学生还是持有这样的观点:在学习过程中,教师的作用是很重要的,技术虽然很好,但并不能取代教师;技术是不可能取代人的;学习的开展需要有动力,而教师在启发学生学习的过程中,起着重要的作用;教育的目的是培养适应社会的人,单纯与技术进行互动,不能帮助人们了解社会生活,教育的过程应该主要是一种人与人之间的互动;虚拟与现实的生活还是有差异的,而现实的生活还是人们获得生活意义的重要环境。生活于数字技术时代的人喜欢一种方便的方式,通过网络来下载教学大纲、课外读物、学习任务等,但是与此同时,他们也喜欢面对面的交流。随着技术在生活中的应用越发普遍,学生们更希望能多一些面对面的交流机会。学校对技术的使用也不是越多越好的,事实上,很多技术的使用只是为学生的生活方面提供了方便,也就是说很多技术被用于人们的生活之中,但实际上在课堂中对技术的应用还是比较少的。

三、学校知识传授的弱化

技术导致学校的知识传授功能逐渐弱化。技术的发展产生了丰富的信息,人们逐渐从一种过去的对知识的记忆,转变为对信息的加工处理。这里有一段形象的描述:"在 1890 年代,一个生活在英语国家中并受过良好教育的人应该是这样的:他能够根据记忆完整地背诵几首伊丽莎白·芭赖特·勃朗宁和其他一些在那个时代著名诗人的诗作,同时还能大段背诵莎士比亚的经典散文。在那个十年中,大多数大学毕业生也必须记忆大量西方文明积累下来的科学、艺术、古典音乐等方面的知识。"[1]如今多媒体等新技术的出现,使过去那种靠精读来记忆知识的方式逐渐被人们抛弃,转而需要一种对信息的快速加工能力。读写能力在过去是学校需要培养学生具有的重要能力,这一能力决定了学生的知识储量,而知识储量又决定了学生过怎样的社会生活。获取知识在相当长的时间内是学校教育的重要功能,家长将孩子送往学校的主要目的,就是使孩子获得将来进行社会生活所需要的基本知识。

生物化学技术的发展对学校的知识传授功能提出了一定的挑战。联合国教科文组织国际发展委员会对未来教育进行了探讨,指出,实验室研究目前正在探索大脑里可能存在一种"记忆分子",它能以线性的方式储存信息,随后还在研究可能还有一些能用其他术语表达学习过程的分子模式。某种形式的化学补充物能够改善缺损的或衰老的心理功能,但目前还不能完全代替正常的智力功能。[2] 如果以上结论成立,即通过生物化学技术可以提升人们的记忆能力,那么在不久的将来,或许可以研究出一种化学补充物来提升人的智力,甚至说可以制造一种生物记忆芯片,在芯片上储存大量的知识,并将它植入人脑,人们就具有足够的知识。在技术的层面,这样的发明指日可待。如此,我们不得不面对的问题是:学校传授知识的功能会变为一种多余的存在吗?如果答案是肯定的,那么学校又应该具备哪些功能?现在学校所看重的分数测试,死记硬背的学习方式,又会发生何种变化?

从社会学的视角,知识成为一种规训权力,影响着学校的各种活动。20世纪70年代,美国出现了日益严重的社会问题,在此背景下,批判理论在教育领域掀起了一股研究热潮。不少学者开始将学校出现的问题与政治权力等意识形态联系在一起。比如美国威斯康星大学麦迪逊分校教授、国际知名学者阿普尔认为,教育是非中性的,而是与意识形态紧密相连,是一种政治行为[3]。阿普尔着重研究教育领域中的"霸权"与意识形态的关系问题,批判意识形态对学校的控制,回答"知识具有价值"的问题。而同为美国威斯康星

---

[1] 参见:菲德勒.媒介形态变化:认识新媒介[M].明安香,译.北京:华夏出版社,2000:95.
[2] 参见:联合国教科文组织国际教育发展委员会.学会生存:教育世界的今天和明天[M].华东师范大学比较教育研究所,译.北京:教育科学出版社,1996:141.
[3] Apple M W. Ideology and Curriculum[M]. 2nd ed. New York: Routledge,1990:11.

大学麦迪逊分校教授的国际著名学者托马斯·S. 波普科维茨（Thomas S. Popkewitz）①从社会与文化的视角，分析各种社会文化要素与历史情境对学校知识形成的影响作用。波普科维茨认为，在教育领域中存在的权力并不是与意识形态相关的权力，而是一种"规训权力"（Disciplinary Power）②，以此试图回答"知识何以具有价值"的问题。"知识何以具有价值"关注于研究知识的生产与运作问题。呈现波普科维茨观点的作品主要有：《学校教育的研究：基于教育研究与评价方法的视角》（*The Study of Schooling：Field Based Methodologies in Educational Research and Evaluation*）③、《教育改革的迷思：关于学校对于一项改革项目反馈的研究》（*The Myth of Educational Reform：A Study of School Responses to a Program of Change*）④、《教育研究的范式与意识形态：知识分子的社会作用》（*Paradigm and Ideology in Educational Research：The Social Functions of the Intellectual*）⑤、《文化史与教育：知识与学校教育的批判性研究》（*Cultural History and Education：Critical Studies on Knowledge and Schooling*）⑥、《世界主义与学校改革时代：科学、教育以及通过对儿童的塑造改造社会》（*Cosmopolitanism and the Age of School Reform：Science，Education，and Making Society by Making the Child*）⑦等。

波普科维茨吸收了福柯对知识与权力关系的理解以及年鉴学派的核心思想，特别是将知识、权力和对主体的思考结合起来，将这些思想运用到福柯极少涉及的教育场域的研究中，认为权力随着社会话语进入学校，并通过知识的形态规训个体的行为。《一种教育改革的政治社会学分析：对教学、教师

---

① 注：Popkewitz，有学者译为波普科维茨，也有学者译为波克维茨。
② Popkewitz T S，Gustafson R. The Alchemy of Pedagogy and Social Inclusion/Exclusion[J]. Philosophy of Music Education Review，2002，10(2)：80-91.
③ Popkewitz T S，Tabachnick B. The Study of Schooling：Field Based Methodologies in Educational Research and Evaluation[M]. New York：Praeger，1981a.
④ Popkewitz T S，Tabachnick B.，Wehlage G. The Myth of Educational Reform：A Study of School Responses to a Program of Change[M]. Madison：University of Wisconsin Press，1982.
⑤ Popkewitz T S. Paradigm and Ideology in Educational Research：The Social Functions of the Intellectual[M]. London：Falmer Press，1984.
⑥ Popkewitz T S，Franklin B，Pereyra M. Cultural History and Education：Critical Studies on Knowledge and Schooling[M]. New York：Routledge，2001.
⑦ Popkewitz T S. Cosmopolitanism and the Age of School Reform：Science，Education，and Making Society by Making the Child[M]. New York：Routledge，2008.

教育以及教育研究中的权力/知识的分析》(*A Political Sociology of Educational Reform：Power/Knowledge in Teaching, Teacher Education, and Research*)[①]，被认为是美国教育领域第一本系统运用福柯理论进行教育研究的著作。波普科维茨微观化了福柯的"知识权力"理论，将其应用到考察真实的学校生活，寻找"教学实践"(Teaching Practice)背后的"知识权力"，揭示这种知识权力是如何塑造"儿童"的。在《福柯的挑战：教育领域中的话语、知识和权力关系》(*Foucault's Challenge：Discourse, Knowledge, and Power in Education*)[②]中，波普科维茨写了《重建教育中的社会与政治理论》一文，正式提出了借用福柯的分析方法在教育领域中运用"社会认识论"(Social Epistemology)的分析方法。

波普科维茨不断超越已有的研究范式，在教育领域形成了特殊的方法论体系。波普科维茨从知识社会学角度看待学校教育和课程知识，转向从隐含权力效果的角度来分析知识的理论深化过程，提出了一种在教育学领域研究理性问题的社会认识论的研究方法。波普科维茨在分析"为美国而教"(Teach For America)师资培训计划时，揭示了计划中的"区隔分类法"是如何引导教师建构"正常的儿童空间，并依此空间安排学生"的，并关注于"空间"建构过程中的"城乡""种族"差异，分析"知识权力"本身的不公结构[③]。在波普科维茨看来，课程被"设计"为体现现实世界的知识内容，向教师和学生提出了学习的标准，规定了教师教学和学生学习的进度，从而将一种理性的规训在课程中实施，实现了对课程的管理。学校教育则是通过课程设置使各种社会规范得以在学校中实施。[④] 人们往往有选择性地将一些被社会成员共同认可并符合逻辑的知识作为学校的教育内容，以此来规范儿童的能力。如此，通过实施一种规训的权力，不仅可以促进学生掌握知识，而且可以规范学生的行为。在此，知识作为一种规训技术在学校中应用。波普科维茨认为，在教育场域内，理性特征、权威压迫、规训权力交错作用。心理学作为一种技

---

① Popkewitz T. S. A Political Sociology of Educational Reform：Power/Knowledge in Teaching, Teacher Education, and Research[M]. New York：Teachers College Press, 1991.
② Popkewitz T S, Brennan M. Foucault's Challenge：Discourse, Knowledge, and Power in Education[M]. New York：Teachers College Press, 1998.
③ Popkewitz T S. 心灵追索：学校教育政治学与教师的建构[M]. 钟宜兴，译. 台北：巨流出版公司. 2010：ix.
④ 参见：阚维. 理解课程的复杂性：波克维茨课程研究述评[J]. 课程·教材·教法, 2013(10)：115-120.

术手段,规定了学生的发展阶段,规定了教师对学生的表现用一种心理学分析的方式来解读并处理。因此,心理学成为学校场域中的一种规训技术。

四、学校评价的标准倾向

技术导致了学校评价的标准倾向。在媒介技术从口语过渡到文字,再到印刷术的过程中,语言所包含的与人和物的直接接触形式被逐渐弱化,书本代替了直接传递知识的方法,这也促使人们产生了一种偏见——将书面文字作为更牢靠的知识,优于生活中的口授知识,这一观念一直保留在今天的学校之中。隐藏在书本知识背后的是学校对标准倾向的一种追求;书本知识所呈现的知识的确定性、答案的标准倾向,致使学校的教育评价呈现一种标准化的倾向。与此同时,人与人真实交流与讨论的亲密感逐渐消失,从而导致人的文化交流的消逝。比尔·麦克基本(Bill McKibben,1960—)在《信息遗失的时代》(*The Age of Missing Information*)一书中提出,我们能够随着现代的、商业的和政治的脉搏走向全球化,走向标准化,并且在这一进程中创造出一种乡村的亲密无间感,这似乎听起来是一种解决我们现今问题的好方法①。但实际上,在这本书中作者批判了麦克卢汉提出的"地球村"的概念,他认为传统理解中的文字出现以前的村落,往往在相对较小的一组人群中讲故事,在这样的交流过程中人与人之间的交流是有效的与亲密的。罗杰·菲德勒指出,传统的人与人之间的村落交流是情感的交流与经验的分享,而如今的地球村对一种标准化的存在,人与人之间的共同语言是建立在喝百事可乐、逛沃尔玛超市、吃肯德基薯条基础之上的②。从一定程度上来说,技术对效率的追求,无疑是地球村形成的推动力量,全球化的进程导致了人们对统一标准的追求,对共同价值观的追求;在这一过程中,文化的、多样性的元素都在逐渐走向衰微。

技术的发展推动了全球化与标准化的进程,标准化是现今各个国家对教育的重要追求和评价标准。当下由经济合作与发展组织提出的《国际学生评估项目》(Programme for International Student Assessment,简称 PISA)测试,以及由美国提出的《共同核心州立标准》(Common Core States Standards,简称 CCSS)都属于一种标准化的测试。《国际学生评估项目》始于 2000 年,

---

① McKibben B. The Age of Missing Information[M]. New York: Random House,1992:45.
② 参见:菲德勒.媒介形态变化:认识新媒介[M].明安香,译.北京:华夏出版社,2000:98.

是基于发达国家对基础教育质量的反思,以及为了解决"知识社会""信息社会"带来的新挑战而提出的,是以改善教育政策为导向的跨国测试。20世纪90年代末,经济合作与发展组织成员国达成共识,通过对各国学生的学业情况进行评价,以便发现不同国家所面临的各种问题,吸收其中的成功经验,并进行共享,以此推进成员国的基础教育改革。2000年,参加测试的国家有32个,其中包括25万名15岁的学生[①]。《共同核心州立标准》的提出则是为了应对美国当时的教育问题,比如说由于各州课程标准差异性较大,以致美国在经济合作与发展组织的《国际学生评估项目》考试中排名靠后,这在一定程度上反映了美国的教育质量问题。为了提高各个州的教育质量,奥巴马政府提出了这一教育改革举措。2010年6月,《共同核心州立标准》由州首席教育官理事会(Council of Chief State School Officers,简称CCSSO)和全美州长协会(National Governors Association,简称NGA)共同联合发布。《共同核心州立标准》的提出是为了使高中毕业生能为升学或就业做好准备,标准规定了美国基础教育阶段学生应掌握的技能和应习得的知识,《共同核心州立标准》体现了美国教育行政管理体制改革的趋势正在朝着权力上移的方向转变,联邦政府出资教育财政,成为《共同核心州立标准》的催生者和监督员,美国的教育朝着标准化的方向迈进[②]。《国际学生评估项目》也好,《共同核心州立标准》也罢,都是对标准的追求在教育领域的集中体现。

第二节 技术对教师与学生的挑战

从教师与学生的视角出发,技术对教育的挑战还体现在技术对教师和学生的挑战上,对于这方面的研究,无论是法兰克福学派还是罗马俱乐部都给我们提供了强有力的理论论据。首先,法兰克福学派(The Frankfurt School)基于社会批判理论探讨技术大规模运用对生活世界的负面影响等重大理论问题,其批判的焦点是发达工业社会的文化和意识形态。法兰克福学派既批

---

① 参见:张民选,陆璟,占胜利,等.专业视野中的PISA[J].教育研究,2011(s6):3-10.
② 参见:廖青.美国《共同核心州立标准》政策的形成及其初步实施[J].比较教育研究,2012,34(12):70-74.

判现代科技本身,又批判工具理性、技术理性。从理论层面来说,法兰克福学派揭示了技术理性的本质和社会功能,并形成了系统的技术伦理价值观。从现实层面来说,法兰克福学派揭示了技术的大规模运用造成了当代资本主义社会中人和人、人和自然关系的紧张。其次,罗马俱乐部(The Club of Rome)成立于20世纪60年代末,是一个非官方的国际学术研究组织,专门研究关涉人类的重要问题。俱乐部成员认为技术的快速发展是带来种种社会问题的重要因素,因此对技术进行了一系列批判性的研究,并提出了一些能够有效解决问题的相关报告。在现代思想史上,马克思和恩格斯全面而深刻地论述了技术与人类社会政治、经济以及文化的关系,揭示了技术的使用是为了提高效率,导致了人被技术所奴役。在一切进步的光辉背后,蕴藏了另一种危机的力量。伴随技术的不断智能化,人的行为逐渐简化;伴随技术的不断扩张,资源不断被耗尽。

技术给人们的社会生活带来了挑战,已有不少学者对技术引发的社会危机进行了研究,有关技术对社会的挑战的研究促使我们反思:教育领域作为社会的子系统,是如何被技术所影响的。早期马克思主义者卢卡奇(Lukács,1885—1971)和法兰克福学派有关"物化"(reification)、"极权主义的启蒙"(totalitarian enlightenment)和"单向度"(one-dimensionality)的理论表明,对自然的征服不是一种形而上学的事件,而是从社会统治开始的。技术正在成为一种合理的存在形式,影响甚至控制了社会的种种方面;教育作为社会的子系统,技术对社会所带来的挑战,也间接带来了对教育的挑战。我们需要通过研究社会来研究人的本性,从研究社会现象、社会制度、社会团体、社会文明等入手,从而研究人的问题,进而研究教育的问题。人生存在社会中,人的生活习惯、传统经验都来自社会生活。通过分析技术对教育中的"人"的影响情况,阐释这些现象的深层内涵,从而试图揭示现象背后蕴含的理性。对现象背后的理性进行分析是一种透过现象看本质的解释方式,为技术对教育影响的分析提供了新的研究思路,以此从技术对教育中的"人"的挑战视角揭示技术对教育的影响。

从人的角度出发,技术对教师与学生的挑战,表现在技术导致了人的异化:技术对效率的不断追求,导致"人"没了,人被物化了。这引发了研究者的哲学式反思,教育中的人表现出了一种"有效无德"的样态。通过话语分析的研究方法,可以梳理出效率追求是如何在政策文本中得以呈现的,以此进一步探讨教育中的教师、学生这些具体的群体如何做的问题。教师在一味地追求效率,他们迷失了,教师应该怎么教?学生在一味地应对各种要求,他们迷失了,学生应该怎样学?本节主要从宏观的视角入手,借助技术哲学的一些观点,从技术对教育中"人"的影响来分析技术对教师与学生的影响。[①] 这些影响具体表现在教师与学生的"效率追求"、教师与学生的"技术追求"、教师与学生的"客体存在"三个方面。

一、教师与学生的效率追求

奥肯认为,效率意味着从一个给定的投入量中获得最大的产出[②]。技术对效率的强调,导致了教育中的"效率"追求,这主要表现在两个方面:一方面,技术的进步为提高教学效率或利用现有教学资源教更多的学生提供了前提条件。比如说,技术的发展使话筒、电视的覆盖范围不断扩大。话筒的发明给大班授课提供了可能,提高了教育的效率;电视的发明给远程教育提供了可能,提高了教育的效率;廉价的电子产品的生产,降低了教育成本。电子传播技术提供了潜在的信息渠道,这些渠道可以通向多得难以置信的受众;可以冲破图书馆的栅栏,向平民百姓传播信息;可以通过"示范表演"来教授复杂的技巧;可以在演讲时几乎得到面对面传播的效果[③]。另一方面,技术追求无限制的有效性,妨碍了对道德精神的追求,技术的效率可能被精确定量,而道德善恶的量化相对模糊。技术的特点在于它拒绝温情的道德判断,技术决不接受道德和非道德之间的区分,相反,它旨在创造一种完全独立的技术道德。进一步来说,在技术高度发达的社会里,人们表现出患有老年症的症状,仅11岁的年龄就拥有70岁的形态,快速的衰老过程使人们无暇体验人生的意义。正如超速发展的社会给人们带来了不安的躁动,开始适应麦当劳式的文化,人们陷入高效生活的怪圈。在教育中,这种情况表现在人们对知识的快餐式消化。

技术作为教育实践中的应用工具,其对"效率"的追求,必然影响教育的目的。工业革命以来,大众教育成为工业社会制造的一部精巧独到的机器,用以培养它所需要的成年人,将大量学生(原料)集中在中心学校(工厂)里,

---

① 参见:下面的三方面表现的分析引用已发论文:胡伟.埃吕尔技术哲学思想及其对教育研究的影响[J].教育学报,2013,9(6):28-34.
② 参见:奥肯.平等与效率[M].王奔洲,叶南奇,译.北京:华夏出版社,1987:2.
③ 参见:施拉姆.大众传播媒介与社会发展[M].金燕宁,蒋千红,等,译.北京:华夏出版社,1990:96.

由教师(工人)加工,仍不失为工业社会的一种创新。教育制度的等级是仿照工业体系官僚式的模式发展起来的,把知识组织成永久性的学科是以工业方面的设想为根据的,孩子们从一个地方进到另一个地方,坐在被指定的场所,时间的变化以铃声为标准,从而成为适应工业社会的时间和地点观念的有效工具[①]。因此,教育中的技术使用虽然极大地提高了教育效率,但也增强了人们的学习压力,使人丧失了个人的独特性,趋于一致性,渐渐成为技术的依赖者。长此以往的标准化的培养方式反而有可能使人们的幸福感降低。

以美国《国家教育技术计划》为例,通过对政策话语的剖析,对四项计划进行解读,发现话语背后蕴含着效率追求的技术理性思维。这种对技术理性思维的追求使人逐渐追求效率。自从 1993 年克林顿总统提出"信息高速公路"以来,美国历任总统都十分重视技术在教育中的应用,并分别在 1996 年、2000 年、2004 年、2010 年提出了"国家教育技术计划"(National Educational Technology Plan,简称 NETP)。美国《国家教育技术计划》是提高技术在教育中应用的纲领性文件。这些计划是由美国教育部(U. S. Department of Education,简称 USDOE)下属的教育技术办公室(Office of Educational Technology,简称 OET)组织制定的,参与制定者包括教育领域、技术领域和商业领域的大量专家。作为一项联邦层面的教育技术计划,其在制定之后需要呈交到国会,并作为行动指南指导学校教育技术政策的实施。第一项计划,《使美国学生为二十一世纪做好准备:迎接技术素养的挑战》(Getting America's Students Ready for the 21st Century:Meeting the Technology Literacy Challenge,简称为 NETP 1996),关注点是提高所有学生的技术素养(technology literacy),加强教育信息化基础建设;第二项计划,《数字化学习:使世界一流教育触手可及》(E-learning:Putting a World-Class Education at the Fingertips of All Children,简称为 NETP 2000),关注点是远程教育(distance learning),这项计划提出了五个目标作为实施国家战略的路线图,目的是在初等和中等教育中更有效地应用技术;第三项计划,《迈向美国教育的新黄金时代:网络、法律和当今学生如何变革着对教育的期待》(Toward A New Golden Age In American Education:How the Internet, the Law and Today's Students Are Revolutionizing Expectations,简称为 NETP 2004),提

---

① 参见:托夫勒.未来的冲击[M].孟广均,吴宣豪,黄炎林,等译.北京:中国对外翻译出版公司,1985:348-349.

出了七项举措,关注于提高技术在教学和管理中的有效应用,目的是实现《不让一个孩子掉队》(No Child Left Behind,简称 NCLB)法案;第四项计划,《变革美国教育:技术推动学习》(Transforming American Education: Learning Powered by Technology,简称为 NETP 2010),在教学、学习、评估、教育生产力和基础设施领域提出了五个主要目标和行动步骤[①]。

虽然马尔库塞没有专门论述技术对教育的影响,但是,有必要借鉴马尔库塞对技术的分析理论,将他的观点从技术对普遍事物影响的视角,转移到技术对教育影响的视角。通过对四项计划的解读,将几个不同的学术领域交织在一起,借用鲁日茨基(Rozycki)教授的观点,选取几个关于教育的哲学问题,比如对真理的理解、个人与社会的关系、教育的目的等,对美国《国家教育技术计划》进行文本分析,阐述"效率追求"这种单向度的思维方式在计划中的体现。正如博布勒斯(Burblues)和沃尼克(Warnick)认为的,探索这些隐藏的前提、假设和偏见的部分目的是评价这些观点,或整个思想系统,包括评价其预设(presuppositions)和影响(implications)[②],从而为研究技术对教育中的人的"效率追求"的影响提供一个新的分析维度;批判地来看这些计划有助于识别计划制定者围绕技术的基本假设。另外,对四项教育技术计划的分析并不是面面俱到的,而是举例说明式的,主要表现在以下三方面:

一是基于数据分析的真理判定。

对真理的理解,是我们对于事实的建构,是我们形成意义、争论的关键,四项计划制定者对真理概念的理解,直接影响到技术在计划中的应用情况。在他们看来,真理是完全基于推理还是基于物理的观察和经验的累积?通过文本分析,可以看出这些计划是基于定量的数据分析结果而制定的。这一系列计划都集中于对技术应用的系统化测量,这种思维方式是一种简单的技术理性思维。《国家教育技术计划》(1996)中的文本显示:"大学,作为独立的研究机构可以继续资助技术在教育中的应用研究,以此来确保对学校进行指导,为了保证研究问题的重要性,研究者可以和学校进行合作并集中到关键

---

① 参见:张楚筠.以科技为动力 建立21世纪学习新模式:美国《2010年国家教育技术计划》解读[J].教育发展研究,2010(Z1):120-124.
② Burbules N C, Warnick B R. Philosophical inquiry. Complementary Methods for Research in Education[M]. 3rd ed. Washington, DC: American Educational Research Association, 2006: 493.

问题上。"①《国家教育技术计划》(2000)中的文本显示:"当我们了解了在过去的几年中技术在教与学的过程中的使用情况时,我们就可以看出学校对技术的使用需求扩大了,正在进行的国家研究和评估项目表明,在教与学的过程中,技术对下一代人的影响会更加深远。"②"在学校和教室中的实证研究,通过课堂设计来确定技术应用的哪些方法是最有效的。"③这种思维方式仅仅关注于用最有效的方式来完成具体的任务,也就是关注于有效性的问题。直到2004年,更多的教育功能被搬到了网上,因此,管理者和教育者可以获得大量的数据。《国家教育技术计划》(2004)中的文本显示:"使用来自管理和教学系统的数据,以此来了解决策、资源分配与学生学业成就之间的关系。"④《国家教育技术计划》(2010)中的文本显示:"学生学习数据可以被收集和使用,以此来提高学生的学习效果和效率,对于这项工作,有关数据必须在正确的时间以正确的方式提供给正确的人才是有效果的。"⑤"我们的各级教育系统会利用技术的力量来衡量哪些是重要的,并利用评估数据进行持续改善。"⑥这种关注于将技术理性的思维方式应用于社会的各个方面的观点在这些计划中表现得一览无遗。

从四项《国家教育技术计划》的文本中,可以看出这些计划将实证语言作为它们对真理的理解,这与实证主义哲学有着紧密的联系。要重申的是,实证主义者认为,通过科学手段测得的感官体验是一切有价值的信息的唯一来

---

① U. S. Department of Education. Getting America's students ready for the 21st century: Meeting the technology literacy challenge, a report to the nation on technology and education [R]. Washington, DC: U. S. Dept. of Education, Office of Educational Technology, 1996: 49.

② U. S. Department of Education. E-learning: Putting a world-class education at the fingertips of all children [R]. Washington, DC: U. S. Dept. of Education, Office of Educational Technology, 2000: 6.

③ U. S. Department of Education E-learning: Putting a world-class education at the fingertips of all children [R]. Washington, DC: U. S. Dept. of Education, Office of Educational Technology, 2000: 44.

④ U. S. Department of Education. Toward a new golden age in American education: How the Internet, the law and today's students are revolutionizing expectations [R]. Washington, DC: U. S. Dept. of Education, Office of Educational Technology, 2004: 44.

⑤ U. S. Department of Education. Transforming American education: Learning powered by technology [R]. Washington, DC: U. S. Dept. of Education, Office of Educational Technology, 2010: xi.

⑥ U. S. Department of Education. Transforming American education: Learning powered by technology [R]. Washington, DC: U. S. Dept. of Education, Office of Educational Technology, 2010: xvii.

源。正如柯林斯(Collins)和奥布莱恩(O'Brien)认为的,实证主义的特征是自上而下的管理,线性的、连续的课程,严格的时间进度,部门化[①]。通过一系列的量的数据来分析技术对教育的影响,并通过数据的收集、评估,来提高教师的教学效率、学生的学习效率、学校的办学效率,也就是教育的有效性,这充分体现了一种对有效性执着追求的单向度的思维方式,四项计划都反映了这种思维方式。专家设计的标准课程,频繁的对学生的专业评价,系统的学生学习进度跟踪系统,频繁的数据报告,不断增加的官僚教育体制,都是这四项计划的突出特点。马尔库塞认为,语言在我们理解真理的过程中起到了很重要的作用。当这些计划的制定者用实证语言依据事实和数据来构建教育时,也就是从本质上忽视了从逻辑上重构这一讨论的能力。这种基于数据分析而进行教育决策的方式,认为技术是中立的,效率标准是唯一的衡量尺度。正如芬伯格认为的,管理所占据的战略立场是优先考虑控制和效率,并且根据供给来看待世界,而这恰恰正是实体理论在技术中所批判的,现代社会的特征是战略控制不断扩大的有效性[②]。这是一种技术工具主义理论的观点,这一观点在当今教育计划制定过程中起着重要的作用。

二是基于技术系统的社会秩序。

在个人与社会的关系中,技术可以给一些人权力而剥夺另外一些人的权力。通过对四项计划的文本分析,可以看出:对于这些计划的制定者而言,关于权力的问题需要考虑得更加细致入微。制定者主要关注于个人的能力是否能适应不断变化的技术经济系统,他们看到技术迎来了一个新的社会秩序,技术不仅能提高人们的生活质量,而且能促进教育公平。一方面,技术在教育中的应用是为了提高人们的生活质量。在《国家教育技术计划》(2010)中,制定者将这一关系明确表述为:"教育是美国经济增长和繁荣的关键,同样也是提高我们在全球经济竞争中能力的关键,它是通向良好的就业机会和更高待遇的路径。"[③]如果有人分析了这一观点的话语表述,那么就可以看到,计划制定者认为可以通过技术在教育中的应用实现生产率的提高,以此来形成一个新的社会秩序;他们还认为技术在工业中应用得如此成功,在学校中

---

① Collins J W, O'Brien N P. The Greenwood Dictionary of Education[M]. Westport, CT: Greenwood Press, 2003:360.
② 参见:芬伯格.技术理性批判[M].韩连庆,曹观法,译.北京:北京大学出版社,2001:18.
③ U.S. Department of Education. Transforming American education: Learning powered by technology[R]. Washington, DC: U.S. Dept. of Education, Office of Educational Technology, 2010:1.

也应该取得同样的成果。

另一方面,技术在教育中的应用是为了促进教育公平,人们相信技术和技术素养能促进教育公平。《国家教育技术计划》(2000)中的文本显示:"人们都有使用互联网的权利。互联网可以是伟大的均衡器,也可能只是另一个失去的机会……使用权造成了这一不同。"①《国家教育技术计划》(2004)中也有类似的表述:"随着技术的发展,产生了大批训练有素的教师,一群积极向上的学生,《不让一个孩子掉队》法案得以实现,未来十年会出现一个壮观的成果,美国教育将迎来一个新的黄金时代。"②技术在学校中的应用可以消除学生的学业成绩差距,并赋予每个学生平等的机会,在全球化经济环境下取得成功,教育技术政策的制定应关注于技术素养的提高,这将有利于提高我国在全球化时代背景下的竞争力。

四项计划的文本中同样显示,计划制定者认为,相对于技术在工商业中的成功应用而言,技术在教育中的影响甚微,或者说没有取得预计的成果。这四项计划都认为工商业的成功转型应该归功于现代计算机技术,而在教育领域却影响微弱。为了获得技术带来的社会效益,并在不断增长的技术经济中竞争,学校应该迎头赶上。《国家教育技术计划》(1996)中的文本显示:"美国和整个世界现在都处于经济和社会的变革时期,计算机和信息技术正在改变美国人生活的方方面面。他们正在改变美国人工作和娱乐的方式,提高了生产率,创新了做各种事情的新方法,美国各大行业都已经开始依赖于计算机和通信技术来进行工作,但是直到目前为止,美国学校还在排斥这一信息革命。"③这一观点在《国家教育技术计划》(2000)中再次出现,制定者认为:"在21世纪即将到来之际,学校依然处于技术变革影响的初期,而这一技术变革已经对我们的社会产生了巨大的影响。"④《国家教育技术计划》(2004)中的

---

① U. S. Department of Education. E-learning: Putting a world-class education at the fingertips of all children: The national educational technology plan[R]. Washington, DC: U. S. Dept. of Education, Office of Educational Technology, 2000:36.
② U. S. Department of Education. Toward a new golden age in American education: How the Internet, the law and today's students are revolutionizing expectations[R]. Washington, DC: U. S. Dept. of Education, Office of Educational Technology, 2004:46.
③ U. S. Department of Education. Getting America's students ready for the 21st century—Meeting the technology literacy challenge, a report to the nation on technology and education[R]. Washington, DC: U. S. Dept. of Education, Office of Educational Technology, 1996:11.
④ U. S. Department of Education. E-learning: Putting a world-class education at the fingertips of all children: The national educational technology plan[R]. Washington, DC: U. S. Dept. of Education, Office of Educational Technology, 2000:44.

文本显示:"在技术领域,教育领域正在追赶,而工业已经遥遥领先。"[①]同样的,《国家教育技术计划》(2010)的制定者认为:"教育可以从商业和娱乐业等行业中学到很多,利用技术来提高学习效果,以此来提高各级教育系统的生产力。"[②]从以上文本中可以看出,在计划制定者看来,技术在教育中的应用还远远不够,而归根到底,教育之所以努力追赶工商业,与提高人们的生活质量有关。

纵观四项计划,这些都是新时代对教育提出的新要求,事实上,在1996年之前,并没有国家层面的教育技术计划,大多数学校没有联网,技术只是作为学校教育现有方法的补充。在过去的20年,一切都改变了。这样一种思维方式,是基于要创造一个更好、更有效、生产率更高的世界,技术所形成的新的社会秩序可以提高商业和学校的产率和效率。正如泰勒(Taylor)认为的,过去人是第一位的,将来系统是第一位的……一个好的系统的首要任务就是开发一流的人[③]。对于计划的制定者而言,人们是要参与到全球经济环境中的,通过使人们更加多产和高效,人们的生活质量才能提高。技术和技术理性思维从字面上来说在我们不知情的情况下形成了我们的话语,个人对生活质量的执着追求,推动了社会的高效运行,在这一过程中,人们逐渐丧失了一种批判的意识,陷入追求效率的单向度思维模式。

三是基于技术素养的教育目的。

计划制定者认为教育的目的是什么?通过对四项计划的文本分析可以看出,出现了一种追求效率,并服务于经济的全新技术教育理念。制定者提出了一个新的教育目的,即关注于提高人们的技术素养,而隐藏于其后的目的则是发展经济,提高效率。这四项计划主要讨论的都是技术的问题,而且,计划制定者认为教育者应该将技术作为课程的中心。对教育新时代的深入分析关注于技术,与这些计划相关,但却远远超出了这些计划。下面的部分将对四项计划中关于教育目的的话语进行分析。《国家教育技术计划》(1996)中,

---

① U. S. Department of Education. Toward a new golden age in American education: How the Internet, the law and today's students are revolutionizing expectations[R]. Washington, DC: U. S. Dept. of Education, Office of Educational Technology, 2004:45.
② U. S. Department of Education. Transforming American education: Learning powered by technology[R]. Washington, DC: U. S. Dept. of Education, Office of Educational Technology, 2010:5.
③ Taylor F W. The Principles of Scientific Management[M]. Norcross: Prism Key Press, 2011:8.

制定者提出将提高学生的技术素养作为学校教育的核心作用。在给国会的一封关于1996年计划的介绍信中,美国教育部部长赖利(Riley)认为:"计算机是美国教育的'新基础',网络是未来的黑板。"①《国家教育技术计划》(1996)的制定者认为:"在未来技术的竞赛中,我们必须确保美国的学生成为懂技术的人,不应对这一挑战只会意味着美国学生会进一步下降,进一步落后。与阅读、写作、算术一样,技术已成为美国教育的'新基础'。我们孩子的未来,国家未来的经济健康发展,美国未来劳动力的能力都取决于我们要面对的这一挑战。"②计划的制定者主张教育应遵循工商业的领先优势,技术素养应被作为美国教育的新的基本技能。《国家教育技术计划》(2000)中,同样将教育与工商业联系在一起,计划制定者呼吁将提高学生的技术素养作为教育的核心目的。

"21世纪劳动力委员会(The 21st Century Workforce Commission)认为,美国21世纪经济的健康发展直接依赖于强大的学术能力、思维能力、推理能力、团队合作能力,以及熟练使用技术的能力。"③"初等教育和中等教育的目的之一,是为学生提供他们需要成为劳动生产力成员的技能。"④技术素养不仅是劳动力技能的核心,而且也是消费力的核心。"在个人层面,技术和信息素养技能将帮助消费者更好地评估产品并做出更加明智的购买决定;在社会层面,技术和信息素养的提高,使公民对科学和技术有了高度的认识,因而,可以对全国和全世界的公共政策问题做出更好的决定。"⑤以上文本显示,教育的目的不仅是教育人们成为有技能的生产者,而且要教给人们一种技术理性思维,使个人成为更好的技术消费者。

---

① U. S. Department of Education. Getting America's students ready for the 21st century—Meeting the technology literacy challenge, a report to the nation on technology and education [R]. Washington, DC: U. S. Dept. of Education, Office of Educational Technology, 1996:3.
② U. S. Department of Education. Getting America's students ready for the 21st century—Meeting the technology literacy challenge, a report to the nation on technology and education [R]. Washington, DC: U. S. Dept. of Education, Office of Educational Technology, 1996:7.
③ U. S. Department of Education. E-learning: Putting a world-class education at the fingertips of all children [R]. Washington, DC: U. S. Dept. of Education, Office of Educational Technology, 2000:40.
④ U. S. Department of Education. E-learning: Putting a world-class education at the fingertips of all children: The national educational technology plan[R]. Washington, DC: U. S. Dept. of Education, Office of Educational Technology, 2000:44.
⑤ U. S. Department of Education. E-learning: Putting a world-class education at the fingertips of all children: The national educational technology plan[R]. Washington, DC: U. S. Dept. of Education, Office of Educational Technology, 2000:40.

这些计划都没有讨论拒绝技术的问题,而是将关注点集中在生产和消费更多的技术上,技术现实使个人的需要转为经济系统的需要。《国家教育技术计划》(2004)中,制定者认为技术会成为人类活动的核心:"在未来的十年,美国将面临全球经济的不断挑战,从一定程度上说,这种竞争将涉及新技术在各个领域的掌握和应用。"[1]《国家教育技术计划》(2010)中,技术似乎在推动教育计划,计划的制定者认为:"全球经济的挑战和快速变化的需求告诉我们人们应该知道什么,谁需要学习。"[2]换句话说,我们的世界和经济对技术的需求事实上反映了我们在学校里应该教什么和教给谁的问题。通过对四项计划的话语分析,可以看出每项计划都呈现了技术理性的观点,制定者将技术作为进步的标志,为教与学提供价值,拒绝提出技术在教育中可替代的方式。正如《国家教育技术计划》(2010)制定者提出的,"我们必须现在就行动"[3]。这暗示着考虑是否在教育中采用技术是在浪费时间。计划的制定者主张的方法是单向度的、从技术出发的、数据驱动的,因此不承认其他可替代性的观点,这使讨论仅仅变成了单向度的思维方式。教育如果只是单纯追求效率,所培养的人会趋向于具有共同特质的产品,这不仅会因为对高效的追求而抹杀个体差异,而且会因为对高效的追求而忽视精神价值培养的部分。总之,这种追求效率的理念使人逐渐成为一种"追求效率"的人。

二、教师与学生的技术追求

技术时代的到来使人逐渐成为缺乏信念的人,生活机器是人的全部特性的来源,技术机器世界对人类的控诉使人逐渐丧失信念,技术进步使人们无法离开技术而存在,技术成为一种习惯。当一切变得理所当然的时候,人们不会再质疑,而将其看作一种常态,变成一种习惯,这种习惯的力量使人们无法离开技术而生活,进一步可能导致的后果是人们会为了技术而生活,技术不再是被动的所属物,而成为主动施加力量的创造物。人们反而成了技术的

---

[1] U. S. Department of Education. Toward a new golden age in American education: How the Internet, the law and today's students are revolutionizing expectations[R]. Washington, DC: U. S. Dept. of Education, Office of Educational Technology, 2004: 6.

[2] U. S. Department of Education. Transforming American education: Learning powered by technology[R]. Washington, DC: U. S. Dept. of Education, Office of Educational Technology, 2010: x.

[3] U. S. Department of Education. Transforming American education: Learning powered by technology[R]. Washington, DC: U. S. Dept. of Education, Office of Educational Technology, 2010: xv.

囚徒,在技术世界的牢笼中,却可能浑然不知,正如电影《黑客帝国》中描述的场景,人们已分辨不出到底什么才是真实的世界。当然,电影中的情景是一种夸张的假设,但如果我们深入来反思这个问题,或者做一个简单的假设,其实我们已经被各种技术产物所包围,并无路可逃,正如现代化的进程是不可逆转的,技术的逐渐进步也是不可逆转的。

随着技术对环境的慢慢侵入,外在环境会变成一个技术环境,技术使人成为"淹没在物体、机器和无数的具体事物的世界之中的一个微粒"。随着技术的发展,人类生活的所有领域都将技术化。处于一个技术社会之中,人这一概念被技术化了,技术活动对于非技术活动的取代无须人选择,技术自动实现这一点。从教育的角度而言,教者与受教者都不断地追求技术,技术化的一切特征在教育领域表现无遗,人一味地追求技术,使其失去了自然的本性。埃吕尔认为,技术的完美只能靠量的发展,靠完全可以测量的东西为目标才能实现,与此相反,人在质的、不可测量的方面(感情、智慧和美德)则更为优越……从技术的量过渡到人的质是不可能的。因而,技术的完美和人的发展之间存在着根本的矛盾。① 卢梭在《论科学与艺术》(*Discours sur les sciences et les arts*)一书中,意识到理性和科技潜在的危机,对技术异化进行了批判,对启蒙进行再启蒙。他认为,所有一切甚至道德本身都诞生于人类的骄傲,因此,科学与艺术都是从我们的罪恶诞生的②。在卢梭看来,技术是生于游手好闲的,反过来又培养游手好闲,农业技术是人类不平等的起源。卢梭将技术视为人类背离自身本性的根源,认为一旦人利用工具去获取"身外"之物,他就开始丧失其自然的本质,从自然的人(真人)走向工具的人、技术化了的人,道德不再是对其进行评价的依据。

技术是一种对人的控制,科学和技术作为解决人类问题的一种实践,也转而重构了运用科学和技术的人的生活样态、思考和行为的方式、支配性的价值和机制③。也就是说,技术在一定程度上直接构造人本身,使人的身心都技术化;作为技术化典型代表的麦当劳化同样也在不屈不挠地不断增值和扩大自己的品格,其影响直达人的精神最深层。人的麦当劳化有两个层面,一是人的自然生长过程的技术化、麦当劳化,一是关涉人的精神生活的文化过

---

① Ellul J. The Technological Order[J]. Technology and Culture,1962,3(4):394.
② 参见:卢梭.论科学与艺术[M].何兆武,译.北京:商务印书馆,1963:21.
③ 参见:高德胜.知性德育及其超越:现代德育困境研究[M].北京:教育科学出版社,2003:72-73.

程的麦当劳化。技术对人的控制不仅表现为一种身体的控制,还表现在一种精神的控制。教育中的最重要的主体——教师和学生,作为"人"的概念,面对强大的技术世界,尤其是现代技术的出现,变得逐渐依赖于技术。

技术使日常生活中的人变得越来越从科学的视角出发看待问题,越来越喜欢使用技术的手段来解决问题。在人们的社会生活中,科学发挥了重要的功用,因此,人们将科学摆置在至高无上的位置上,并且正在把大量的科学方法和科学知识以纯粹的形式传授给年轻人,整个社会沉浸在科学化的氛围中。正如雅斯贝尔斯所批判的,人们过分地追求用科学来解释世界,科学成为解释一切的权威力量,精神的陶冶被放置在阴暗的角落,再无人问津[①]。这种对科学的一味地迷信式的教条信仰,将科学推至至高的位置,世界不再是一个整体,而被四分五裂为一些被科学所解释的碎片。科学在不断地细分,整体的丰富性被取代了。科学成为人们顶礼膜拜的对象,成为衡量各种社会现象的尺度,成为解释各种社会问题的工具,然而这种弥漫在整个世界中的顶礼膜拜是错误的。科学享受了过分的尊重,人们对科学的本真并不了解,也不知道科学的奥秘所在,而仅仅被科学的成就所折服。技术通过科学成为可能,并对现实生活秩序进行治理,因此,技术也成了人们的信仰,但这种对技术的过分盲目信奉终会出现诸多问题。这种对科学技术的迷信致使人们认为科学技术是无所不能的,科学技术可以解决一切问题并克服所有困难,人们因此可以过着乌托邦式的幸福生活。透过这一现象,我们可以发现整个社会将科学视为权威的背后所蕴含的本质是对理性的绝对信仰,将理性的东西当作绝对的信条,这种信念的力量侵蚀了人们的心灵。然而,人们对科学的迷信会导致人们对专家的迷信。当专家对一些现象或问题无力解释或解答的时候,人们就也会容易对科学产生一种否定的情绪,不再信任专家,而走向另一个极端。

这种不断科学化的现象还表现在人们对实证主义的膜拜,实证成为人们解释世界的重要方法。正如雅斯贝尔斯所认为的,注重实证的精神已成为世界的主旋律,崇尚实证的人是侧重于掌握知识的,而非苏格拉底式的对话;崇尚实证的人是侧重于做事情,而非哲学家的省思;崇尚实证的人是侧重于追求事物客观性的,而非主观的感情用事;崇尚实证的人是侧重于寻求确定性

---

① 参见:雅斯贝尔斯.什么是教育[M].邹进,译.北京:生活·读书·新知三联书店,1991:115.

的意义,而非执着于一些非确定的神秘力量。总之,实证主义是对确定性的探求。[①] 技术是从实际出发的,技术的不断发展强化了人们对实证的过度崇拜,实证主义也因此成为一种新的控制技术,侵蚀着人们的日常生活,科学化披着一层追求确定性解释的糖衣炮弹笼罩着整个社会。

技术世界的发展,给人们提供了一种新的生存环境,取代了人们过去一直依赖的生存基础,技术已然使世界变成一个科学的加工厂,以往的任何时代都不能与技术时代相比拟。在技术时代,科学被大大地应用于各个领域,并继续延伸下去。技术的科学化所带来的人们生活的便捷性、安全性、稳定性,使人们完全忽视了在这背后所蕴含的统治理性。人们被这种统治理性所俘虏,还浑然不知,或者说还乐在其中。人们逐渐丧失了作为一个真正的人的生活观念,人与人的体谅不再,人与自然的和谐不再,一切都彻底怀抱科学,盼望科学可以带给我们幸福的一切[②]。技术世界的笼罩给人们带来了新的任务与挑战,这不仅仅是物质上的挑战,其中也不乏精神的挑战,而精神的挑战对人们的影响将会更加深入。如果不能很好地适应技术所带来的新的变化,将会产生极大的危害,而造成重大的危机。

科学是一种人类设计出来的特殊工具。人类运用这个工具来思考,以此防止自然倾向。科学是一种获得的技术,是人为的,而不是天生的、自发的,从这个角度来讲,科学只是人类为了解释世界所抽象出来的一种方式,这种解释世界的方式对各个领域都产生了重要的影响作用。教育领域也开始追求科学化,不仅在教育技术上追求科学化,而且在教育理念上追求科学化。心理学等学科作为一种对经验的总结的科学,在儿童的培养过程中起着越来越重要的作用;儿童根据一些科学的经验被培养成为一类特定的人,这类人的培养是为了适应科学化的社会,因此具有共同的被科学化的特质。心理学作为对人类行为与发展阶段、生理和心理机能等方面进行研究的科学,认为应适应儿童的天性和发展阶段来对不同的儿童施与不同的教育方式,教育应该依据心理学的科学解释来制订计划并实施。心理分析在科学的护佑下,肆意侵蚀着教育领域,俨然作为主宰学校的魔杖,学生、教师、家长都处于被支配的地位。

法兰克福学派代表人物马尔库塞在其代表作《单向度的人》中较为充分

---

① 参见:雅斯贝斯.时代的精神状况[M].王德峰,译.上海:上海译文出版社,1997:40.
② 参见:佩西.世界的未来:关于未来问题一百页[M].王肖萍,蔡荣生,译.北京:中国对外翻译出版公司,1985:65.

地论述了技术对社会的影响,认为技术已成为一种意识形态的力量,使社会呈现出一种技术化的特征。另外,在这本书中马尔库塞提出了批判理论。在哲学和社会科学研究中,批判理论不仅有狭义的含义,还有广义的含义:从狭义概念上来说,主要指的是法兰克福学派的批判理论;从广义概念来说,还包含后现代、后结构主义的一些理论。批判理论质疑已有理论和实践中所隐含的假设和目的。批判理论认为,应该质疑传统,在研究过程中不仅要关注事物本身是什么,而且要关注他们可能是什么,应该是什么,使用批判的方法来重新审视社会[1]。这种基于批判的研究方法为社会科学研究提供了新的思路。刘继认为,马尔库塞是法兰克福学派最为知名的激进哲人,并提出《单向度的人》一书的中心议题:发达工业时代,社会压制了各种反对的声音,人们不再对事物具有批判的精神,只是一味地肯定与接受,这种社会是一种单向度的存在,这种单向度社会中的人也自然成了一种单向度的人[2]。在这本书中,马尔库塞提出了技术对人们社会生活的重要影响,他认为,技术成为一种新的力量,统治着整个社会。在马尔库塞看来,随着工业社会的日益发展,批判理论渐渐显得苍白无力,在逐渐失去批判性的含义,趋于欺骗性的术语。技术已不再是纯粹的物理学概念,而是扩展到整个统治和协调制度,变为一种政治的、文化的概念,创造出不同的生活和权力形式。

现在很多研究都是基于科学的思维方式,也就是一种技术理性的思维方式,在一定意义上,这种思维方式是系统的。这种思维方式认为技术是价值无涉的,将"人"等同于"物",一味地追求效率。马尔库塞阐述了一个包罗万象的技术理性社会,他认为当技术、文化、政治、艺术推动了所有替代品或批评时,技术理性出现了。这个观点对于马尔库塞很重要,因为他的整个观点的形成是基于对个人与社会各个方面的关系的分析。马尔库塞认为,当下,技术侵占了人的全部生活,人在技术面前已没有隐私可谈。技术的发展推动了整个社会的进步,人们面对日益美好的物质生活现实,丧失了对技术的批判意识。人们处于一种技术的氛围之中,不断地继续追逐着高效的生活目标。[3] 人类正处于一种技术化的社会之中,社会陷入了一种技术的现实,这种现实既推动着我们的生产系统,也推动着我们的消费系统。在马尔库塞看

---

[1] Bronner S E. Critical Theory: A Very Short Introduction[M]. Oxford: Oxford University Press, 2011: 1-2.
[2] 参见:马尔库塞. 单向度的人[M]. 刘继,译. 上海:上海译文出版社,1989:译者的序.
[3] 参见:马尔库塞. 单向度的人[M]. 刘继,译. 上海:上海译文出版社,2006:11.

来,技术是价值负载的,基于技术理性思维和其大范围的应用,我们已习惯于形成错误的意识,这种意识拒绝理性和个性,导致了一种单向度的思维方式。这一思维方式在发达工业社会中表现得淋漓尽致,如果想摆脱现在这种思维方式的局限性,那么我们需要的是一种可选择的批判性工具。

埃吕尔认为[①],技术作为一种历史现象,并不是一开始就渗透在人类生活的各个方面,而是随着从传统社会到技术社会,再从技术社会到技术系统的转变,逐渐侵入社会生活之中。埃吕尔对技术自主化持悲观的态度,但是他也承认,技术不断进步的现实是任何人都不能改变的。正如列宁的观点,技术进步也是其他一切进步的动因,前进的动因。技术进步推动了社会的发展。

一方面,从传统社会到技术社会来看,技术进步表现为一种个体的进步。在传统社会中,技术进步速度较缓,不是社会发展的决定性力量,技术进步主要是为了个人的生活做准备。技术被应用于有限的领域中,在数量上和范围上都十分有限,是一种服从外部目的的方法。技术的特点是零散的而非连续的、局部的而非整体的。不同技术之间没有太大的关系,不具有普遍性的特点。限于特定的时间与地点,技术易受知识、物质、传统法律、道德以及宗教的限制,成为某种社会文明的一部分。不同社会有不同的技术与文明,相互之间不具有可比性,受地理与历史因素的限制,形成了各种形态的技术,人们可以自由地选择与自己相适宜的技术。也就是说,在传统社会中,技术进步是以个人为主的,个人与技术之间是平等的。在社会生活中,个人可以与技术结伴而行,也可以孤独前往。与传统社会不同,在技术社会中,技术进步速度逐渐加速,渐渐成为社会发展的重要因素。技术开始替代各种自然之物,形成一个人与技术相互作用的技术社会。工业革命以来,技术发展迅速地渗透到一切领域,技术进步不再是偶然的,而是必然的;不再是自发的,而是自动的。技术开始服从自身的逻辑,即技术自身的目标;这标志着传统社会到技术社会的转变。埃吕尔认为,技术社会中的所有事物都为技术而存在,都通过技术组织起来,因此,所有事物本身也就成为技术。技术进步不再以个人为主,而是以技术为主,技术所崇尚的有效性原理变得至高无上,技术变为一种控制物,使人类的自由无处可觅。技术进步是个体的,从人的方面过渡到技术的方面。

---

① 此部分参见笔者论文:胡伟.埃吕尔技术哲学思想及其对教育研究的影响[J].教育学报,2013,9(6):28-34.

另一方面,从技术社会到技术系统来看,技术进步是一种整体的进步。埃吕尔认为,技术使整个社会变成了一个巨大的集中营。人们都被迫栖息在这个技术集中营里面。科学发现和技术发明取代人类劳动成为创造价值的关键因素。他描绘了这样一幅图景:在"技术社会"中,服务业不断增长,自动化代替了工业就业;社会的核心问题是争取平等;通信技术使教育更加普及,知识代替财富成为行动的工具;大学成为智能机构和思想库;经济力量向非个体化方向发展,社会决策的参与意识已超越了政治范围①。技术进步的方式是通过技术之间的相互作用。一项技术发明会在多个技术分支领域而不是一个领域产生影响并促成新的技术进步。并且各项技术相互结合在一起,结合的技术越多,就会产生更多的结合的可能性②。技术进步就是在这种技术不断结合的过程中,逐渐走向技术系统。埃吕尔明确指出,"我采用'系统'一词来形容现代社会的技术,并不是因为这个词现在很流行,而是因为我觉得它完全适合于讲技术,是真正理解现代技术的内涵所不可或缺的工具"③。在技术系统中,技术要素与技术要素之间只在地位上有区别,"每一个技术要素不是首先与一些经济或社会现象结合在一起,而是主要与技术系统结合在一起"④。也就是说,技术是作为一个整体,而不是分散地整合在社会、经济、政治的环境中,技术进步是整体的、有组织原则的。综上所述,埃吕尔对"技术进步"的理解经历了从个体到整体的变化,技术作为重要的要素逐渐融入了人们生活的方方面面。

三、教师与学生的客体存在

教育的最终目的是实现人的自觉。人之所以为人,存在的价值在于人拥有一个心灵的世界和意义的世界。人同时又是一种具有能动性、创造性的存在物,总是要不断地审视现存的一切,不断地否定、超越现实,在有限的生命中追求一种价值意义。正如卢梭认为的,"我最后的希望是:无拘无束地生活,永远悠游自在,这是另一个世界的有福之人的生活,从此以后,我将把它作为我最大的幸福而在这个世界上终身享受"⑤。但在技术系统内,实现了技

---

① Ellul J. The Technological System[M]. New York:Continuum,1980:10.
② Ellul J. The Technological Society[M]. New York:Vintage books,1964:91.
③ Ellul J. The Technological System[M]. New York:Continuum,1980:78.
④ Ellul J. The Technological System[M]. New York:Continuum,1980:81.
⑤ 参见:卢梭.卢梭全集(第2卷)[M].李平沤,译.北京:商务印书馆,2012:457-458.

术的自觉,而人的主动性丧失了,人成了一种客体的存在,技术不受人的控制。技术系统的特点是速度快、变化大、能自我调节、具有自主性,因此,在技术系统中,人的主动性在逐渐丧失,逐渐变得客体化。埃吕尔认为,技术是必然的秩序和确定的过程,技术的效果是反对自由的。爱因斯坦的一段话,可以用来形象地描述在技术系统中的人的状态:"在战争时期,应用科学给了人们相互毒害和相互残杀的手段,在和平时期,科学使我们生活匆忙和不安定,它没有使我们从必须完成的单调的劳动中得到多大程度的解放,反而使人成为机器的奴隶;人们绝大部分是一天到晚厌倦地工作着,他们在劳动中毫无乐趣,而且经常提心吊胆,唯恐失去他们一点点可怜的收入。"[1]技术系统中的人处于两难境地:要么捍卫自己选择的自由,选择使用传统的、个性的、伦理的和经验的方法,从而与技术方法展开竞争,在竞争中,传统的方法不具有任何有效的防卫作用,个人必然遭遇失败;要么决定接受技术的必然性,从而成为胜利者,但这以自己成为技术的奴隶为前提。事实上,人没有选择的自由。[2] 埃吕尔认为,技术本身不受任何力量的制约,趋向于自主化,人们虽然在技术社会中生活,但却将现实看作不可企及的彼岸世界。

博布勒斯和沃尼克认为,"现今,教育领域的很多人忽视了一种批判性的反馈,比如说对于教育目的,更进一步说,对于知识和价值的假设,取而代之,这些人更倾向于通过分数和问责的方式得到反馈"[3]。此处的"批判"并不是完全地否定,而是从另一维度来分析:在这些现象的背后,蕴含着何种力量?这种力量对教育最终指向的前提假设是什么?为什么会存在这种力量?教育者该如何应对这种力量?技术的形式在不断地更新,新的技术在不断代替旧的技术,人们被控制在越来越狭小的空间。整个世界充斥着各种复杂的简单的技术,人们不得不接受一种技术的生活方式,并生存在一种新的依赖技术的控制世界。在技术的影响下,人的主动性在逐渐丧失,人变得逐渐客体化,在教育领域中的人(教师与学生),也逐渐丧失主动性,变成一种客体化的存在。

另外,技术对教育中的"人"的影响还表现在对人的塑造的不断标准化

---

[1] 参见:许良英.爱因斯坦文集:增补本(第三卷)[M].2版.北京:商务印书馆,2009:89.
[2] Ellul J, Merton R K. The Technological Society[M]. New York: Vintage Books, 1964:84.
[3] Burbules N C, Warnick B R. Philosophical Inquiry[M]//Judith Green, Gregory Camilli, and Patricia Elmore,(Eds.). Complementary Methods for Research in Education, 3rd Edition, Washington, DC: American Educational Research Association, 2006:489.

上,这受到了社会不断标准化的影响,其集中体现为或者说典型案例是麦当劳化。本节将以麦当劳化为例,来呈现技术所导致的社会的标准化。麦当劳化代表的是 20 世纪发生的一系列理性化进程的顶点,雷·克罗克(Raymond Kroc,1902—1984)作为麦当劳的经营者,推动了麦当劳理性化的进程。正如美国社会学家乔治·里泽(George Ritzer,1940—)在其著作《麦当劳梦魇:社会的麦当劳化》一书中的描述,当雷·克罗克发表有关"每家店的统一,采用标准菜单、同样大小、同样价格和同样质量的产品"的演讲时,他(无意间)充当了理性化原则的传教士和拉拉队长,由于其他产品没有关注到统一性的问题,所以麦当劳从众多竞争者中脱颖而出。另外,麦当劳采用有限的菜单(最初只有 10 个品种),对汉堡包的脂肪含量设定严格的标准,引进冷冻汉堡和炸薯条,使用检测器检验一致性,在 1961 年建成第一个全日制培训中心(称为"汉堡包大学",并提供"汉堡包学"学位),1958 年,麦当劳出版了操作手册。[①] 雷·克罗克在其出版的操作手册中阐述了经营快餐店的一系列基本原则,详细地写明了制作汉堡包、炸薯条等食物的所有标准(包括烤制时间、烤制温度等),甚至包括了每种配料的明确分量,精确到一个汉堡包就意味着一连串的数字。快餐店已成为理性化的典范,代表了理性化进程的一次飞跃,麦当劳化已成为描述理性化进程的重要特性。人们的一切工作环境、休闲娱乐都无法逃避理性化,也就是说,人们无时无刻不在面对理性化,也因此引起了很多批评的声音。社会变成了流水线一般的生活方式,技术的应用使一切都变得标准化。

尽管如此,对麦当劳的批评可能会引发这样一个合理的疑问:这是否表达了人们回到过去,回到过去那个一去不复返的世界的浪漫幻想呢?某些批评家确实将他们对麦当劳化的批评建立在怀旧情绪的基础上——过去人们的生活节奏很慢并且充满惊奇,人们更加悠闲,通常喜欢与人而不是电脑或机器交流。尽管这种说法不无道理,但这些批评无疑夸大了从前社会的优势,毫无疑问,他们忽略了没有麦当劳的社会中存在的问题。这可以从下面的一则轶事中得到证实,这个故事发生在古巴哈瓦那,那里很像几十年前的美国:"这家店的比萨实在令人难以恭维,番茄酱少得可怜,面饼是糊状的。晚上 7 点 30 分,像往常一样,等候排队的地方挤满了人,吃饭的人多得简直要两个人挤一个凳子了。菜单如此简单……喝点什么?有白开水。就是这

---

① 参见:里泽.麦当劳梦魇:社会的麦当劳化[M].容冰,译.北京:中信出版社,2006:40-41.

样——没有调料,没有碳酸饮料,没有啤酒,没有咖啡,没有盐,没有餐巾纸,没有特殊服务。正在用餐的人不多,绝大多数人在等待,人们敲着桌子,苍蝇乱飞,时钟滴答地走着。侍者腰带上系着块手表,但很明显他不需要它,时间显然不是他们考虑的首要问题。过了一会儿,大家开始烦躁起来,为了两块小比萨饼,等了两个小时。"如果人们去过类似于必胜客的快餐店,习惯于便捷、干净、热情的服务,是很难喜欢上述餐厅的。技术的日新月异、生活节奏的加快、人口的过度扩张,种种因素都使我们不可能回到过去。即使麦当劳倒闭了,麦当劳化所蕴含的理性化进程也不会因此而受到影响。人们完全可以重新选择一个新的标志性范例,比如说"必胜客化"——必胜客与麦当劳背后所蕴含的理性化过程是一致的。无论我们选取怎样的范例来称谓这一理性化的进程,都不能阻止这一进程的继续发展强大,因为很少有人希望再回到过去那种充满不可预测的、低效的、脏乱的、危险的过去。

  人们的一切活动都在逐渐地标准化与理性化,人们越来越难以走出理性化的牢笼。麦当劳化的商业成功之处在于将理性化的思维应用到快餐业,将麦当劳变成一个全球性的快餐店。麦当劳化并非突然出现在历史的真空中,它们有重要的先驱——马克斯·韦伯的官僚制度理论、泰勒发明的科学管理以及福特的流水线提供了快餐连锁店赖以生存的基本原则,这些基本原则在今日仍然很重要。官僚制度有效地推动了理性化进程。在传统社会里,官员是出于对其上司的个人忠诚而履行他们的职务,约束这些官员的是个人的思想而不是理性的规则;他们的职位缺少明确的能力要求,也没有清晰的职务等级;他们无须接受专业技术培训以获得一个职位。官僚制度不同于以往的组织方式,官僚制度的组织结构催生了更大的效率。官僚制度现代思潮的根源可溯及马克斯·韦伯的著作。对马克斯·韦伯来说,官僚制度是理性化的典型范例,马克斯·韦伯的官僚制度思想体现在他广泛的理性化进程理论中。在理性化进程理论中,马克斯·韦伯阐述了什么是形式理性化。马克斯·韦伯认为,可认识的关系应该是相对的,社会学已成为与人的行为及其后果相关的科学,而不再是与人的实存相关的哲学。在复杂的现实中,个别因素的有效影响是可计算的,关于整体的概念不可能是一种关于真实的整体的认识,而只可能是被当作一个对象而思考的某一方面而已。马克斯·韦伯的理性化理论,对社会的理性化进行了翔实的分析,麦当劳化是马克斯·韦伯理性化理论的扩展,集中体现了社会的标准化。

  科学管理促进了人的标准化,推动了理性化的进程。科学管理同样非重视可预见性。泰勒提出了科学管理的概念，乔治·里泽对此有这样的分析：在描绘完成一项工作的最佳途径时，泰勒找到了每一个工人都能使用的方法。泰勒认为，允许工人自行选择完成工作的工具和方法将导致生产率和质量低下，于是他选择了生产工具和操作程序的完全标准化。事实上，他认为拙劣的标准比没有标准要好得多，因为它们至少在一定程度上提高了生产率和质量。当然，泰勒更倾向于清晰和详细的标准，因为这样的规则能确保所有工人按照完全相同的方式完成既定工作，从而能连贯地完成高质量的工作。[1] 科学管理的标准化要求，提高了生产的效率，这是功利主义的表现，这种功利主义造成了很大的危害，其中最大的危害在于专注于智力和技能的强化训练，而使人们不再具有责任感与良好的心态等。麦当劳化并不是一个非此即彼的过程，而是在不同的组织机构中呈现了不同程度的麦当劳化，比如手工作坊是轻度的麦当劳化，学校是中度的麦当劳化，快餐店则是高度的麦当劳化。麦当劳化所呈现的标准化与理性化在社会的各个组织中表现得淋漓尽致，因此，人们更多的是对麦当劳化的批评。然而，辩证地来看，麦当劳化是一把"双刃剑"，我们需要同时看到麦当劳化的积极影响与消极影响，从而取其进步意义，避免其局限性。只有跳出麦当劳体系的束缚，才能发扬其技术优势，增加创造性的部分，才能缓解麦当劳化所带来的标准化影响。

技术所造成的标准化问题，从社会文明的角度来看，体现在导致了社会文明的同一性。社会文明定义了人的类型，社会文明是由特定的文化、经济和地理条件等共同形成的。芬伯格指出，在人类历史的发展过程中，根据各种条件的不同，形成了各种社会文明形式。年龄、性别、身份的作用和宗教、艺术或战争的功能以及可获得的技术等条件不同，文明的替代形式得以形成，不是只有一种种族生活的方式、一种封建文明或专制的君主制，而是每一种情况都具有多样性，但是在今天，却第一次出现了只有一种可能的现代文明。[2] 这种现代文明是一种基于理性的技术文明。

另外，技术对社会的影响进一步体现在加深了人与人之间的等级差异。技术对人的影响，不再是作为一种简单的工具形态，而是成为一种力量参与到人们的政治生活之中，从而影响了社会的民主政治，加深了人与人之间的等级差异。在技术社会中，知识与权力的关系得到了进一步强化。正如雷吉

---

[1] 参见：里泽.麦当劳梦魇：社会的麦当劳化[M].容冰，译.北京：中信出版社，2006：32.
[2] 参见：芬伯格.技术批判理论[M].韩连庆，曹观法，译.北京：北京大学出版社，2005：16-17.

斯·德布雷(Regis Debray)的观点：知识上的权威曾经只由从各处蜂拥而至来聆听大师教诲的信徒的数量权衡，而现在虽在程度上有过之而无不及，衡量的标准却变成了出售的份数和主人受到的赞美程度。对于知识上的权威来说，笛卡儿的"我思故我在"在今天的适当翻版会是"有人谈论着我，因此我便存在"。[①] 技术导致了社会将人按不同的等级进行划分的现象产生。马克思认为，技术不仅加速了经济的发展，而且同时也影响了社会的发展，造就了新的社会等级制度，技术产生了一个新的下层阶级，这个新的阶级能够实现经济的民主化。当下，我们可以看到技术早已远远超出了生产领域，而进入了包括法律、教育、医疗等在内的人们社会生活的各个方面。与此同时，等级分明的社会结构伴随技术的延伸而延伸。塞缪尔·布勒斯(Samuel Bowles)和赫伯特·耿特斯(Herbert Gintis)追溯了这些技术变化对教育体系的影响：为了给资本主义的工业制度提供它所需要的工人类型，教育体系被重新组织。社会的标准化导致了人们个性特征的缺失，以及个体化的逐渐弱化。根据所受教育的不同程度，人们被分配在不同的社会结构之中，技术造成了人与人之间进一步的等级差异。

第三节 技术对师生关系的挑战

从师生关系的视角出发，技术对教育的挑战还体现在技术对师生关系的挑战上。从一定意义上来说，教育是一种文化传递的过程；师生关系是文化传递的关系，技术的不断发展影响了文化的传递过程，因此影响了教育中的师生关系。美国著名人类学家玛格丽特·米德(Margaret Mead,1901—1978)从人类学的视角出发，基于对二战之后技术的飞速发展引起的一系列的文化以及社会问题，提出了"后喻文化"的概念。"后喻文化"是与"前喻文化"相对应的，下面将从二者的基本界定、区别，以及在不同文化背景下的文化传递形式进行分析，以此来揭示技术影响下的教育状况。

"后喻文化"背景下出现了"文化反哺"的现象，"文化反哺"表现为一种

---

① 参见：鲍曼.个体化社会[M].范祥涛,译.上海：上海三联书店,2002:166.

"反社会化"的过程。社会化的过程是由年长者向年轻者提供经验以及一些训导,而反社会化的过程则是由年轻者向年长者提供经验,并推动其适应社会的过程。"文化反哺"现象在教育领域中的体现则是在师生关系之间的一种教育失语,教师不再是绝对的权威,如知识权威、身份权威(角色权威)、观念权威(心理权威)。绝对的权威被打破,过去的师生之间的平衡关系被打破,新的平衡关系需要被建立。当下的时代是数字化时代,数字技术(尤其是网络技术)背景是新型师生关系建立的基本前提,这也为师生关系的重建带来了一定的挑战。目前来看,教育领域中的教师多是后期习得数字技术的一代,生活在数字技术从不普遍到普遍的时代,因此可以被称为"数字移民";而教育领域中的学生有相当一批生活在数字技术已成为一种生活必需品的时代,因此可以被称为"数字土著"。

一、前喻文化与后喻文化

要研究前喻文化与后喻文化,首先应该回答两个问题:前喻文化和后喻文化分别指什么?二者的特征是什么?玛格丽特·米德根据文化传递的不同方式,将人类文化分为"前喻文化、并喻文化和后喻文化"[①]三种基本的文化类型。前喻文化,又被称为"老年文化",是一种年轻者向年长者学习的文化类型,是一种传统社会一直以来的基本书化形式。在传统社会中,技术是落后的,人们没有太多的工具可以使用,绝大多数的生产生活都依赖于人的体力劳动,社会的发展是极为缓慢的,人们的生活方式是一种不断地从长者传递到幼者的方式。人们对未来的一切念想可以通过观察家庭中的年长者来获得,生活是一种既定的模式,长辈所面对的一切将来都会成为晚辈所要面对的一切,没有人会考虑还有什么其他的选择。并喻文化是一种同辈之间互相学习的文化类型,是前喻文化与后喻文化的过渡形式(此处不展开论述)。后喻文化,又被称为"青年文化",是一种年长者向年轻者学习的文化类型。不同于前喻文化背景下,社会化的对象是年轻一代,在后喻文化背景下,社会化的对象是年长一代,这是一种反向社会化的过程。前喻文化下人们的生活方式是与长辈完全一样的,是面向过去的;后喻文化下人们的生活方式是由晚辈决定的,是面向未来的,而不是由父辈或者祖辈决定。与空间意义上的

---

① 参见:米德.文化与承诺:一项有关代沟问题的研究[M].周晓虹,周怡,译.石家庄:河北人民出版社,1987:7.

迁徙概念不同,后喻文化所带来的是一种时间意义上的迁徙,这将影响几代人的生活。当今的年轻人已经不能从任何人口中得知未来会是什么样子的,也不可能得知下一步应该如何走下去就一定是一条康庄大道——这些是当下年轻人所面临的种种问题与种种矛盾之处。处于这种时代背景之下,人们仍然需要找到一种途径来解决年长者与年轻者之间存在的矛盾问题。

前喻文化的基本特征是人们的生活内容与生活方式基本上是不会改变的,文化传递是一种从长辈传到晚辈的过程,年长者是被尊敬的对象。在祖辈、父辈和孙辈三代人之间,祖辈是最受敬仰的人,人们的基本生活方式都是以观察长辈的各种行为为前提。前喻文化背景下,年长一代对年轻一代的影响不仅体现在将基本的生存本领传递下去,还体现在对生活意义理解的传递,一种道德方式(基本规范)的传递。这种生活的传递是年长者的神圣使命,年长者对年轻者不仅有抚育的职责,还有传递文化的职责。前喻文化之所以存在有两个重要的基本前提,一则是人们缺乏一种质疑的精神,二则是人们缺乏一种自我意识的反思[①]。前喻文化背景下的儿童缺乏对社会变化的观察,追求的是相同的观念、相同的方式、相同的内容,而缺少对权威的质疑,缺少对变化的适应能力,或者说根本不会考虑到变化的问题。

后喻文化的基本特征是人们的生活内容与生活方式变化是明显的,文化传递是一种从晚辈传到长辈的过程。第二次世界大战之后,技术革命对人类社会产生了深远的影响,各种新技术蓬勃发展,对新技术的开发与利用大大改变了人与自然的关系以及人与人之间的关系,年长者的知识与经验已经不再完全适应于时代的发展。后喻文化的出现首先是由于人们能够在一个世界性的平台沟通,其中既有当今交通工具的便利,人们可以乘坐飞机、火车、汽车等前往目的地;也有网络技术的平台所提供的硬件条件,在网络中人们能够分享信息与知识、交流情感;还有同步卫星对整个地球的监测以及对信息的传播,虽然当下仍然存在不同国家的概念,但在一定程度上,已然实现了地球村的概念。上述所有情形的实现都离不开技术的飞速发展,更为关键的是,上述这些现象的发生几乎都在短短的一代人身上体现出来了。在印刷术、造纸术、电视、电影、网络等技术出现之前,人们的文化传递是通过一种口耳相传的方式进行的,而技术的变迁使人们对信息的掌握是通过现代技术进

---

① 参见:米德.文化与承诺:一项有关代沟问题的研究[M].周晓虹,周怡,译.石家庄:河北人民出版社,1987:8.

行的。后喻文化背景下的年轻人,不再单纯地相信书本上的片面知识,过去的一些既有观念对年轻人来说都不再是过去的意义,而成为一种新的存在。年轻人无法知道或体验年长一代所拥有的过去的体验与经历,整个世界与社会因为技术的飞速发展而变得日新月异。前喻文化背景下的人们,没有处于一种变化的情境下,对生活抱有一种固守的心态;而不同于前喻文化,后喻文化背景下的人们,不得不面对变化多样的社会,不得不去思考该如何使生活变得更好。当下,年长者已不再可能成为权威的独享者,过去的经验已经完全不能适应现在社会甚至未来社会的发展;甚至说对于年轻人而言,他们也无法找到一辈子的指引者,因为没有任何人可以预测未来的样貌该是什么,未来的生活的意义一定会是什么。

举例来说,美国人是提倡实用主义文化的,年长的美国人总是在提醒年幼的美国人,不要总是沉浸在太过美好的白日梦之中。白日梦永远不会成为现实的生活,现实的生活需要行动才能获得,幻想是不能换来美好的生活的。只有脚踏实地,才可能开垦出属于自己的田地。童话里白马王子与灰姑娘的故事是不现实的,至少对绝大多数人来说,是没有什么实际意义的。自己的幸福是需要根据自己的具体情况去努力争取的。另外,对于当下所发生的一切,很多人是无从解释的,也是无从预料的——年长者没有预想到,年轻者也不知该如何理解。在这个意义上来说,我们是没有后代的,正如我们的子女没有先辈一样[1]。年轻人需要面对的是适应各种各样的不断变化。

从教育领域来看,前喻文化与后喻文化两种文化背景下的教育方式是大不相同的,前喻文化对应一种过去的传统的教育方式,而后喻文化给教师带来了新的挑战。前喻文化背景下,一位年长者可以毫不谦虚或者说充满骄傲地对一位年轻人说:"孩子,多听听长辈的话,毕竟你们年轻人那点事,我们都已经经历过了。"年轻者会低下头静静地听年长者不断地训导,不断地讲那过去的故事与经验。而在后喻文化背景下,一位年轻者却可以毫不耐烦地对一位年长者说:"老头子,别再对我指手画脚了,现在的时代你从来没有经历过,也很难再跟上时代的步伐了。"年长者只能静静地待在一旁,不知如何是好:是放下那份面子与执着,虚心向年轻者学习与请教,还是坚持固有的做事风格,不愿接受事实或者说做出一些改变?

---

[1] 参见:米德.文化与承诺:一项有关代沟问题的研究[M].周晓虹,周怡,译.石家庄:河北人民出版社,1987:86.

前喻文化影响下的师生关系是一种教师不断"灌"、学生不断"吸"的关系,师生之间的关系是紧张的、沉闷的、单调的。教师是教材的绝对权威,具有课堂教学的完全话语权,学习过程成为一种吸收过程,学生的学习内容完全受到教师水平的影响,而有相当一批老师采用的教学方式完全是照本宣科式的,师生之间的交流少之又少,存在的仅有交流最终也以教师的绝对话语权为导向。这一阶段的师生关系主要建立在一种"知识复制"的基础之上。但从一定意义上来说,这种文化影响下的师生关系是一种稳定的关系,因为教师确实是经验与知识的拥有者,学生唯有通过向教师求教才能获得知识和经验,教师拥有着威望,尤其是一些学富五车的教师更是权威的象征,是学生的膜拜对象。但是技术的不断发展,尤其是20世纪90年代以来的信息化技术的发展,打破了这种平衡,学生获取知识的途径不再是简单的教师的教,学生拥有了获得知识的其他途径和方式;尤其是网络技术的发展,使得信息和知识通过网络平台的共享,随时随地可以获得,教师的权威被削弱了。但与此同时,有些教师并没有意识到危机的到来,依旧采取旧式的教育方式与教育手段,依旧坚持自己的固有方法,依旧作为一种照本宣科式的知识的传播和复制者,但学生已通过多种途径了解了大量的信息与知识,从而出现了学生掌握的知识可能超越了教师的现象,学生对教师产生了一种不信服的情绪,师生关系处于一种紧张的状态。

后喻文化不同于前喻文化,前者是着眼于未来的,而后者是过去的一种传统的文化形式。后喻文化背景下的师生关系面临着巨大的挑战,但正如黎明前的黑暗一样,在新的希望到来之际,总会面对诸多的不易与艰辛,而教育正是要面对当下的社会需要去解决问题,培养人。后喻文化背景下的新型师生关系所需要具备的基本特征应该是对话的、民主的、平等的、共享的。教师与学生之间的关系不仅是知识与经验的关系,还是一种情感交流的关系;不仅是书本的关系,还是一种对话的关系;不仅是一种讲解与记忆的关系,还是一种启发与被启发的关系。教师成为激发学生探究精神的存在,从而提高学生的思考意识与创新意识,提高学生独立解决问题的能力。具体来说,师生关系从一种教师的"独白"[①]走向教师与学生的"对话"。当下也有一部分学校已经实施了相应的改革,比如微课的实施、慕课的推动等等。

---

① 参见:陈妙娥."后喻文化"视角下高校教师课堂教学语言的转变[J].江苏高教,2011,1(5):86-87.

当下一些教师会更倾向于喜欢过去的学生,因为过去的学生更"听话",教师可以因此而感觉到威严感的存在。面对当下的学生,这些教师感到自己的真诚没有获得学生的尊重。也许因为教师所讲的知识有很多学生已经习得,也许因为教师一味讲授的授课方式使学生感到没有受到足够的重视,所以学生在课堂上不认真听课,或者做自己的事情。学生来上课的重要意义变成一种形式上的应付考核。

当下再学富五车的教师也不能向学生的父母保证能教育好难以管教的孩子们,父母也面临着一系列的问题,比如:当孩子们问了一些棘手的问题,父母可能采用反问的方式来引导孩子自己去寻找问题的答案,但这是不是一种很好的方式,没有人可以给出明确的答案。事实上,面对当下的问题,长者只有意识到或努力改变自己成人的行为,从根本上摒弃过去传统的前喻文化背景下养育孩子的方式,才能探索面向未来的适应后喻文化的教育方式:从过去对学习内容的关注,转变为对学习方法的关注,或者说学习能力的关注;从过去对学生成绩的关注,转变为对学生素质的关注;从过去对学生智育的关注,转变为对学生德智体美劳全面发展的关注。后喻文化背景下的教育更是一种关注于未来与年轻者的开放性系统,这是未来教育选择的基本前提。

年长者与年轻者的沟通在后喻文化背景下得以实现,但其中也存在一个问题:当下的年长者多是权力的拥有者,而年轻者则缺少话语权,这在一定程度上影响了年轻者与年长者之间的平等对话。解决这一问题的方法之一是增加年轻者的直接参与机会,增加年轻者与年长者之间的相互信任,以此形成一个更加开放的环境。当下的年轻人正在经历前所未有的挑战,这种挑战来自社会不断突飞猛进的变化,值得欣慰的是年轻一代接受并不断突破这些挑战,在过去科学家花费一生研究的成果,在当下数天或者更短的时间内就可以学会,这在过去是年长者完全不可能想象的事情。随着社会的不断技术化,现代世界的矛盾与冲突在不断地凸显,年轻一代不断追求新的事物,而年长一代却不敢舍弃旧的观念,其中产生了深刻的矛盾。而当下可以做的是,接受这种矛盾的观念,面对当下的问题,并试图寻找解决之道。年长者所表现出来的是对旧有事物的执着,这种落伍的心态是不可取的。年长者与年轻者之间的平等对话是一种可能的解决之道,在对话的过程中发现两者之间存在的问题。毕竟时代的步伐是面向未来,而时间也不可能出现倒退。

二、文化反哺与教育失语

"文化反哺"的概念是由学者周晓虹提出的,他认为文化反哺类似于生物学现象"嗷嗷林乌,反哺于子",其可能为人们所普遍接受的表述是,它是在疾速的和文化变迁时代所发生的年长一代向年轻一代进行广泛的文化吸收的过程[①]。青年文化是在青年中产生的一种文化形式,是随着社会变迁而产生的。中国近代总是以十年为一个单位来分析一些问题,这每十年的变化远远超越了过去以百年为单位的变化。在这样的文化变迁中,教育者与受教育者的身份逐渐变得模糊了,不再像传统的中国社会那样教师拥有绝对的话语权威。年轻者作为新事物的创造者,试图突破传统的束缚,对年长者产生一定的影响。虽然年长者试图排斥这种青年文化,但无可避免地产生了一种屈服的心态。从社会学的视角来看,传统的社会化的方向是单向的,是从年长者传向年轻者的一种形式,而当今的文化传递方式却是一种双向的或是多向的传递,年轻者代表了新时代的价值观,从一种被教化的位置转变为一种教化他人的位置。年轻者将文化与知识传递给年长者的过程是一种社会学意义上的"反向社会化"的过程,也是一种文化传递意义上的"文化反哺"的过程。

进入信息化技术时代之后,我们应该反思,在新的时代背景下师生关系应该是怎样的,这建立在对现行师生关系进行评估的基础之上。师生关系作为教育教学的重要方面,是教育研究者关注的研究主题。随着网络技术的不断发展,学生获得信息的渠道越加多元化,教师不再是知识传授的唯一渠道,甚至在很多学生面前,教师的知识优势不再,学生的思维能力、见识、知识等方面都超过了教师,学生反而成为教师需要学习的对象,这种"文化反哺"现象成为一种常见的现象。这为教师带来了一系列的问题与挑战。教师在这种环境之下该如何做教师,该如何与学生相处,成为每位教师应该思考的问题。

技术作为一种工具为人们所用,为人们的生活带来了莫大的便利,但与此同时技术所带来的技术理性也为人们的生活带来了巨大的影响,引发了人的异化的问题。网络技术时代的到来带来了社会的不断信息化,人们通过电脑、手机等终端设备,与世界相连,整个世界变成了一种依靠网络连接的村落概念。网络技术不断发展进步。2015年1月,中国互联网络信息中心发布了

---

① 参见:周晓虹.试论当代中国青年文化的反哺意义[J].青年研究,1988(11):22-26.

《第 35 次中国互联网络发展状况统计报告》,报告中显示了 2014 年中国网民使用网络情况:截至 2014 年 12 月,中国网民规模达 6.49 亿,按照中国网民年龄结构进行划分,其中 10 岁以下网民比例为 1.7%,10~19 岁网民比例为 22.8%,20~29 岁网民比例为 31.5%,30~39 岁网民比例为 23.8%,40~49 岁网民比例为 12.3%,50~59 岁网民比例为 5.5%,60 岁及以上网民比例为 2.4%。综上,网民中 10 岁到 39 岁所占比例最高,一共为 78.1%。[①] 青少年是网络技术的主要使用者,而随着年龄的增加,网民的比例在逐渐减少,这也体现了年长者对新事物的接受能力在逐渐弱化。

网络技术所带来的超时空的概念,使学生可以拥有更多的个人自由,这些自由可以促使学生具有更多的自主权,进行自我认识与自我选择,这是一种完全不同于以往的方式。网络技术打破了过去的传统思维方式,加速了世界的前进步伐,年长者难以适应高速变化的社会,而年轻者正处于接受新事物的时期,因此对于信息的吸收速度快,很容易适应网络时代的社会。基于此,年长者逐渐丧失了过去的话语权威,丧失了作为社会代言人的身份,逐渐走向需要从年轻人那里学习的道路,过去的师生之间的关系被打破了。现在的教师从学生那里了解了很多的新事物,举例来说,许多教师只知道利用电脑来看新闻、收邮件,却不知道计算机还拥有十分强大的功能,有许多先进的软件,这些都需要教师向学生请教;还有学生之间讨论的热门话题,如流行文化、社会热点,教师却对此知之甚少。

如今,教师与学生都朝着个体化的方向发展,技术的发展为人们的个性化需求带来了诸多方便,过去对立的师生关系,现在被一种平等的基于对话的师生关系所代替。教师依据其人格魅力来感染学生,对学生起到道德熏陶的作用[②],这在虚拟的网络世界是不能实现的。中国传统儒家文化影响下的师生关系是一种遵循代际伦理道德的师生关系,有尊师重教、师道尊严的传统观念,在此观念之下,教师是传道授业解惑的实施者,而学生是被动接受知识的被实施者,教师具有单向的话语权威。

自古以来,随着时间的流逝,文化传递过程一直发生在长辈与晚辈之间,传递的方向也是从长辈传递到晚辈,长辈会将自己对生活的经验、获得的知识、习得的技术亲手传授给晚辈。但近些年来,随着技术的飞速发展,社会变

---

① 参见:中国互联网络信息中心.第 35 次中国互联网络发展状况统计报告[R].北京:中国互联网络信息中心,2015:32-33.
② 参见:陆平.反哺现象:网络时代的师生关系新格局[J].电化教育研究,2002(11):13-15.

迁的速度也在不断加快,过去的这种从年长者对年轻者的"手把手"的传授方式正逐渐被一种年轻者对年长者"手把手"教授的方式所取代,一些新技术、新事物,都是年长者闻所未闻的。

新技术革命以来,社会变迁的速度不断地变快,年长一代逐渐失去文化传递的优势,长辈的权威不断式微,家庭规模变得越来越小。著名学者张光直认为:通过"肚子"是了解一种文化内核的方式之一[①]。从饮食文化方面来看,以中国为例,改革开放以来,人们餐桌上的食物种类在不断地丰富,年轻者在食物的选择上也有越来越多的话语权,麦当劳在中国的传播,尤其是孩子们对麦当劳的喜爱,大大影响和改变了中国人的饮食习惯[②]。麦当劳在中国的广泛传播,与中国家庭结构的变化也是有很大关系的。过去大家族式的家庭结构逐渐被核心家庭取代,子女成为小家庭的核心,再加上二十世纪六七十年代出生的父母,幼年生活的环境物质资源匮乏,因此出于疼爱之心,会尽量满足孩子的物质需求,不让孩子在物质方面再受到委屈,对孩子的要求和期望也会比较高,希望孩子能够出人头地,让孩子尽量地接触一些新鲜事物。80年代的家庭饮食情况,餐桌上常见的是馒头、米饭、家常小菜,而现如今却变成世界大餐,各个国家的饮食文化大量传入中国,晚辈作为新文化与新知识的受众,相对长辈具有更强的适应性与好奇心。因此,从饮食文化的角度来看,晚辈会将不同的文化特色传递给长辈,使长辈了解或者接受一种新的饮食习惯与饮食文化,这很明显是一种饮食领域中的文化反哺现象。

从电子产品使用文化的视角来看,年轻者更是具有绝对的优势,年轻者对电子产品使用的娴熟与年长者对电子产品使用的笨拙形成了鲜明的对比。以手机为例,20世纪90年代,手机还是以一种大哥大的形式存在,仅仅有一种移动的电话功能,现如今的手机却成了一种智能工具,功能十分强大,而对于一些现在50岁及以上的父母来说,手机对于他们的意义可能仅仅是接听电话,或者是收发短信。周晓虹教授曾在2005年对一位G教授进行了相关的访谈,G教授认为,孩子可以通过盲发短信的方式,在课堂上用手机收发短信却不被教师发现;对于手机的使用,大学生赶不上中学生,而G教授也承认自

---

① Chang K C. Food in Chinese Culture: Anthropological and Historical Perspectives[M]. New Haven: Yale University Press, 1977: 4.
② 参见:周晓虹.文化反哺与器物文明的代际传承[J].中国社会科学,2011(6):109-120.

已赶不上自己的学生①。现如今的父母,有的对孩子实施全部封闭式管理,不给孩子买手机、买电脑,也严加监督孩子不能使用这些现代化的设备,这尤其发生在一些农村家庭中;也有一些父母本想着买了手机或者电脑可以更好地对孩子实施监督,但实际上却没有达到原有的目的,反而使孩子可以更好地避开父母的监督,了解更多的讯息,而父母却因为对这些电子设备的无知而难以对孩子实施监督与管理。实然,完全地避免孩子使用这些新技术产品是不可能的,但放任孩子使用不去监督也是不行的。电子计算机的出现对长辈与晚辈之间关系的影响是巨大的,尤其是对于现在50岁及以上的家长而言,他们不得不承认,人们对计算机的掌握程度与年龄的大小是成反比的②。20世纪90年代开始,在中国已有部分家庭购买了电子计算机;2000年之后,电子计算机逐渐开始普及,长辈与晚辈之间渐渐产生了数字鸿沟。

在传统的师生关系中,教师是知识的权威,学生处于被动学习的位置;教师是施教者,学生是服从者;教师对学生的态度是说教的,学生是被教化的对象;教师只注重知识的传授,却忽视了与学生进行情感的交流,从道德的维度对学生产生一定的影响,未能考虑到学生的差异性需求。文化反哺现象打破了过去的师生关系,过去的师生交往形式已经不能满足当今社会的发展与需求,学生不再是被动无知的对象,而成为主动的一方。

从知识传授的角度来看,文化反哺导致了教师知识权威受到了挑战。对于处于基础教育阶段的学生而言,一定的知识储备还是需要的,但更重要的是一种知识树的建立,也就是说一种知识的条理性。互联网上的知识是零散的,是碎片化的,是缺乏体系的。举一个简单点的例子来说,过去的课堂,教师在黑板上奋笔疾书,将大量的知识传递给学生;学生在笔记本上埋头苦记,生怕错过一点知识点。这发生在20世纪90年代之前的课堂上,当然,在当今的课堂上也有这样的现象,尤其在一些偏远的地区更加明显。但是,大多数的现代课堂上,各种电教设备层出不穷,比如投影仪、电脑等,学校要求教师使用现代技术来进行教学,但是有一批老教师对于这些现代设备不甚了解,或者是仅仅会些简单的操作,如果出现设备问题,不知该如何解决,这也促使了一种新的学生委员——"电教委员"的产生,专门负责帮助教师在上课之前开启各种上课需要用的电子设备,并协助教师操作甚至处理一些简单的技术

---

① 参见:周晓虹.文化反哺与器物文明的代际传承[J].中国社会科学,2011(6):109-120.
② 参见:严峰,卜卫.生活在网络中[M].北京:中国人民大学出版社,1997:27.

问题,学生成了教师的"小老师"。尤其来说,在一些新工具的使用方面,学生相对教师而言,具有一定的优势,教师在这些方面处于一种教育失语的境地,反过来需要向学生求教。

网络技术等数字技术的出现带来了不同群体之间的数字鸿沟,尤其是在年龄这个维度上,随着信息技术的不断普及,网络等技术使用的不断复杂与功能的不断强大,长辈的劣势就会越表现得明显。数字技术的使用在一定程度上是依赖于数字语言的,数字语言对于当下的长辈而言是一种陌生的语言,年龄越大学起来越有很高的难度,因此,晚辈在这一方面具备了一定的优势,形成了一定的话语权威。在数字语言面前,教师成为学生的学生,拜学生为师,是一种文化反哺。"文化反哺"现象使年长一代面临巨大的压力,并感受到了一股前所未有的巨大失落,代际关系也因此而变得紧张起来。传统的教育方式已经不能满足当下的教育需要,需要一种新的教育观念,也需要一种新型的教育模式,来解决由此而产生的一系列问题,以更好地适应当下的社会发展与教育需求,为培养未来社会的人才提供切实可行的方法。

传统的西方教育模式受到了笛卡儿的理性主义思想,以及牛顿的机械论思想的影响,即认为世界是可以度量的,现象背后蕴含着一定的因果定律,因此可以依据一些规律来解释世界,这是一种单一的线性的世界观。在这种观念影响下,教师具有理性的权威,师生关系是一种以教师为中心的师生关系。现代的西方教育模式则是以杜威等学者提出的"儿童中心论"为导向,师生关系是一种以学生为中心的师生关系。但是这种观点也有一定的问题:过度注重儿童的重要性,以至于忽视了教师的指导作用,导致了学生学习效率的降低、学习内容的零散,缺乏系统的知识学习。为了解决这一问题,随后的研究者提出了一种新的观点——"教师为主导,学生为主体"的新型师生关系。上述三种观点都建立在主体客体对立的二元论基础之上,而后现代理论则提出了对理性、权威、标准的质疑,以"主体间性"理论来代替之前的主体客体二元对立的模式。在此基础之下建立的师生关系是一种互为主体的关系,师生之间是一种对话的关系,这种对话是以师生之间的平等、自由、理解、合作为基础的。巴西著名学者保罗·弗莱雷(Paulo Freire,1921—1997)关于对话有这样的观点:"教师的学生"与"学生的教师"这两个概念在对话的形式中是不存在的,而一种新的词汇"教师—学生"与"学生—教师"出现,教师不再作为单纯的知识传授者,在师生对话过程中,教师也从学生身上受到了教育,二者是一种合作共同生长的关系,权威与自由在此实现了基本的统一。① 另外,师生之间的对话关系要建立在理解的基础之上,理解包含了一种反思的因素②。一种后现代的视角为新的时代背景下所需要的师生关系提供了一种新的思路,为师生关系从对立走向对话提供了可能③。另外,后现代主义的观点对话语权威进行了批判,提出了应该以生成的观点去看待事物的意义,事物之间的差异性打破了过去一元论的观点④。教育的目的是为促进未来社会的发展培养人才。知识经济时代背景下,未来社会是一个终身学习的社会,未来人们的学习形式是一种基于共同体的学习。

三、数字移民与数字土著

20世纪的最后十年,伴随数字技术的飞速传播,代际产生了空前的断点,教育者所设计的教育内容,所使用的教育方法、教育工具等已经不能满足当下的受教育者。

2001年,著名学者普瑞司盖⑤(Prensky)依据人们对数字化产品的认可、接受、运用等方面的差异,首次提出了"数字土著"与"数字移民"的概念⑥。其中,数字土著(Digital Natives),也被称为数字原住民,或者数字一代、网络一代,是指生活在数字化时代的使用数字化语言的人。相对应的,数字移民(Digital Immigrants)是指出生的时候是非数字化时代,但随后进入数字化世界,并开始学习并使用数字化技术的人。当然,不同学者对数字土著与数字移民的概念有许多不同的观点。有些学者认为应该从年龄的角度来进行划分,依据我国开始联入互联网的时间以及电脑在人们生活中的实际使用情况来看,将1975年之后出生的人称为数字土著。有些学者对此进行了调查分析,发现不能简单地将年龄作为一个单一维度,对数字移民与数字土著进行划分,一些其他的因素,比如说社会的、经济的、受教育程度等方面的因素都会产生一些影响。而普瑞司盖教授则认为:现在的重点不再是研究该如何划

---

① 参见:弗莱雷.被压迫者教育学[M].顾建新,赵友华,何曙荣,译.上海:华东师范大学出版社,2001:31.
② 参见:加达默尔.哲学解释学[M].夏镇平,宋建平,译.上海:上海译文出版社,2004:46.
③ 参见:李玉萍.从对立到对话的师生关系[J].教育理论与实践,2008(10):57-60.
④ 参见:王莉莉,王小丽.从后现代主义视角重构师生关系[J].全球教育展望,2003,32(2):62-64.
⑤ Prensky M. Digital natives, digital immigrants Part 1[J]. On the Horizon, 2001, 9(5):1-6.
⑥ 参见:Prensky M. Digital natives, digital immigrants Part 2: Do they really think differently? [J]. On the Horizon, 2001, 9(6):1-6.

分两种人群,而是要思考数字移民与数字土著两者之间的适应问题,以及两者对现代的数字世界的适应问题[①]。教育的目的是培养适应社会的人。

作为数字移民,会习惯使用过去传统的方式来查找资料,比如说通过纸质阅读的方式获取信息,而不是第一时间想到通过电子媒体的方式获取信息。在实际的操作过程中,比如说购买了一台电脑,第一反应是通过查阅用户使用说明的方式或者找到使用手册来学习,而不是通过直接地操作来学会使用方法;再比如说即使是通过电脑编辑的文本,也习惯于使用打印机打印出来之后进行阅读与修改。数字移民的社会化过程与数字土著的社会化过程是不一样的。

数字土著则与数字移民有很大的差异。数字土著善于运用互联网等数字技术来进行工作,获得大量的信息,并善于同时进行多个任务,在与人沟通方面,也喜欢人与人的及时的互动与交流,更适合一种灵活多变的、随机的工作形式或任务形式。有学者通过问卷和访谈的方式,对某地区的中学生进行了相关研究与调查,试图探求"数字土著"的相关特征。数字化技术对20世纪80年代之后出生的人影响是比较大的,在这之前,数字化技术主要作为一种工具影响人们生活的方式,主要起到一种便捷的作用,而在这之后,数字化技术逐渐成为一股重要的力量影响人们的认知和思维方式。

如今,以下场景似乎已经司空见惯:"一位大一的学生,刚刚起床,第一件事就是打开电脑看有多少朋友在他睡觉的时候给他留言,快速地看一下微博,发些即时的帖子,然后再去洗漱,结束之后,手里拿着一个三明治,又来到电脑旁边,继续从雅虎上看电子新闻、天气预报,还有些娱乐消息。之后,继续点开邮箱,查看邮件,看看有没有什么重要的事情,将需要做的事情记录在电子日历上。根据今天的安排,需要回复几个邮件,还有作业需要完成,需要跟教授交流几个问题,还要给妈妈打个电话。接下来开始准备完成昨天刚布置的作业,先要通过个人账户下载上课的资料,进行一个简单的复习,检查之前作业的完成情况。需要阅读大量的材料,绝大部分材料教授已经给了电子版,可以直接下载,但还有些材料需要自己搜集,其中一部分可以通过谷歌直接搜索到,但还有一部分内容需要到图书馆借阅相关的书籍来看——平时很少需要去图书馆借书来看。开始写作业,另一边还开着在线游戏的窗口,边

---

① Prensky M. Sapiens digital:from digital immigrants and digital natives to digital wisdom[J]. Journal of Online Education,2009,5(3):1-9.

打游戏边写作业已成为一种习惯,似乎丝毫没有产生任何的相互影响。""一位高中生,睡觉之前最后一件事——躺在床上,飞快地点击着手机屏幕,刷朋友圈,看新鲜事,点赞。"当前的学生正处在一种技术成为日常习惯的生活环境之中,在过去人们认为是技术的东西,在今天都成了一种自然而然的存在。一些20世纪以来才在人们生活中逐渐出现的产物突然之间都成了人们的必备品,比如笔记本电脑、互联网、智能手机,对于"数字土著"一代,这些都并没有什么稀奇的。数字土著生来就被一种数字化的氛围所环绕,而数字移民则是一开始被一种印刷文化所包围。与高中生的对话,当问及他们为何觉得技术是他们受教育过程中的必需品时,他们的回答是:"技术是我们世界的一部分,很难不去使用技术;技术确实很有用,很多事情因为使用技术都提高了效率;当技术作为一种教具被使用时,一些抽象的概念变得比较容易理解;多亏有了电脑,我们的学习成绩提高了;技术给我们提供了可以学习自己想学内容的工具;通过网络我和同学可以及时交流,讨论学习问题。"对于青少年而言,网络技术对他们完成家庭作业起到了很重要的作用。

伴随数字技术的发展,一种数字化文化产生了,这不同于过去的印刷文化,也不同于电子文化,而是依托于不断网络化和数字化的社会环境,从而实现人类与机器的互动。数字土著花费了大量的时间来玩视频游戏、写电子邮件、看电视节目,而阅读纸质材料的时间却不如其长辈长。具体来说,数字土著呈现了如下特征:第一,喜欢一种自由的学习环境,在这种自由的学习环境中能够发挥个人的潜质,而传统的学习环境(不够自由、充满束缚)则被排斥;第二,喜欢个性化的事物,随着社会个性化倾向的出现,个体越来越希望得到关注与重视,注重个性化的发展,注重个人的体验;第三,喜欢挑战与创造新事物,相比"数字移民"来说,"数字土著"更喜欢有挑战性的任务,对新事物有敏锐的观察力和洞察力,擅长一种探究式的学习方式,具有较强的创新精神与创新意识;第四,喜欢与他人分享,具有分享与合作精神,"数字土著"已适应一种即时通信的方式,可以随时随地与他人保持联系,随时随地记录自己的生活点滴,希望得到别人的及时认可与交流,始终处于一种"联网"的状态。

从学习方式上来说,数字土著与数字移民有很大的不同。数字土著习惯于同时做很多事情,也就是执行多项任务,比如说在学习的时候听音乐,一边看书一边娱乐,或者说娱乐与学习交叉进行,这种多重任务的穿插与互动能使数字土著更高效地完成多种任务。但是,这样的学习方式却是不适用于数字移民的,数字移民习惯于一种单任务的完成方式,同一时间段内只专注于完成一项任务,其他任务的加入会起到干扰作用,使任务不能很好地完成。从沟通方式来看,数字土著更喜欢一种通过网络的联系方式,这种网络的联系可以更及时地与他人取得联系,并能更及时地进行反馈与交流。另外,数字土著对团队合作具有更大的兴趣,希望通过合作的方式来完成任务,并在任务执行的过程中得到队友的肯定与支持。数字土著还比较关注于通过实践的方式来进行学习,这种实践性的学习方式可以在很大程度上帮助学习者增强其开拓精神与创新精神。

数字移民与数字土著之间有着不同的思维模式,说着不同的语言(数字移民使用的是前数字化时代语言,而数字土著使用的是数字化时代语言),因此二者之间的交流容易出现一些问题,而当今的教师有很多属于数字移民一族,学生则有相当一部分属于数字土著一族。比如说,数字土著会认为数字移民是外星人,完全不理解这些人想表达的意思是什么;数字土著认为习以为常的事情却不被数字移民所理解,更不用说是认同;数字移民认为学习是一件辛苦的事情,需要十分的专注力专注于学习一件事情才能学好,而数字土著则可以在学习的同时进行多种活动,认为这样才能促进自己的学习,而且完全可以完成学习的任务,甚至说通过一种游戏的方式进行学习。

然而,数字移民一代的教师却以为数字土著一代的学生与之前的学生是一样的,可以采用相同的教育方式、相同的教育内容,但实际上,这是不可行的,当下的学生是随时可以通过手机网络与世界相连的一代,甚至在课堂上可以随时针对老师的授课内容产生疑问并提出疑问或寻找网络上更好的解决方案,加强自我学习。现如今,很多学校,无论是小学、中学、还是大学,都不乏一些照本宣科的教师,在这种情况下如何让新一代的学生能够专心与认真地听教师讲课,确实是一个需要解决的问题。

诚然,数字土著有很多优势,但有些方面也有一些劣势,需要加以注意。比如说,在执行多项任务的过程中,各项任务相互影响,会降低对每项任务思考的深度;网络交流的方式,也可能导致一些个人重要信息的丢失,或者被一些不良分子所欺骗;信息的方便获得,可能会降低学习者的独立思考能力以及批判能力。通过对网络技术的使用,人们的阅读发生了很大的改变,人们的阅读集中力不如从前了,反而喜欢一种同时进行多种事务的工作方式,虽然看似很多事情都没有耽误,但实际上每件事情的深度都受到了一定程度的影响。过去那种"泡杯咖啡,拿本小书,坐在窗边,静心阅读"的生活现如今已经被一种快速的浏览式的阅读所代替了,前面那种悠然自得的人人可进行的阅读方式反而变成了现在的稀奇之事。现在的人们似乎没有了那份心情去静静地、慢慢地做点什么事情，而是一直在与时间赛跑，生怕错过点什么，殊不知在这样的加速中错过了多少美丽的风景。

人们的生活正在逐渐被改变，《洛杉矶时报》有报道称"现在的青少年当中60%的人喜欢同时做多件事情，而不再希望只专心做一件事"，与此同时，人们对于网上的信息迅速地进行浏览，而非深入地了解。举例来说，自链接技术发明以来，人们可以在阅读一篇文章的时候，对其中难以理解或感兴趣的内容通过链接的方式直接进入搜索，获得有关难理解或感兴趣内容的更详细的介绍与说明，从而拓展阅读宽度。但实际上这种链接技术也带来了新的问题：往往人们阅读了感兴趣的部分，会跟着一步接一步的链接而继续阅读其他的文献，而忽略了之前最初阅读的文献。人们的阅读注意力被转移了，阅读的知识内容也变得碎片化了，人们无法对相关内容有一个全面的理解。当然，我们不能武断地判断哪种阅读方式是更好的方式。一种技术的嵌入，使人们的认知方式发生了改变，使人们的阅读习惯发生了改变，人类的大脑正在面临着重塑的发生。传统的阅读方式是一种基于纸质媒介的阅读方式，对文字内容进行一种独立思考，理解并内化文字的内容，这种阅读方式的成本相对基于数字媒体的阅读方式是较高的。检索与传递不便，人们需要循序渐进地进行阅读与学习，才能找到其中的线索，从而按图索骥，寻找下面的文献，继续进行阅读，这种方式依赖于每个人的独立思考。

数字技术的应用给过去很长一段时间以来一直影响人们的印刷技术带来了巨大的挑战。正如数字移民所一直适应的是一种基于印刷技术的阅读方式，而数字土著则更多地适应于一种基于数字技术的阅读方式，数字技术的产生对人们的传统做法产生了挑战。信息量的不断增加，使人们花费大量的时间用于信息的搜索，而对搜索到的文献进行阅读的时间却可能没有搜索的时间长。大量的信息或文献被下载下来或搜索到，但人们却没有时间来学习，更不用说花时间来深入地思考。另外，人们花时间在大量地搜索信息上，而所搜集的信息是不是有效则有待考证。借助于搜索引擎，人们可以快速地获得相关的信息，但这也同时带来了新的问题：搜索引擎对于搜集到的跟关键词相关的信息总是有个排序的，这样的排序是基于什么样的原则，则成为引导人们进行信息筛选的一种方式。一般情况下，人们会选择比较靠前的搜索结果，但这些靠前的搜索结果是否可信、是否权威则是问题之一。在这样的情况下人们就容易被引导到一种一致的意见方向。

要解决数字移民与数字土著之间的问题,需要思考这样两个问题:一是作为数字移民的教师是否需要根据数字土著的特征去重新设计教学内容,采用新的教学方法、教学手段,还是继续按照之前的教学方式?二是作为数字土著的学生是否需要采用过去的学习方式,接受教师的传道授业解惑,还是选择其他的方式?毫无疑问,对于第二个问题,数字土著一代是不可能回到过去那种学习方式的,数字土著一代所面临的学习方式是一种适合于其思维方式的学习,是一种拥有更大自由度的学习。教师需要对症下药,对于现在的学生,应该采用与学生一致的语言方式,提高教学的灵活性,避免过去的死板方式。也就是说,一方面用新的方法教旧的有价值的内容,另一方面教新的内容。

有学者提出应该采用"教育游戏"①的方式来改革传统的教育方式。教育游戏提供了一种有趣的学习方式,更容易被数字土著一代所接受。当然,教育游戏一方面是一种游戏,另一方面是一种教育方式,通过游戏的外在方式,来实现教育的内隐式的知识的、技能的目标。当前,有很多学者在从事教育游戏的开发研究,需要注意的一点在于,教育游戏应发掘出学生在游戏过程中的主动性,而非将平时的教学内容继续以生搬硬套的方式进行呈现。比如说直接将教育游戏设置为一些日常考试所用的填空题的形式,以一种通关填空的游戏方式让学生进行知识的记忆,这类加强学生记忆知识点的游戏,时间久了可能会使学生产生一种排斥心理,而一种融合知识、技能,结合心理学等学科的综合游戏可能更能激发学生的兴趣,减少学生的心理负担,使其从中习得更多的知识、技能等,提高全方位素养。另外,教育游戏始终是一种虚拟的游戏方式,学生通过这样的形式习得的技能可能与现实生活实践中学会的一些技能还是有所差异,有学者将此称为"游戏误差"②。因此,减少虚拟与现实之间的差异问题,也是需要进一步研究与解决的问题之一。与此同时,教育游戏的核心还是应该体现教育性的特征,正如人们也会担心游戏上瘾的问题,这会导致学生失去对真实情境下学习的兴趣,这可能也是研究者应该面对和思考的一个问题。

适应于数字土著的学习环境应该是一种具有生成性特征的环境,学习环境不再简单地主要以课堂为中心,而是要扩展到课堂以外——包括现实实践

---

① Prensky M,胡智标,王凯.数字土著 数字移民[J].远程教育杂志,2009(2):48-50.
② 参见:张文兰,刘俊生.教育游戏的本质与价值审思[J].开放教育研究,2007,13(5):64-68.

场所以及虚拟的网络环境,从而构建一种课上与课下、真实与虚拟的多重学习环境。在这样一种多环境学习的氛围下,学生可以更好地实现多任务的完成,或者增加单个任务的完成深度与广度,并且在这样的环境中有利于形成一种师生之间、生生之间、师师之间的对话与交流,这是基于一种平等的、自由的共享原则之上的对话,当然对话的内容不只是知识上的,也是情感上的、文化上的、思维上的。这样的学习环境,也有利于学生批判性思维(也可称作一种反思性思维)的形成。面对网络上的大量信息,教师与学生都需要具有一定的筛选能力,如何选出自己需要的信息,如何选出真实的信息,如何选出能解决实际问题的信息,这些目的的实现都需要人们具有一定的信息辨认能力,而对信息的辨认能力需要一种批判性的思维做基础。

数字化社会为学习者提供了一种更开放的环境,在这样的环境之中,学习者的主体地位得到了体现,具有更强大的学习自由,打破了地域或时间所带来的限制,从原本孤立的各个课堂,走向世界每个角落的课堂,实现了世界范围内不同文化、地区与民族之间的对话与联系。另外,研究数字技术对教育领域的影响,还需要关注到一个很重要的中间变量——学生的认知能力。数字化技术影响了人们的认知方式,因此对学生认知方式的研究变得尤为重要[1]。从教育对象的特征出发,才能更好地进行教育活动。

对于数字土著来说,网络就如同每天需要呼吸的氧气一样,生活在没有网络的世界是很难被他们理解,也是很难被他们接受的。当学生被问及为什么要使用网络时,青少年学生最多的答案是"获得新的信息",接下来比较多的答案是"可以学更多的东西"。当然,这里的学习内容,并不仅仅限于课堂所要求完成的作业,而更多的是一种非正式的学习,也就是学生可以根据自己的兴趣,开展一种自由的学习,可以关注自己感兴趣的话题,通过不同的网络社区,进入讨论组或聊天区,与其他伙伴进行分享与交流。

数字土著一代具有较高的数字素养,这一代人可以很容易地学会操作一些复杂的设备,并能很自在地在网络世界获得自己需要的信息,所有这些行为都不需要其他人的指导,而是通过个人直接操作,在虚拟与现实之间的转换也是非常自然的事情。当然,他们也意识到在网络上的信息也并不都是能用的,或者说值得用的,但是,他们还是习惯于从网络上搜集需要的信息,而

---

[1] 参见:曹培杰,余胜泉.数字原住民的提出、研究现状及未来发展[J].电化教育研究,2012(4):21-27.

不是去图书馆翻阅纸质书籍。他们更喜欢一种图表的表述方式,而不是大量文字的表述方式。在他们看来,图表更直观、更具体。

在数字土著一代出生的时候,这个世界就已经变成了一个通过各种技术手段连接在一起的世界,尤其是现在移动网络的进一步发展为人们随时随地地联系在一起提供了方便的技术前提,这一代人处于一种一直被连接的状态。与此同时,这一代人的反馈速度是相当快的,当收到别人的联系时,会非常快地予以回复,哪怕正在进行很多庞杂事务,这并不影响这代人与其他人交流。另外,这一代人喜欢通过实践性的方式来进行学习,而不喜欢说教的方式。他们喜欢发现、创造、探索,并喜欢通过一种独立或与同伴相互合作的方式来解决问题。这一代人的包容性是非常强的,他们可以容忍差异性,接受一些多元的选择,并且与他人进行分享。通过互联网,人与人之间很容易成为朋友,也很容易找到志同道合的人。人们的交流方式也是丰富而多元的,通过邮件来联系已经变成一种非常常见的方式。这一代人更喜欢一种团队式或者伙伴式的学习或活动方式,在团队中,每个人都会努力做好自己的分工,互助完成任务。团队合作需要建立在一定的规则之下,这代人对明确的规则和要求比较看重,完成每个任务都需要一种流程性的步骤,按步骤一步步进行,也就是说让任务更具可操作性与可控性。这种明确的步骤比一些模棱两可的方案对这代人更具吸引力。比起通过提出一种假设,然后按照规则或者一些基本法则来确定这种假设的成立与否,他们会更喜欢在实践之中不断地尝试、不断地探索。其中体现了这一代人的一个特征,就是不断地去做事情,而不是通过说或者想的方式,这已经跟过去苏格拉底时代所强调的通过一种辩论的方式来探寻真理大相径庭。这一代人更相信通过一种技术的手段可以解决很多复杂而困难的问题。

实际上对数字土著的划分,从使用数字技术的程度视角,可能是一种更好的选择,因为那些出生时代上不属于数字土著的人中,不乏对数字技术使用非常感兴趣的人,他们也在日常生活中运用了很多数字技术,也表现出了数字土著所具有的一些特征。所以不妨通过一些问题来划分是不是数字土著,比如:你是更喜欢阅读纸质书籍还是喜欢阅读电子书籍?你是通过纸质名片或笔记本来记录电话还是通过电子设备来记录?你需要经常性地在办公室或家里上网吗?数字土著通常认为,网络只是他们用于共享资源或传递信息的方式,而没有将其作为一种有限的资源。

数字土著倾向的交流方式不仅是面对面的方式,还有虚拟的方式,或者是一种真实与虚拟混合的方式。这一代人更喜欢将网络作为一种能够抒发自己情感、表达自己观点、与他人交流的工具,以此来认识一些不同民族、不同国别、不同文化、不同性格的人。他们更希望具有学习的主动性与可支配性,通过个人的努力来搜集信息,寻找工具,发现资源,从而进一步解决问题。数字技术同样也为学生的主动学习提供了可能,比如麻省理工学院的学生可以使用的一些数字工具,其他普通学校的学生也可以使用。交流不仅仅限于课堂,在一种非正式学习的环境中可能更能促进学生的学习与分享,因此这种在非正式场合的伙伴式的指导、同学之间的交流也是一种很重要的学习方式。

为了了解数字土著一代对于技术支持下的学习的期望,应该首先来了解在他们眼中什么是技术。对于这一代人而言,技术不仅仅是指电脑、手机、网络,还指可以辅助人们学习的各种各样的工具,对这些工具的综合使用,可以有效地促进学习活动的开展。有的时候,教师总是会认为他们很了解自己的学生,但实际上,可能事实并非如此,尤其是对于现在的数字土著与数字移民来说。因此,作为教育者应该很好地了解自己的学生,基于此,才能直面数字技术对教师提出的挑战。了解学生的途径有很多,其中一条重要的原则是尊重学生的主体地位,从学生的需求出发,而非想当然地对学生进行判断。今日的学生与过去的学生也有很多类似的地方,比如说都希望到学校与教师交流,参与活动,但其中不同的可能是,数字一代的学生更喜欢通过一种图表的方式、快速的方式、立即得到回应的方式来与他人进行交流。根据学习科学的理论,学生的成功学习有赖于为学习者提供积极主动的、社会交往的、学习者为中心的学习环境。因此,技术在教育中的应用,可以从这些方面入手,来解决当下师生之间存在的矛盾。当然,出发点还是教育原则,而不是技术原则,合理地利用技术可以更好地促进教育中的各项活动。

第四章 技术时代的教育展望

20世纪,技术得到了空前的发展。技术的发展与社会生产直接相关,而相对来说,教育领域对技术的使用程度却是很低的,也是变化很慢的,尽管如此,技术与教育一直有着天然的联系。21世纪初,世界范围内都在强调技术在教育领域的应用,通过加强教师在课堂教学中的技术的使用,以及学生在学习过程中的技术的使用,从而提高教学效率。这一倾向可能会导致"技术主义的观点",过分强调技术在教与学过程中的应用。技术在实际教学中的应用在当今的课堂上还是有一些局限性的,比如说课堂上对电脑和网络的使用,通过课堂是否使用"技术"来评价一门课。许多教师陷入了"当局者迷"的怪圈,有些人高举"技术至上"的大旗,有些人对此热情不高,甚至拒绝在课堂上使用技术。本章将从探求技术对教育影响背后的理性因素入手来反思技术对教育的影响,试图拨开这些现象的神秘面纱,以此探寻技术时代的教育本真。

社会的技术化是当今重要的社会特征,教育作为一种社会行为,应该服务于当下的社会。然而在这样一种境遇下,出现了很多问题,比如人的精神世界的衰微,人类处于一种躁动不安的焦虑状态。此时,我们是否该停下来思考一下?在这样一个到处充斥着技术理性的时代,技术理性在教育场中的作用一方面通过社会系统而逐渐深入，另一方面直接影响到教育系统。面对技术对教育带来的双重影响（积极影响与消极影响），应该采取一种扬弃的态度，重新审思技术与教育的关系问题，从而为教育场中所面临的诸多问题提供一些良方，比如探寻教育的本真是什么、当下的教育该何为。也就是要回答技术时代教育的应有之义是什么的问题。正如张义兵在其著作《逃出束缚："赛博教育"的社会学解读》中提到教育与技术的共生问题时认为，事实上教育学的解构并不是意味着教育学的消亡，而是新生；教育学与"非"教育学之间也不是谁"殖民"谁的问题，而是"共生"的问题[①]。教育话语中最重要的主题毕竟是"人"，是真实的人，有血有肉、有思想有情感的人，因此，在当下的技术背景下，反思教育体系，必然关涉"人"的概念。

在技术变革的时代里，社会需要教育人们能够适应变化，并能促进变化的发生。人类将全面进入一个技术社会，技术将与人们的生活密切相关，它将走进人们生活中的每一角落，彻底改变人们的观念和生活方式，也制约和限定人们的教育，包括教育内容、方法和教育教学手段。在这样一个不断技术化的社会中，"人"始终应该作为思考问题的关键点，考虑到将人作为一种生命的存在、整体的存在。大卫·格里芬（David Griffin，1939—2022）在《后现代科学：科学魅力的再现》（*The Reenchantment of Science：Postmodern Proposals*）一书中，以建构后现代科学观为主要任务，他批判传统科学的"祛魅"特质及其对自然主体性的消解。他认为，事物都是带有某种目的性的[②]。在他看来，事物不仅具有自决性，而且是复杂的相互联系的有机整体，事物的变化具有不可重复的特性，因而研究事物时不能将事物从其环境的联系中分离出来，必须用整体有机论的方法；同时，由于研究对象常取决于对象与研究者的相互作用，规律性和预测性的结论也越来越难以获得。格里芬批判传统科学崇尚物质主义、决定论及其宗教意义和道德价值的丧失，主张科学应当"返魅"，以便能考虑人类和人的整个生命，将生命作为达到目的的手段，并以生命自身为目的。这个世界正在和将要对教育提出许多新的要求。在技术社会里，对于教育问题，技术能做些什么？技术应该做些什么？更为重要的是，在技术社会里受教育的含义是什么？教育图景又将是怎样的？假定技术

---

① 参见：张义兵.逃出束缚："赛博教育"的社会学解读[M].北京：北京师范大学出版社，2003：282.
② 参见：格里芬.后现代科学：科学魅力的再现[M].马季方，译.北京：中央编译出版社，1995：36.

发展到一定程度,那时的学生会通过与机器进行谈话来完成教育过程,做一些曾经被认为是人类所难以完成的活动,那么,这种发展对教育的意义是什么?在这样的一种社会里接受教育,其含义是什么?目前意义上的学校,该做些什么?未来的教育工作者和教育研究者需要通过怎样的方式进行教育与研究?是否应该仅仅依靠现有的教育理念来达到这些要求呢?现有的教育理念有哪些问题与不足呢?教育的本真到底是什么?无论这些问题的答案如何,有一点是可以肯定的:面对技术的发展,教育需要有所作为。

第一节 教育目的:人的全面发展

技术之所以能够作用于教育,正是因为技术的潜力都是由人来实现的,"人"这一主题既是教育的研究对象,也是技术的研究主题①。康德认为,人只有通过教育才能成为人,人是通过教育所塑造的,人是通过一群受过教育的人来被教育的,教育不仅包括养育,还包括一些文化的教导②。教育是人的教育,教育过程离不开人的参与,教育所追求的理想是人类的全面与自由发展,这一理想永无止境。因此,我们对教育的探索也是一个没有终点的过程。

人是具有可塑性的,对人的塑造离不开环境的影响。杜威认为,人的生长的能力,不仅依赖于个人本身的可塑性,而且依靠于别人的帮助,这一点显著表现在处于儿童期和青年期的人身上。简单来说,可塑性是指一个人形成习惯的能力或从经验中学习的能力,一般来说,习惯或是一种习以为常,或是一种自我的主动调节,前者提供了人生长的背景条件,后者推动了人生长的持续性。③ 人的生长切不可操之过急,而应该是一种自然形成的过程。正如《大教学论》中的描述:自然不性急,它只慢慢前进。鸟蛋的孵化并非通过一种火的加热方式而促其快速进行,而是由鸟妈妈在其体温下正常自然地慢慢孵化;幼鸟在成长过程中,鸟妈妈也不会刻意通过过量的喂食促使鸟儿的成长,而是根据幼鸟的实际需求以及消化能力来有选择地喂食。违背规律反而

---

① 参见:许良.技术哲学[M].上海:复旦大学出版社,2005:224.
② 参见:Kant I. Education[M]. Ann Arbor: The University of Michigan Press,1960:6.
③ 参见:杜威.民主主义与教育[M].王承绪,译.北京:人民教育出版社,1990:57.

起到相反的效果。园丁对植物的种植也非急功近利地渴求短时间内可以有所收获,因此,他并不每天去悉心照料,或是天天灌溉,或是想方设法地去为这些植物提供温暖的生长环境,而是让这些植物可以在阳光的沐浴下、雨水的灌溉下自由地慢慢生长。① 人的生长能力影响了人的生活境况,从这个角度来说,人的生活离不开人的生长,教育是为了培养社会的人,所以教育就要促进人的不断生长,这就是教育的重要目的,也是人存在的重要意义。教育的价值与标准,就在于它对于人的生长期望有多高,为了人的生长它能提供什么样的方法。

在技术时代,对人的教育既是一个特别重要的问题,也是一个特别困难的问题。正如《学会生存:教育世界的今天和明天》一书中的论述,从社会的发展阶段来说,教育在为一个尚未出现的世界培养新人,在此情况下,教育研究者面临巨大的挑战,需要努力思考未来的教育图景,并以此出发培养儿童②。教育的目的是培养人,在培养人的过程中,需要以人的可塑性为基础,正如赫尔巴特(Herbart,1776—1841)的观点,可塑性是教育学中的重要概念,教师对学生的培养需要从学生的可塑性出发③。学生的可塑性不仅包括习得知识的能力,还包括使用知识的信念——这涉及一个人的是非观与价值观。学校教育,是为了适应时代的需求培养人,同时也是为了将人看作"人"而培养人,这样的"人"才是有血性的人、真正的人、完整的人,但单纯从技术本身来说却倾向于培养一种"计划人",这与人的自然属性是相矛盾的。康德认为,人是唯一需要教育的一类,说到教育就要知道保育(照料并养育儿童),动作训练和教养,加上道德陶冶,照这样人才能通过成长阶段,由婴儿(需要保育),而儿童(需要动作训练),而少年(需要教学)。技术所体现的价值选择是由利用和使用技术的人来决定的,因此,在技术时代背景下探求有价值的教育目的需要关注到"人"。教育是为了培养全面发展的人。要培养全面发展的人,实现人的全面发展,应当既促进人的整体发展,又促进人的自由发展。人的整体发展与自由发展在技术背景下需要加入哪些新的要素?如何融入技术这一因素来促进人的整体发展与自由发展?对于这些问题的探索是一项紧迫的时代任务。

---

① 参见:夸美纽斯.大教学论[M].傅任敢,译.北京:人民教育出版社,1984:113.
② 参见:联合国教科文组织国际教育发展委员会.学会生存:教育世界的今天和明天[M].华东师范大学比较教育研究所,译.北京:教育科学出版社,1996:36.
③ 参见:赫尔巴特.教育学讲授纲要[M].李其龙,译.台北:五南图书出版有限公司,1989:1.

一、促进人的整体发展

培养全面发展的人,首先要促进人的整体发展。正如卡斯尔(Castle,1897—1973)的观点,古希腊先哲将人看作最伟大的艺术品,他们首先提出了教育是一种塑造人类完美性格的手段,并从身体、心灵、精神三方面提出了理想的人的形象。教育的主题应该是塑造人,而不是训练人或制造物。现今,人们却不再关注于将儿童培养成为一个作为整体的人,而是仅仅关注于应当教给孩子什么样有用的技术,使儿童发展成为工业生产所需要的机床。[①] 人本主义要求,哲学研究应该以人的本性作为研究的起点,关注人的整体发展,以人的全面发展的满足为研究的重要目的[②]。人本主义的研究主要以维护人的尊严和价值为宗旨,批判技术对人性的侵害,以及由此引发的各种社会问题。正如人本主义者罗杰斯心目中的教育的最终目标是"充分发挥作用的人",而马斯洛(Abraham H. Maslow,1908—1970)则认为教育的最终目标是"自我实现"的人。叶澜认为,哲学研究的中心问题始终围绕着人与世界的主题[③]。教育目的的演变过程主要是从"社会本位论",到"个人本位论",再到二者的统一和融合。卢梭竭力主张从人的自然属性出发,对人采取一种自然教育的方式,使人得到一种平等与自然的教育,培养人的发展意识。因此,需要明确的是,学校应该是将历史的人文精神与当下的科学精神结合,培养学生成为一个完整的人,关注学生的整体发展。

关注人的发展是当代教育的一个国际性主题,著名的"德洛尔报告"(《教育——财富蕴藏其中》)的核心就是强调要把人作为发展中心,报告中指出:人的发展是最重要的目标,人要进行四种学习从而促进个人的发展。一是,学会认知,学习对事物的理解,学习认识世界;二是,学会做事,学习行动的方式,学习该如何完成一件事情;三是,学会共同生活,学习与他人互动与交流,学习协作的精神并与他人和谐相处;四是,学会生存,在学习认知、做事、共同生活的基础之上,从而实现人的生存。[④] 报告中提出的四个学会,是对人的综合素养的要求,也就是要成为一个全面发展的人,这样才能成为一个真正意

[①] Castle E B. Ancient Education and Today[M]. Harmondsworth: Penguin Books Inc,1961:102-103.
[②] 参见:席勒.人本主义研究[M].麻乔志,等译.上海:上海人民出版社,2010:13.
[③] 参见:叶澜.教育研究方法论初探[M].上海:上海教育出版社,1999:129.
[④] 参见:联合国教科文组织国际21世纪教育委员会.教育:财富蕴藏其中[M].联合国教科文组织总部中文科,译.北京:教育科学出版社,1996:75-76.

义上的社会人。教育不仅仅是一种养育人的手段,不仅仅是为了培育人才,而且是一种促进人发展的方式,使人学会该如何生存。关注人的发展,要关注人的整体发展,纵观历史,我们可以总结出人的发展从未间断,而这离不开教育的作用,因为教育的目的就是促进人的发展。

当今的数字技术时代特征,对人的整体发展也提出了新的要求,比如说对人的数字素养提出了要求。欧盟将数字素养解释为在人们的工作、学习、生活过程中,人们对信息技术的使用能力,是数字时代人们生活需要具备的基本素养之一。数字素养包括多方面的内容,其中信息素养是重要的方面。信息素养指的是对信息的搜集能力、筛选能力,不仅能搜集到需要的信息,而且能运用批判性的思维能力对信息进行进一步的利用。通过数字媒介来进行沟通也是重要的方面。数字技术为人们带来了多种交流平台,人们可以通过社交网络等方式实现人与人之间的交流。数字技术为人们带来了一种新的非连续性的、非线性的、碎片化的思维方式,基于这种思维方式,人们能利用一些零碎的信息建构出个人的知识体系。因此,为了进一步促进人的整体发展,需要对人们进行一定的数字素养教育。

各个国家都在积极地研究与制定数字素养框架,以此来制定一定的标准以提高人们的数字素养。一般来说,数字素养教育包含多方面的内容。首先,培养学生对数字技术的使用意识与能力。当前的儿童出生在一个数字技术化的世界,被大量的技术所包围,属于"数字土著一代",而有相当多的教师却仍然是"数字移民一代",因此,需要提高教师与学生二者的数字使用意识;另外数字技术的更新速度是非常快的,了解新技术有助于人们紧跟技术发展的步伐。其次,培养学生具有动态的思辨能力。基于印刷技术的文本是以一种静态的、相对封闭的形式存在的,对这样的文本的解读往往会是个人对文本背后的意义的思考与阐释,而缺乏与作者之间的互动与交流,而基于数字技术的文本是以一种超文本的形式存在的,这种文本是动态的、相对开放的,人们对这种文本的解读在人与人的交流过程中处于一种动态的变化之中,也就是说这种文本形式生成之后在不断地被互动者所解读,这种解读是处于变化之中的,因此需要学生具有一定的动态思辨能力。最后,培养学生具有一定的数字道德。数字技术为人们提供了一个自由的、开放的空间,在这样一个虚拟空间中,人们可以充分发挥个人的创造性,也可以与各种人群进行互动与交流。现实生活中人们的道德行为受到多方面(比如文化、风俗、传统等因素)的约束,而在虚拟的世界中,还没有形成有效的道德约束机制,法律制度也相对不够完善,在这种情形之下,尤其需要提升人们的数字道德,对于这方面的教育需要受到关注。

教育只能根据人的天分和可能性来促使人的发展,教育不能改变人生而具有的本质①。教育不同于训练,教育的出发点是对人的回归,教育所培养的人需要适应社会的发展变化,适应时代的需要②。教育促使人们提高自己的社会适应性,从而使人类整体发展成为一个生存共同体,使人的个体发展成为一个独立的自由体,融入不同的文化社会生活之中。杜威认为"教育即生长",生活的过程就是一个发展的过程,生活的过程也是一个不断生长的过程,教育的过程就是一个不断促进人发展的过程,教育的过程也是一个不断促进人生长的过程。夸美纽斯认为,自然界生物的成长是一种渐进的过程③,正如小鸡的孵化是由母鸡用自己的身体来保护小鸡,小鸡破壳而出之后,母鸡不会让小鸡立刻自己觅食,而是给小鸡喂食,而后小鸡慢慢长大——小鸡的长大过程是母鸡对小鸡的一种慢慢抚育的过程。从这层意义上来说,教育的过程是一种促进儿童发展的过程,教育对人的发展的促进应该回归一种慢教育。

教育是为了培养人适应时代的发展,但要画出一幅图表,表示在各个阶段的教育和职业之间的相关系数,却是一件棘手的事情。这是因为在一个变动着的经济中,我们无法确切地预见可能获得的职位数目和性质,我们无法对准特定的专业资格来设置工作职位;而当经济刚刚开始发展的时候,我们就更束手无策了。根据这些理由,国际教育发展委员会曾经建议:从政治经济文化发展的视角来看,任何将教育看作为了培养未来的职业人的观点,以及试图延缓教育发展的观点,都不应该在教育决策中被采纳。教育的目的是培养人,从人的发展这个维度来说,教育对人的培养不应该按照一个特定的专门的方向来培养,也就是将人培养成一种只能从事某种特定职业的人,这种职业是终身不变的。在这样的技术时代,一切都是充满变化的,信息在不断地更新,社会对人的需求也在不断发生变化,因此应该将人培养成为一种能适应变化的人,培养人的技术素养等多重素养。我们时代的一项重要任务,就是要寻求一种根本的、非歧视性的模式,这种寻求到处会碰到政治上和

---

① 参见:雅斯贝尔斯.什么是教育[M].邹进,译.北京:生活·读书·新知三联书店,1991:65.
② 参见:联合国教科文组织国际教育发展委员会.学会生存:教育世界的今天和明天[M].华东师范大学比较教育研究所,译.北京:教育科学出版社,1996:137.
③ 参见:夸美纽斯.大教学论[M].傅任敢,译.北京:人民教育出版社,1984:101.

经济上的阻碍、心理上的抵制,而最重要的是会碰到社会上严格分等的现象,只有在一个由于普遍消除了社会障碍而达到了一体化的社会中,这种担任挑选和分配工作的教育任务才会丧失其消极的筛滤作用,而具备促进人类成就的积极的特征①。教育要适应当下的社会背景。杜威通过对过去的教育进行历史述评,得出这样一个结论:教育的目的与当下时代的背景是相关的,通常情况下,离开了时代背景来谈教育的目的是没有意义的②。18 世纪的教育哲学在形式上是高度个人主义的,但是这个形式是一种崇高的和慷慨的社会理想所唤起的,这个理想就是:要组织一种社会,包括全人类,提供一种机会给人类使其可以不断完善。19 世纪早期德国唯心主义哲学又一次力图把两个理想同等对待:一是有教养的个性的自由的和完全的发展,一是社会的训练与政治上的服从。这派哲学把民族国家作为实现个性和实现全人类理想的中介。这派哲学令人激动的原则同样可以正确地用两种说法来表达:一是古典的术语,即"个人一切能力的和谐发展";一是比较新近的术语,即"社会的效率"。因此,教育是社会的过程与功能,教育要基于社会背景。

在这样一个世界中,任何人都无法预料明天会需要什么样的专业技术,会有什么样的信念需要解释。大学所处的运作环境正在发生变化,认识到高等教育有很多各不相同的方式以及很多各不相同的标准,这才是能与后现代挑战相抗衡的大学必不可少的条件,以上一切也适用于目前的整个教育系统③。教育需要将人作为一个整体的人促进人的整体发展。人并不在他的发展中达到某一终点,随着时间的推移,他在朝向新的命运的进步中不断改变。这是他存在的基本内容,他在这世上的每一形态都是他暂时造成的,每一形态的内部从一开始就包含着自身毁灭的种子。在历史已将他从一种生活形式逐入下一种生活形式,从一种关于自身存在的意识逐入另一种这样的意识以后,人能够回忆他从先前阶段到当前阶段的过渡,但他似乎认为自己无法在这条道路上再向前进,对于人的未来的任何预见都不可能具有一种确定不移的性质。对于"什么即将发生"的问题,不可能给出明确的或令人信服的回答,活着的人,将通过他自己的存在,将在他自己的活动过程中,回答这一问

---

① 参见:联合国教科文组织国际教育发展委员会.学会生存:教育世界的今天和明天[M].华东师范大学比较教育研究所,译.北京:教育科学出版社,1996:88.
② 参见:杜威.民主主义与教育[M].王承绪,译.北京:人民教育出版社,1990:102.
③ 参见:鲍曼.个体化社会[M].范祥涛,译.上海:上海三联书店,2002:172.

题,对于未来的预见只能有一个目标,即使人类意识到自身①。未来的社会是一个充满不确定性的复杂社会,面对不确定的一切,教育应该促进人的整体发展。

培养全面发展的人,要促进人的精神成长。英国著名教育哲学家约翰·怀特(John White,1934—)在专论教育目的的著作《再论教育目的》(*The Aims of Education Restated*)中,提出了"在教育目的中实现社会需要与学生利益之统一"②的命题。他认为,使学生成为一个具有道德自主性的人应该是教育目的的中心内容;为了实现这个目的,需要具备各种必要的条件;在种种必要条件之中,第一位的也是最重要的是学生的先天素质,即学生的个性、能力、特质,以及其他重要的素养能力。另外,学生所享有的物质生活水平对学生道德自主性的形成也起着至关重要的作用:如果一名学生生活在简陋的、设施落后的环境中,则会影响学生的道德性的形成;良好的生活环境和教育环境则有利于学生成为一个有道德的人。因此,在教育的过程中,教师不应该只关注于学生的个性、能力等,还需要考虑到学生的家庭环境、生活环境等,对学生有一个全面的认识与了解,从而在精神和道德的层面上帮助学生,促进学生的精神成长。斯宾塞认为,教育的理想当然是在所有的范围中有万全的准备,但实际情况是,往往难以在所有的范围,难以进行万全的准备,在此情况下,解决之道就是在一个适当的范围进行适当的准备从而实现一种适当的教育③。对于一个普通的学生而言,所需要的是在最有助于完满生活的那些事情上训练得最好。教育的安排如果按照这个标准,就需要在考虑学生应该接受一种知识的教育的同时,也接受一种精神的教育,从而培养学生成为一个有精神追求的人。

教育家马丁·布伯(Martin Buber,1878—1965)也曾指出,凡真实的人生皆是相遇④,这种相遇是一种精神的交流,是一种我与你的相遇。埃里希·弗洛姆(Erich Fromm,1900—1980)指出,人的生存并不是以占有为目的的,这样的生存是一种生存方式,是一种通过发挥个人创造性能力而适应社会生活的方式⑤。在这样的生存中,人的精神是富足的,关注人的精神,就不应该将

---

① 参见:雅斯贝斯.时代的精神状况[M].王德峰,译.上海:上海译文出版社,1997:198.
② 参见:怀特.再论教育目的[M].李永宏,等译.北京:教育科学出版社,1997:158.
③ 参见:斯宾塞.斯宾塞教育论著选[M].胡毅,王承绪,译.北京:人民教育出版社,2004:14.
④ 参见:布伯.我与你[M].陈维纲,译.北京:生活·读书·新知三联书店,2002:27.
⑤ 参见:弗洛姆.占有还是生存[M].关山,译.北京:生活·读书·新知三联书店,1992:23.

人肢解之后再来看,或者将人看作一种技术化的存在物。一味地追求知识,最后只能使知识成为教育的目的,这样的教育所培养的人是一种技术的人,是一种缺少精神追求的人,是一种无法超越自身的人。过分地计划人的一切可能是一种技术理性思维的体现,但实际上人是不可被计算的,人的发展充满无限可能,这就需要考虑到人的个体差异性,考虑到人的不可预知性,从可计划与不可计划之间寻找一个平衡点,实现一种教育的超越。

当前的阶段对人提出了广泛的要求,提出了几乎不可能实现的要求,被这种危机夺去了自己的世界的人,必须以他所能运用的材料和前提条件从头再造自己的世界,否则的话,人们就会陷入一种空无之中。正如雅斯贝尔斯所指出的,如果他不走向自我实存之路,那么他就只可能执着于生活的享受而陷入技术的种种驱迫力之中,因为他已不再努力对技术作出反抗[①]。如此下去,最终人只会成为一种技术的人,成为技术的奴隶,完全失去了对生活的支配权。当前的教育目的决定未来的社会状况,教育的失败会导致一系列的问题,会在若干年后一点一点地表现出来。教育是一个漫长的过程,被教育的人在若干年之后才会显现当时教育的成果,因此,很多人忽视了教育的重要性。但是,一个国家想要富强繁荣,是离不开教育的,教育的发展与国家的振兴密切相关,因此,教育的目的应该超越单纯的知识传授,超越单纯的技能训练,超越单纯的物质的教育,而要实现人的精神的转变、人的精神的培养。注重知识传授与技能训练的教育,只能将人培养成为一种为生产目的服务的"物",而注重人的精神的陶冶的教育,则可以将人培养成为一个真正的人、一个完整的人。自从启蒙时代开始,教育就一直被理解为有紧密结构的背景,管理者稳坐其位并有着一切的主动权,而不受控制和很有可能无法控制的背景只会使教育理论家和教育实践者一筹莫展,只能被看作忧虑的根源[②]。教育不仅限于学校教育,整个社会作为一个大的教育场所,其中各种设施、景观都是教育的资源,但现在这些都偏向于关注物质生活,忽视了人的精神诉求,给人们提供了一种失当的教育。一个真正的人才能合理地运用知识,合理地利用工具,合理地制造产品,将技术作为一种器的概念为人所用,人才能真正成为掌握技术的人,对技术具有主动性,而非被技术所奴役,如此,才能使人真正地实现人的生存的状态。

---

① 参见:雅斯贝斯.时代的精神状况[M].王德峰,译.上海:上海译文出版社,1997:168.
② 参见:鲍曼.个体化社会[M].范祥涛,译.上海:上海三联书店,2002:158.

真正的教育应先获得自身的本质。教育应该是一种有信仰的活动,否则只能沦为一种使用技术进行教学的活动,教育的信仰使教育成为一种培养完整的人的过程。教育的目的是让人发现自己,依据自己的天性,成为一个具有个人特质的适应社会的独立个体。教育是一个伟大而严肃的过程,在教育过程中,人类过去所积累的一切文明、一切精神的财富都将被传承下去,从教师到学生,从上一代到下一代,一代一代地传承下去,在这种文化传承的过程中,人的精神逐渐变得富足。教育如果缺失了这种文明的传承,这种对人的精神的培养,则会成为一种失去精神的教育,被这样教育出来的人也会成为一种物化的人、一种没有精神的人。在这种教育的过程中,教师有着重要的作用,教师需要全身心地投入这种教育活动过程中,持有一颗虔敬的育人之心。教师不是布道者,教师不是劝学者,教师是对终极价值具有虔敬之心的人,教师是对绝对真理孜孜以求的人。在这样的教育环境中,学生才能被培养成为有精神的人,才能被作为一个完整的人来进行培养,教育才能实现回归到人的目的。这种对人的回归不单单是回归到人的整体发展与个体发展,而且是回归到人对终极价值、对精神理想的追求。

二、促进人的自由发展

培养全面发展的人,要促进人的自由发展。人的自由发展需要一个相对开放的环境,当今时代所呈现的全球化特征为人的自由发展提供了条件。全球化进程的开始可以追溯到第一次工业革命的爆发。全球化首先在经济领域表现出来,是一种经济的全球化。技术的不断进步与发展是推动全球化进程的重要力量,尤其是网络技术的出现,进一步推动了教育领域的全球化进程。网络技术为全球范围内的教育系统提供了一种交流的技术,学生与教师都可以跨越国家的限制,跨越民族的限制,跨越文化的限制,跨越地域的限制,跨越时间的限制,实现一种全球化的教育与沟通。在网络技术的推动下形成了一个网络的社会,通过网络这一虚拟空间,人们实现了一种新的教育方式,在网络空间中,个人与个人被联系在了一起,这大大扩大了人与人的交往范围。基于网络空间的交流超越了时间与空间的概念,在全球范围内实现了信息的共享。在网络空间中,信息是以爆炸式的速度进行更新的。网络技术进一步扩大了人们的活动和交往的范围,人们可以通过网络与世界相连,网络技术对人产生了重要的影响,使人变成一种全球化的存在,每个人的行为都可以成为一种推动世界发展的力量,个人成了世界发展的重要主体,人与人之间的更大范围的普遍交往也促进了人与人的文化交流。正如鲁洁的观点,网络技术的推动,实现了世界向人的开放,也实现了人向世界的开放①。网络技术的出现推动了全球化的进程,这进一步反过来要求培养人的全球意识,以促进人的自由发展。

全球化时代的教育是一种全民的教育。教育应该从个人、社会、族群三个维度来思考人类的地位,个人与社会、个人与族群之间都有一定的伦理关系,这三者之间的关系与人的公民身份相关。正如埃德加·莫兰(Edgar Morin,1921—)的观点,关涉人的伦理教育问题不能单纯依靠学校的德育课程来进行,伦理规范的是人作为人、人作为社会的人、人作为族群的人的一种自觉意识,当下有两大关涉人的伦理问题,其中之一是建立民主社会,另外是形成全球共同体②。因此,面对技术所带来的全球化社会,教育应该培养人的全球化意识,应该重视对人的公民教育,从而促进人的自由发展,培养全面发展的人。从历史演变而言,大学的传统职能是以承担任务为主,即大学应对选拔出来的一些人进行社会服务的教育,学术研究只是最近才赋予大学的职能,为社会服务需要具备解决社会、科技与心理各方面冲突问题的能力,而且要具备与不能解决的问题共存的能力,而这种共存的能力同样是难以具备的③。在这样一个学习化社会,每个人都要进入一种不断学习的状态,学习的内容不仅包括具体的知识层面,而且包括如何成为一个学习型社会的全球公民。

终身教育的不断发展为人的自由发展提供了一定的条件,人不是一个永动机,不需要动力可以一直转下去。阿什比有类似的观点:很多人认为一个人经过三年大学教育便可一劳永逸,毫无疑问,在19世纪,三年的古典教育确实可使一个人终生永逸,因为那个时代的大学毕业生可以设想,从毕业一直到老,社会将是和他年轻时一模一样,变化不多,但从我们的时代开始,这种设想就不对了,我们只是还没遇上这种不正确设想所造成的后果罢了④。随着社会的飞速发展,学生的学位和证书——至少在自然科学、工程技术和社会科学方面——将因落后而被淘汰,只有少数成为革新者的学生才能免受淘

---

① 参见:鲁洁.当代德育基本理论探讨[M].南京:江苏教育出版社,2003:205-207.
② 参见:莫兰.复杂性理论与教育问题[M].陈一壮,译.北京:北京大学出版社,2004:9-10.
③ 参见:阿什比.科技发达时代的大学教育[M].滕大春,滕大生,译.北京:人民教育出版社,1983:115.
④ 参见:阿什比.科技发达时代的大学教育[M].滕大春,滕大生,译.北京:人民教育出版社,1983:35.

汰,我们对其余学生人力资本的绝大部分的投资,由于科技与社会的变革,不可避免地将被贬值。如何来解决这样的问题,杜威给我们提供了一种观点:教育不应该在人离开学校就停止了[①]。信息大爆炸推动了全球化,全球化推动了终身教育概念的提出,终身教育的观念一经提出,无论在理论上还是在实践上,都有了很快的发展。我们不能完全准确地预测终身教育今后的发展,也难以刻画未来终身教育的模式,但有一点可以肯定,那就是终身教育或终身学习的活动将日益扩大,将会成为人们未来的一种生活方式,在其中技术的发展起到了重要的作用。技术革命造成的知识爆炸,生产工艺的更新等,使工业化国家和发展中国家的产业结构发生了变化,在第三产业部门工作的人数将越来越多,此外,即使农业部门的工作,对于知识和技能的依赖也将越来越大,所以,无论从国家经济的发展或是从个人谋生的需要出发,终身学习都将成为一种不可阻挡的趋势[②]。简言之,终身教育与终身学习拓展了教育的宽度与广度,有利于促进人的自由发展,从而促进人的全面发展。

数字时代为了促进学生能自由地发展,需要培养学生具有一项基本的素养:集中力(Focus)。麻省理工学院一位18岁的博士生大卫·达尔林普尔(David Dalrymple)认为:网络时代,大量的信息可以通过网络使人们无论在哪里都可以获得,当然有的信息对很多人而言是无用的[③]。当今的网络有三方面主要的影响:第一,信息不再被人类所储存和恢复,而是被网络所管理;第二,如何保持人们的集中力对于每个人的挑战都更大和更重要了,因为能分散人精力的因素随处可见;第三,网络使我们可以不费吹灰之力就可以与在世界任何地方的人进行交流。在网络出现之前,大多数专业职位都需要大量的知识和数以十年的经验,但是现在需要的是批判思维能力和对重要信息的集中力,人们的知识不再需要通过记忆的手段,而可以通过网络搜索的方式。一个员工能更加集中注意力于重要的信息比他所记住的信息重要得多。知识曾经是一种内在的财产,有了网络之后,知识可以通过外部获得,而集中力却需要内在的修炼。网络打破了地理的限制,在传送端,网络使各种类型的专业知识得以传送,无论你在伦敦、迈阿密、芝加哥还是飞机上,只要能连接网络,都可以实现;在接收端,无论在哪里,都可以通过网络与整个世界相

---

① 参见:杜威.民主主义与教育[M].王承绪,译.北京:人民教育出版社,1990:55.
② 参见:陆有铨.躁动的百年:20世纪的教育历程[M].济南:山东教育出版社,1997:684.
③ 参见:Brockman J. Is the Internet Changing the Way You Think? [M]. New York: HarperCollins Publishers, 2001:51-53.

连。网络可以使人们聚集在一起,当然,这不是传统地理意义上的聚会。在未来,人们对网络的运用会处于一种无意识的状态,正如人们开车一样。在不远的将来,我们不再通过指尖连接网络,而是通过神经直接与网络相连。到那时,知识就完全外在于个体,而集中力完全成为人们内在的重要能力,每个人都可以与整个世界相连。

技术素养为人们提供了一种世界通用语言。在中世纪,西方世界是由一种共同的语言(拉丁语)和一种共同的宗教联系在一起的,这些文化胶合剂对今日的西方世界已不再起联系作用了,但自然科学与工程技术却发挥了新的胶合剂作用,因为当前不问操什么语种、信什么宗教或持什么政治主张的人,是一致接受自然科学和工程技术的,所以自然科学与工程技术便成为各民族间的重要黏合力量,甚至说科技含有一种有用的道德标准,也不为过[①]。因此,作为共同文化核心的科学普及事业,是各国的头等大事。尼葛洛庞帝在《数字化生存》一书中指出:信息传递的方式已经从过去的慢处理方式发展为现在的高速处理方式,笨重复杂的报纸和书籍等文字技术被轻巧简洁的数字技术所取代,信息在转瞬之间得到了有效的传播与共享[②]。当下,通过数字技术进行信息共享已经完全成为人们平日最普遍的交流形式,在这种情形下,教育需要培养人的技术素养,以此来适应技术不断发展的社会。

成人与儿童面对网络的境遇或者说感受是不同的。对此,加州大学伯克利分校心理学家艾莉森·高普尼克(Alison Gopnik)认为,现在的人们已经不能用我们的先辈认为理所当然的方式来记忆,阅读给人们带来了强有力的信息材料,阅读甚至重新塑造了人们的大脑,学习不再是通过实践,而是依赖于文本。网络使人们的生活变得碎片化和不连续,为什么人们从学校教育中不能感受这些?这些获取信息方式的变化和转变经过了一段长期的过程。儿童与成年人在学习的方式方面有着显著的不同,年轻的大脑更容易学习新事物并做出改变,而成年人改变得比较缓慢、刻意和有意识。因此,儿童更容易接受当下被成人所创造出来的网络世界。可能,数字时代的儿童可以迅速掌握各种网络操作并适应依赖网络的生活,一些过去被人们所重视的技能(比如狩猎、作诗、跳舞等)都已不再那么重要,未来技术时代的儿童不同于现在的人们,不会感觉到网络生活的不连续性、碎片化,而是自然而然地融入一种

---

① 参见:阿什比.科技发达时代的大学教育[M].滕大春,滕大生,译.北京:人民教育出版社,1983:124.
② 参见:尼葛洛庞帝.数字化生存[M].胡泳,范海燕,译.海口:海南出版社,1997:12.

网络生活。对他们而言,网络是自出生以来就一直存在的产物,就如同书本对于出生于印刷时代的人们的感受是一样的。

哈佛大学心理学家霍华德·加德纳(Howard Gardner,1943—)认为,网络极大地改变了人们的生活,网络改变了人们对人类发展和人类潜力的观点[1]。当下人们的观点大致有以下几点:一是儿童的生活和思想比以前更加碎片化,这可能不是什么大的问题,但会引起他们对身份的焦虑,并变得更加不稳定;二是大量的人连入网络,这对人们的想象力、民主、社会行为、公民权会产生很大的影响,对于老人而言,数字化的世界是神秘的,对于中年人而言,则生活在两个世界——前数字的和数字的,处于这种境遇的中年人既会怀念没有手机的日子,也会为不用再长途跋涉去图书馆而感到轻松。但是,对于那些想了解自己的孩子或者孙子的人而言,他们必须进入数字土著的世界,在这样的世界,数字移民会有强烈的碎片化与不确定性的感觉。当世界的发展逐渐走向全球化与技术化的过程中,教育应该关注于人的发展,促进人的自由发展,从而适应不断发展变化的时代特征。

第二节 教学观:创设氛围

教育者应该相信发展是人自身潜能力量的展开。一般情况下,学生自身已具备学习的能力和愿望,而教师的任务则应该是为学生的学习创设条件,使学生能够自己从事学习活动。举一个形象的例子:将教师比作苗圃中的园丁,他相信种子生长的能力,他需要做的工作是准备好合适的土壤,为花木的生长营造适合的环境,而不是揠苗助长,影响苗儿的自我生长。人的身体生成是要劳动的,但是我们知道,人生来只有学习的能量,人要受到教育,才会坐、站、走,才会使用双手,一切的发展都需要一个过程,需要做一些准备,发展的过程是从浅入深、从易而难的[2]。在一个能施行普及教育的社会里,每个人需要多少教育就有接受多少教育的权利,但不是每个人都需要或想要接受

---

[1] 参见:Brockman J. Is the Internet Changing the Way You Think? [M]. New York: HarperCollins Publishers, 2001:271-276.
[2] 参见:夸美纽斯. 大教学论[M]. 傅任敢,译. 北京:人民教育出版社,1984:40.

学校所提供的所有的教育形式。做一个形象的比喻：每个人需要多少食物就吃多少，但并不是每个人都需要或者想要有海参吃。因此，从教学观的角度来说，教学应该为学生创设良好的氛围，教学应关注学生的个性差异，教学应关注学生思维能力的培养，教学应为学生提供真实的情境，教学应为学生提供具有陶冶功能的道德氛围。简言之，教学应为学生创设良好的氛围，在数字技术时代，这样的氛围应该以尊重个性为原则，以陶冶为手段。

一、创设以尊重个性为原则的氛围

教学是师生交往的过程，教师需要关注学生的个性特征，尊重学生，充分发挥学生的主体性。在阿什比看来，英国的学术专业工作者或许比其他国家大学的学者更为重视教学，教学是教师的主要工作，而且教师在教学方面取得的成就也较大，学生受到教授的个别关注，教授针对学生的个别需要给予不同的教育，教授对学生的入学、教学和考试也都深为重视，更不用说他们还为学生编写大量参考资料[①]。技术时代，尤其是数字技术时代，教师的角色逐渐从传授知识的师长，转变为促进学生发展思维的协助者，教师已经不再是知识的唯一权威，学生可以通过多种途径获得知识，甚至在知识掌握上超过教师。在此种情况下，教师的教学观需要发生一些改变，教师需要为学生创设适应技术时代的学习与交往的氛围，要通过多种途径来加强与学生之间的沟通与交流。教师与学生的交往不仅可以在一种实体社会进行，而且可以在一种虚拟的技术社会进行。教师与学生之间的情感与精神交流，主要在实体社会中进行，这需要真实的情境与面对面的眼神交流；当然也有很多人通过社交网络等平台来进行情感交流，这在一定程度上扩大了人与人交流的广度。关于教师与学生之间的知识交流，则可以采用一种虚拟的交往方式，通过网络或其他技术得以实现。当然，无论是情感交流，还是知识交流，都可以采用真实与虚拟的交往方式，也就是说一种线上线下综合利用的方式。

教师要根据学生的个性差异，为学生提供知识运用的情境。杜威认为，知识如果不加以利用的话，就会成为一堆死气沉沉的知识[②]。尤其是在技术时代，知识的更新速度快，不断地积累知识，会使学生陷入知识的海洋，难以找到最关键的重点，因此，教师应该多提供机会让学生来运用所学的知识。

---

① 参见：阿什比.科技发达时代的大学教育[M].滕大春,滕大生,译.北京:人民教育出版社，1983:80.
② 参见：杜威.民主主义与教育[M].王承绪,译.北京:人民教育出版社,1990:168.

在技术高度发达的时代，知识在日新月异地进行变革，在这种境况下，教育应将重点集中在培养学生处理知识的能力上，使其学会如何搜集知识、筛选知识、使用知识，建立自己的知识树，锻炼一种运用多种途径解决生活中实际问题的思维能力。教学是一种与生活相关的活动，因此应该根据学生的个性差异，创设一种师生可以自由交往的氛围。

教师要创设与学生面对面交往的氛围，以此来了解学生的个性差异。正如一直以来，在英国的大学，比如牛津、剑桥，教师的重要作用不在于给学生传授知识，而是在于帮助学生发展其思考问题与分析问题的能力。教师时常与学生进行面对面的交往，通过这种交流方式形成一种师生之间的良性互动，这种教学观在技术时代也是值得推崇的。教师与学生的"面对面"的交往可以借助网络技术的手段，实现一种不同空间的交往，这种交往方式解决了因为地理因素造成的师生交往欠缺的问题。然而，在这一过程中，需要避免对技术的依赖，要将真实的交往与虚拟的交往结合在一起，实现多种交往方式的并存。

教师需要安静的环境，通过优秀课文组成的教材，并以他良好的教学法手段，在孩子心中播下萌芽，这一萌芽将贯穿于孩子们的一生成长之中[1]。夸美纽斯认为，教育是生活的预备，一种为了生活的教育应该是以自然为原则的，是不需要强迫的，正如自然中的万物的生长都是在不知不觉中进行的，自然只是提供了一个开放的环境[2]。这是一种真实的教育，是一种为了掌握生命意义的教育。杜威通过分析思维的要素，进一步指出了教学法的五个要素。杜威认为，教学法包含五个要素——一个真实的情境、一个真实的问题、一定真实的知识资料、一些真实的解决问题的方法、一些真实的检验方法，以上五个要素共同保证教学法的有效性[3]。教学是基于对问题的解决，基于开放的真实的生活情境，在真实的生活情境中，教师将学生看作一种个体生命的存在，才能更好地了解学生的个性差异，实现因材施教。已有很多学者提出应该尊重学生个性差异的理念，这一理念在新的技术时代背景下，有了新的方法来促进其实现。

---

[1] 参见：雅斯贝尔斯.什么是教育[M].邹进，译.北京：生活·读书·新知三联书店，1991：35.
[2] 参见：夸美纽斯.大教学论[M].傅任敢，译.北京：人民教育出版社，1984：64.
[3] 参见：杜威.民主主义与教育[M].王承绪，译.北京：人民教育出版社，1990：174.

二、创设以陶冶为手段的氛围

在教学的过程中,教师应该为学生树立榜样的形象,为学生创设一个陶冶的氛围,而不是仅仅靠教诲。昆体良(Quintilianus,约35—约95)说过:"通过向榜样学习的方式,要比单纯的说教容易得多,也有效得多。"通过榜样的教学方式,为学习者提供了一种陶冶的氛围,教师通过在实际活动中的言传身教,让学生跟着教师的节奏进行学习。正如,工匠师傅并不是一开始就用规则去叮嘱他的学徒们,而是将学徒们带到加工厂里面,让这些学徒去看已经做成的产品,然后将加工的工具交给学徒们,让他们照着这些产品进行模仿,师傅在其中的作用是告诉学徒们该如何使用工具,观察学徒们的做工情况,如果有学徒做得不对,就通过亲自指导的方式告知他们该如何修正。教师应该为学生创设陶冶的氛围,正如水往山下流是用不着强迫的,一旦水坝等阻止水流的东西移开以后,它就立刻会往下流,教学并不是一种预设,而是一种自然的过程,教师需要做的是为学生提供这样的氛围。

英国哲学家亚历山大(Samuel Alexander,1859—1938)认为:"通才教育指的是培养学生的探索精神,而不是指导学生选修哪些学科。"大学教师首先应是研究者,他们所面对的不再是小学生,而是成熟、独立和精神已有所追求的年轻人,不应只把大学教师当作教书匠来用。虽然很多教师喜欢教那些不如自己的乖学生,但是每个教授应该有一个基本原则,允许那些有潜力,至少可以达到自己成就的学生进入博士班,而且注意发现比较优秀、能超越自己的学生,这种学生才值得帮助,即使不是自己的学生,也该去帮助他[1]。大学提供的各种专业教育仅仅是将来生活的一个基础,技能的培养是在实习中完成的,大学里最需要学习的不是记忆的能力,而是一种判断的能力,这种判断能力的习得需要学生在实际生活中多加锻炼。教师的教学应该给学生预留出可以让学生自学的内容,不仅是因为有些知识比较基础,而且因为通过自学的方式可以提高学生的自主性、主动性,从而培养学生独立的探索精神。

在西方被誉为"直观教学之父"的捷克教育家夸美纽斯把培根的唯物主义感觉论运用于教师的教学过程当中。夸美纽斯认为,智慧不仅在于学习事物,而且在于感觉事物,知识永远必须来自感官,只有可刺激感官的事物才能

---

[1] 参见:雅斯贝尔斯.什么是教育[M].邹进,译.北京:生活·读书·新知三联书店,1991:200.

被认识——这里的事物是指真实的、有用的东西,人们会对从感觉得来的知识立刻相信,而对于先验的推理则需要诉之于感觉①。因此,在教学过程中,教师需要树立一种基于体验的教学观,为学生提供一种开放的氛围,使学生可以真实地感到周围的事物,这样才能促进学生的记忆与学习。正如,尝过一次糖,或者听到过夜莺唱过歌,糖的味道和夜莺的歌声就会被鲜明地记住。这种直观的教学方法创设了一种陶冶的氛围。

19世纪的教育家认为,教师不仅应教授给学生精确的知识,还应对学生进行道德教育;大学不仅应该帮助学生严格地在学科方面或专业方面取得发展,还应该增加学舍的厅堂,作为导师启迪学生和实施以全面发展为主的教育的场所;教师不仅应该讲授学术,而且应在教导方面与专业知识方面同样运用学术自由,在教育中包含道德内容②。教学应该为学生创设陶冶的氛围,陶冶作为一种唤醒人的内在品质的方式,目的是造就全面发展的人,通过一种潜移默化的方式对受教育者施加影响。陶冶有其方式上的区分:一是根据地位,二是根据一定的精神交往圈子,三是依据所控制的领域,四是根据陶冶机构的性质。陶冶的意义在于通过对一些模范人物的敬仰,通过一些图片、一些事例,受到一些感染,内心受到震撼,从而处于一种良好的氛围之中。对西方人来说,在古代就已定下了做人的标准。自从古希腊时代的教育思想结出丰硕成果之后,它就成了后代效仿的榜样,西方每一个伟大时代的出现都是重新接触和研究古代文化的结果,通过陶冶的方式,为学生创设真实的道德情境,从而对学生进行道德教育。对学生而言,掌握科学知识不是最重要的,精神生活的充实才是更重要的,教师在教学过程中,应注重发展学生的思维能力,促使学生的精神发展,因此,创设一种陶冶的氛围,不但需要关注学生的知识学习,而且要关注学生的精神生活。技术在教育领域中的运用,可以为教师与学生提供更多的工具与渠道进行交流。这种陶冶的氛围不仅是真实的形式,也包括虚拟的形式;这种陶冶的氛围不仅是一种自然的方式,也是一种结合非自然物的方式。

---

① 参见:夸美纽斯.大教学论[M].傅任敢,译.北京:人民教育出版社,1984:156.
② 参见:阿什比.科技发达时代的大学教育[M].滕大春,滕大生,译.北京:人民教育出版社,1983:86.

第三节 学习观:自觉自愿

美国著名的社会学家克拉克(Clark,1921—2009)和特劳(Trow,1926—2007)在他们所著《有机组织的发生与发展——决定大学生类型的因素》一文中,描述了美国学生的四种类型:第一类学生,他们上大学的主要目的是参加社会活动和体育活动,对学术生活并无兴趣;第二类学生,他们上大学的唯一目的是混取就业的资格;第三类学生,他们上大学的目的是专心致志于学术,他们忠于大学的传统;第四类学生,是"造反派",这类学生认为对常规采取敌视态度是自己的责任,他们鄙视传统。这些不同类型的学生,对学习的态度和观念呈现了不同的特点,然而无论这些不同类型的学生上学的目的是什么,他们的学习观如果是一种自觉自愿的学习观,在学习的过程中就可以有所收获。学习者被比喻为很多形象的事物——待塑造的蜡烛、待注满的空罐、待书写的白板,其中的含义都是学习应该是一种"吸收"的行为,学习者应该具有"吸收能力",具有一种自觉自愿的"吸收意识。"

现代技术在学校中的使用已经越来越普遍了,尤其是数字技术的发展使一种个性化的学习模式变得越来越重要。个性化的学习模式关注于个人的主动学习,学生需要具有主动探索的精神,具有自觉学习的意识,教师对学生的教学也是从学生的独特性出发。利用电脑技术,学生可以通过学习平台自由下载学习资料(比如说相关音频或者视频资料),这种个性化的学习模式依赖于学生的自主意识,教师在此过程中作为指导者。另外,这种学习模式可以更多地收集学生的学习信息,比如说学生的学习习惯、学习兴趣、学习弱点等,从而使学生可以进行自我监测,了解自己的学习状况,从而有针对性地进行下一步的学习。数字技术提供了大数据的平台,通过网络技术,学生还可以收到一些被推送的针对学习进度的学习资源。这种借助数字技术的学习方式更需要学生具有自觉自愿的学习观,以完成学习的自我管理。

一、学习应是一种自觉的行为

学习要以生命自觉为前提。从教育学的眼光来看,我们要为现在的时代培育什么样的新人?答曰:具有"生命自觉"之人。何谓"自觉"?其中"觉"有"直觉""觉悟"的意思,"觉"所指的对象是生命——此处的生命指个人的生命,"生命自觉"是指对个人对生命的觉解。叶澜认为,生命自觉是一种具有实践性的、主动性的活动,具有生命自觉意识的人在不断地进行自我的思考,试图探寻一些基本的哲学问题,探寻关于自我的问题,这种思考与探寻本身就是一种"内省"。生命自觉之人无论身处逆境还是顺境,总是充满了进取精神。生命自觉之人具有自我觉知、自我觉解、自我选择的意识和能力,这种能力特别体现在对人生意义有充分的觉知觉解,且能够将人生意义体现为具体的创造活动之中。[①] 生命自觉之人,能够将自身放置在特定的环境中去思考自我生命与所处环境的关系。

对生命自觉的思考需要基于对以下几个问题的思考:首先,了解所生存的环境,在这样的环境中可以做什么,什么是可以实现的,什么是不能实现的;什么是可以改变的,什么是不可以改变的;什么是必须要做的,什么是不必做的;怎样做才能有利于生命个体的发展。其次,了解如何通过生命自觉的方式来培养学生的自觉意识,学生在学习过程中是不是自觉的;什么样的方式能促进学生形成自觉的意识与学习习惯;课堂之外,学生是否能继续持有这种自觉的意识去应对其他事。追求生命自觉的教育理想,与人们的日常生活有着密切的关联,对于每一个作为独立个体的人,实现生命自觉的理想离不开人们的日常生活与交往。生命自觉之于受教育者而言,不是偶然的自觉,不是只体现在课堂中的自觉,不是只体现在学校里的自觉,而是一种贯穿在人们日常生活中的自觉。

学习的目的在于自觉地实践,布鲁纳(J. S. Bruner, 1915—2016)的学做的见解以及莱夫(Jean Lave)与温格(Etienne Wenger)在其实践群体的讨论中,都强调了必须联系人类认同的发展来理解学习。用布鲁纳的话来说,即便人们是在进行学习,他们在发展着的认同也将决定其学习的重点与内容。[②] 将学习视为一种由需求所驱动并形成认同的社会行为,我们才能理解学习是

---

① 参见:李政涛.生命自觉与教育学自觉[J].教育研究,2010(4):5-11.
② 参见:布朗,杜奎德.信息的社会层面[M].王铁生,葛立成,译.北京:商务印书馆,2003:134.

如何将人们结合在一起的。具有类似的实践和类似的资源的人们会发展出类似的认同,这些共同的认同促使人们形成各自的社会网络。学习的目的不仅仅是知识的掌握,更重要的是创设一定的情境使掌握的知识得以实践,这才是学习的应有之义。

从教育的实践哲学认识角度来说,人的活动是有意识的,有目的的,马克思在《关于费尔巴哈的提纲》中,不仅批判了旧唯物主义者和旧唯心主义者都未能关注的"现实的"活动,而且批判了旧唯物主义者和旧唯心主义者都未能从实践的视角理解思维和存在的关系问题。马克思认为,人类活动是具有实践意义的[1]。人利用自然规律以实现自己的目的,这种目的常常是有限的,从自然得来的(例如维持生存),但重要的是,目的可以与客观性相结合的关键是手段在二者之间的作用[2],产生和得到了远远超越有限目的的结果和意义。学习的过程应该是一种自觉的实践过程。

对已有的真理我们需要做的不是死记硬背,而是要从内心和行动上做到身体力行。阿什比提出,学生在最后总要毕业和走向社会,大学里惯行的相互平等原则及其影响,是否与毕业生在社会担任的职务有矛盾呢? 答案是否定的。[3] 四十年前的大学毕业生以循规蹈矩的人物为楷模,他们对于传统的价值观是从不怀疑的,因而是甘于维护的;他们对尊长是敬重的,不是因为他们聪明,而是因为他们年长;他们对于习用的原则、国家的法律和社会的传统,更是顺从的。可是这种人应付不了现代的社会。今日的模范人物是能够应变的受教育者,他们能在史无前例的情形下进行革新、改造和解决问题,他们必须具有从课堂和实验室中得到的专门知识,他们还必须具有从参加集体生活中得到的自信心,这种自信心就是他们在校长、教师和学生互相平等的集体中得到的。今日的学生应该学会如何应对多变的社会。

学生自觉的实践活动可以促使其将抽象的知识与具体的实践活动结合在一起。正如绝大多数学者的观点,识别事物的关系是真正有关智力的事情,因而也就是有教育意义的事情。但这一观点也存在一定的问题:学者们由于假定没有经验,没有尝试和承受的结合,就能领会事物的关系,他们认

---

[1] 参见:马克思,恩格斯.马克思恩格斯选集(第1卷)[M].中共中央马克思恩格斯列宁斯大林著作编译局,编译.北京:人民出版社,1995:56.
[2] 参见:黑格尔.逻辑学(下卷)[M].杨一之,译.北京:商务印书馆,1976:433.
[3] 参见:阿什比.科技发达时代的大学教育[M].滕大春,滕大生,译.北京:人民教育出版社,1983:74-75.

为只要"心灵"能集中注意,不论情况如何都能掌握事物的关系。而杜威十分重视实践活动的作用,他认为,由于我们所受的教育,我们以为文字就是观念,我们用文字来处理问题,这种处理方法实际上只是使我们知觉模糊,不再能认识困难①。因此,学生需要通过实践的方式,通过传递的途径来实现社会文明在人与人之间的传递,以此了解一些基本的生活准则及经验。

网络学习的方式可以为人们提供大量的知识与信息,真实情境下的学习实践活动可以提高人们解决问题的能力。网络时代,我们获得关于某种事物的知识比任何时候都容易多了,然而,我们在家中舒舒服服地获取有关澳大利亚袋鼠的信息,并不能缩小我们与澳大利亚从事研究的动物学家之间的差距;若想缩小这种差距,其中所需要的不仅仅是信息,还需要自觉地参与有关的实践活动。正确的学习观不仅要"知其然"——积累相关的数据、事实、信息,还要"知其所以然"——通过实践行动。实践决定了人们如何利用知识。在实际生活中我们可以看到这样的例子:一名学富五车的实习律师虽然掌握了一切正确的专业知识,但是面对案件还是感到无从下手。在虚拟的网络世界,具有共同实践和知识的群体,通过网站、社交软件、电子论坛等保持联系与沟通,网络技术使这一共同体可以无限扩大与延伸。以"慕课"为例:"慕课"兴起之初,有学者认为这种新的教育模式将取代传统的教育模式,但随着"慕课"的发展,有学者对这一观点进行了反思。"慕课"是在传统大学课程基础上形成的,"慕课"等在线学习不利于学生情商的培养,师生之间不能面对面地进行交流,教师不能对学生进行言传身教——至少缺失了身教的部分,在虚拟空间,学生缺少带有情感的真实交流。学校作为学生成长的空间,需要师生之间、生生之间真实的、面对面的成长体验。如何在"真实"与"虚拟"之间找到一个平衡点,实现技术与教育的有效衔接,才是问题的关键点。

二、学习应是一种自愿的行为

学习通常被视为供给方的事情,它被认为是跟随在教授、培训或信息传送之后,然而在更大更多的程度上,学习是由需求驱动的②。人们学习是为了对需要做出回应,当人们认为讲授的内容与其需要无关时,他们就会忽视它、拒绝接受它或不能以任何有意义的方式吸收它。反之,当人们感到有学习的

---

① 参见:杜威.民主主义与教育[M].王承绪,译.北京:人民教育出版社,1990:153.
② 参见:布朗,杜奎德.信息的社会层面[M].王铁生,葛立成,译.北京:商务印书馆,2003:132.

需要,而又有现成的学习资源可供利用时,人们就会学习得又快又好。学习不应是一种强制的行为,而应是一种自愿的行为。教育就是一种超生物(自然存在方式之上)的遗传方式[①]。这种遗传方式是一种外在的力量,人所独有的语言能力、思维能力、伦理道德是人区别于其他动物的社会产物和社会特征[②]。这也就是说,只有人才会有自愿追寻美好生活的思维和意识,这种自愿的思维与意识的存在促使人们能够自愿地去学习。

传统的教育者认为应该对学生教授大量的知识,尤其是对处于幼年的学生,不管这些学生是否懂得这些知识的真正内涵。学习知识是一种积累,等到学生具有理解力之后,他就会知道该如何利用这些知识。通常情况下,人们会认为,学习是使人从感性生活向理性生活转变的方式,人们始终相信,学生所习得的知识,终有一天会被理解,这正如对论语的学习,虽然儿童并不理解论语中的含义,但是学习的时间久了,就会慢慢地理解。而雅斯贝尔斯认为这种观点是站不住脚的,教育要导向学生的自愿学习才能起到效果,强迫式的教育方式并不能促进学生的学习,也不能发挥教育的作用,强迫式的教育方式会危害学生的精神,将学生引入一种对知识的有用性的诉求,另外,学习不是仅依赖于书本,也需要参与实践。雅斯贝尔斯的观点指出,自愿地学习知识是理解知识的前提,个人的主动性与自主意识在很大程度上决定了学习的成效,学生受到耳濡目染的熏陶,会产生潜移默化的力量。当然学习的方式也不能居于纯粹的精神探寻,而是应当包括一定的实践的体验。

人在自我成长的过程中,面临着三种类型的阻力,其一是人作为生物体的本性,其二是人的可塑性,其三是人的独有的内在特质。针对不同类型的阻力,需要采取不同的解决方法。首先,针对人作为生物体的本性,应该对人进行一定的训练,使人习得一些生存的基本法则;其次,针对人具有可塑性的特征,对人进行适当的教育,使之遵守一些基本的社会规范;最后,针对人的独有的不同内在特质,使人存在于不同的群体之中,并在群体中与他人进行交流。从人本身出发,需要加强人对以上方式的自愿行动。面对人在自我生成的过程中所遇到的三重阻力,都需要经过自我训练、自我教育与自愿交往,发挥个人的主动性,才能克服。

---

① 参见:桑新民.呼唤新世纪的教育哲学:人类自身生产探秘[M].北京:教育科学出版社,1993:110-116.
② 参见:李泽厚.批判哲学的批判:康德述评[M].天津:天津社会科学院出版社,2003:400.

教育意即儿童本能的生长，对学生进行道德教育，要坚持自愿的原则。杜威认为，教育不是一种强迫，而是要以人的生长为前提①。正如马克思主义德育观的观点，以人的全面发展为目标，从受教育者的立场出发，充分强调对人的个性的尊重，强调对人的自由的追求，不断提高受教育者的思想品德和自我修养。杜威认为，道德与生长是分不开的，只有生长自身才是道德的目的②。在人才培养过程中的道德教育，应该以"生长"为目的，这种生长是自发的过程，是道德主体自律和他律相统一的过程，是变化和发展的过程，是具有一定走向的过程，是伴随一个人人生始终的过程。美国教育家霍恩（H. H. Horne，1874—1946）指出，生长有多重类型，教育即生长中的生长指的是一种正当的生长，依据的是一种正当生长的标准③。在把握"生长"这一脉络的前提过程中，人才的道德标准的确定也是至关重要的。

认知是基于自愿的前提之下的，只有学生具有自愿的求知欲，并保持个人的相对独立性，认知能力才会得到一步步的提高。教育的任务是运用一切可利用的工具与资源，全面发展人的所有潜能，让学生清楚地认识到自己所担负的责任，为关涉个人的一切行动和信仰做出自己的决定。教育民主化的实现基于学生的自我教育，也就是说学生从客体变为主体，自愿地探索未知、不断创新，教育为每个人提供机会上的平等，根据每个人的特质，对其施与适合于其个人的教育。教育需要关注到两个重要的方面，其一是关注个人的不同表达方式，其二是关注个人的不同气质与才能④。受教育者本身应具有一定的主动性，对这样的受教育者施与的教育是不需要强迫的，正如鸟是一定会学习飞翔的，鱼是一定会学习游泳的，这些都不需要外界的强迫，当它们长到一定的程度就会去做这些事情。当一个儿童自发主动地去发现植物的生长样态，去发现玩具赛车的秘密，去发现自然中的新事物，教育者需要做的是对其进行鼓励与帮助⑤。在学校里学生不仅要从老师的教导中学习知识，而且要学习看待问题的态度，从而形成一种良好的思维习惯，对自己的一切行为负责。对各种权威知识要有一定的批判意识，反思并善于发现问题。

---

① 参见：杜威.杜威教育论著选[M].赵祥麟，王承绪，编译.上海：华东师范大学出版社，1981：131.
② 参见：杜威.哲学的改造[M].许崇清，译.北京：商务印书馆，2011：95.
③ 参见：单中惠.现代教育的探索[M].北京：人民教育出版社，2002：292-293.
④ 参见：联合国教科文组织国际教育发展委员会.学会生存：教育世界的今天和明天[M].华东师范大学比较教育研究所，译.北京：教育科学出版社，1996：105.
⑤ 参见：杜威.民主主义与教育[M].王承绪，译.北京：人民教育出版社，1990：169.

第四节　师生关系：从游

技术导致了文化的不稳定，传统意义上的以长者的教化权力为主的文化形式在逐渐弱化，长者已不再是权威的唯一存在。正如费孝通的观点，当文化处于不稳定状况时，当前的问题是不能单纯用传统方法来解决的，在这种情况下，教化权力就会随之缩小，亲子关系与师生关系也会受其影响[1]。在文化稳定的状况下，文化像一张生活图谱，人们可以按照问题去查照，年长者作为经验和文化的权威，当年幼者遇到问题的时候，可以向其进行请教，年长者是一种教者的存在，因此年长者享有一种被人尊敬的权利，人们也认为应当如此，应当对年长者敬重，这体现了一定意义上的长幼有序。基于此种文化的一种生活现象是人们总会在交流过程中客套地询问对方的年龄，这并非一种偶然的现象，而是一种传统文化，在此文化背景下的教育，则依赖于年长者的话语权威。技术使文化变得不稳定，过去意义上的长者为教者的传统被打破了，知识和文化的权威可能不再是年长者，年龄不再是一个必然的要素。年幼者在这种新的技术时代背景下，能有更多的机会掌握新事物，尝试新的项目，年龄在此种文化背景下反而变成了一种限制，成为一种僵化的难以改变难以适应的代名词。技术的介入使知识和经验不再掌握在长者或者教者的一方，长幼之间的关系被打破了，相类似的，教者与学者的关系也被打破了，在此背景下，教者与学者需要形成一种新的互动关系。这种互动关系是一种新的形式的"从游"关系，一种基于当下数字技术时代背景下的"从游"关系。

"从游"一词意指随从求学，清华大学终身校长、著名教育学家梅贻琦先生在《大学一解》中提出了"从游"[2]的概念。可将其理解为：学生跟教师学习，其中学习的场所学校被比喻为从游的环境"水"；教师和学生被比喻为从游的"鱼"；师生之间的关系犹如鱼儿游泳，大鱼在前引导，小鱼在后跟随，在小鱼

---

[1]　参见：费孝通.乡土中国[M].北京：北京出版社，2005：97.
[2]　参见：梅贻琦.大学一解[J].清华学报，1941(1)：1-12.

不断跟随大鱼游泳的过程中,小鱼受到了耳濡目染的影响。"从游"就是用知识去开启学生,用道德去感召学生,主要价值在于问疑答难,在朝夕相处中感受教师的气息和个性,掌握教师的思考模式,学会学习,并承接智慧,提升道德,在"随风潜入夜,润物细无声"之中跟着学,照着做,接着学,接着做,做下去。这不仅是知识的传承,更是文化的流传、事业的继承和个性的熏陶。[①] 教师所能传授给学生的道德知识是有限的,但对学生的影响不一定在课堂,更重要的是在日常的交流中,使学生得到教师全面的、生动的影响,因此,可以通过学术沙龙,研讨会等形式,增加与教师见面的机会,多与教师接触。通过这种方式不仅学到知识,更重要的是学到为人处世的方式方法,以及耳濡目染教师的道德修养与人格魅力,从而达到潜移默化地提升道德水平的效果。师生是大鱼与小鱼的关系,不是养鱼人与鱼的关系。换句话说,"从游"关系是一种伙伴关系,其最终目标是游向大海。

如果不考虑社会和历史背景,就教育本身而言,雅斯贝尔斯将教育归纳为"经院式教育、师徒式教育、苏格拉底式教育"三种类型[②]:一是经院式教育,教师只是照本宣科地传授知识,教材是一套固定的体系,人们崇拜权威作家及其书籍,教师是知识的代理人;二是师徒式教育,教师在教育中占中心位置,师生关系是学生对教师的一种服从关系,教师具有绝对的权威;三是苏格拉底式的教育,师生关系处于一种教育意义上的平等关系,教师与学生都不受制于特定的教学手段,教师引导学生自觉地探索未知,学生具有学习的主动性。上述三种类型的教育有一个共同的基础——学生对教师应持有一种敬畏之心,只是在不同的教育类型中程度有所不同:或是表现在知识学习方面,或是表现在技能习得方面,或是表现在精神追求方面。这种敬畏之心建立在教师与学生互相尊重的基础之上。

一、师生"我与你"

对师生关系的思考,可以借鉴马丁·布伯提出的关系世界的三种境界。马丁·布伯认为这三种境界分别是:一种与自然相关联的人生;一种与人相关联的人生;一种与精神相关联的人生[③]。从教育领域中的教师与学生的关

---

① 参见:王文凯.中国传统"从游"教育模式平议[J].湖北大学学报(哲学社会科学版),2011,38(6):111-114.
② 参见:雅斯贝尔斯.什么是教育[M].邹进,译.北京:生活·读书·新知三联书店,1991:7.
③ 参见:布伯.我与你[M].陈维纲,译.北京:生活·读书·新知三联书店,1986:20.

系视角来说,真正的师生关系是一种"我与你"的关系。在这种关系之中,教师将学生看作一个独立的完整的个体,帮助学生依照其特质发挥其潜能,教师与学生形成了一种伙伴关系。在这种伙伴关系中,二者都从对方的视角出发考虑问题。[①] 由此,教师可以与学生形成一种"我"与"你"的关系,教师不断地激发学生,肯定学生,将学生视为具有特定人格的个体,一种"我—你"的师生关系得以形成。

教育的最终成效取决于学校的教师及其对学生的影响。亚当斯(Adams)于1912年说道:"教师的地位可能是未来最为重要的教育理论问题……一个国家可能最终认识到教育的重要性,并把这一职业提高到一种受尊敬和光荣的地位,将国家的精华人才都吸收到这一行业中来。一位热情奔放的教育家总是梦想着造就主宰他人的教师和共和国的哲王……在将来,或许会再发现旧有的事实:一位天才的教育家身教同于言教。"个性对个性的影响会被认为是真正教育的本质之一,这些都在师生之间的互动中产生。无论是学生大学,还是先生大学,都体现了学生对学校事务的积极参与,体现了学生的话语权,也体现了一种师生之间的平等。

印刷技术在教育中的应用扩大了教育的规模,提高了教育的效率。基于数字技术的网络技术将人们带入了网络生存空间,网络技术应用于教育领域成为一种必然。它不是单纯地为了提供新的技术方法,或是为了提高教育的有效性,而是成为人们的一种生存方式、一种教育方式。网络的出现可以弥补那些在时空上不可相遇的人们,使那些志趣相投的人可以在虚拟的世界相遇,可以自由地进行交流。虚拟与现实世界是不冲突的,二者并不是非此即彼的关系,而是相互补充的关系。

在许多国家,教师一直作为一种权威的存在,教育活动是基于年长的教师对年轻的学生进行教学的一种教育过程。随着历史的发展和文明的进程,年长者作为知识和文化的传承者,一直处于一种教者的地位。但随着技术的发展,学校不再是传授知识的唯一场所,学生可以通过多种渠道获得日益丰富的知识内容。教师传授知识的任务遭遇了巨大的挑战,过去的权威型的师生关系被打破了,教师掌握的知识可能不再比学生多。技术在带来挑战的同时,也带来了机遇,技术为教师与学生之间的相遇创造了种种机会。正如马丁·布伯的观点:"我"与"你"的关系是一种对话的关系,是一种相遇的关系,

---

① 参见:布伯.我与你[M].陈维纲,译.北京:生活·读书·新知三联书店,1986:158-159.

是一种共同生活在一起的关系；类似地，教师与学生之间的关系也是一种对话的关系，一种相遇的关系，一种共同生活的关系[①]。师生之间应该由过去的传授关系转变为一种新的分享关系与对话关系。

二、师生对话

21世纪，人类面临的最大问题之一可能是与人相处的问题，或者说是人与人之间的"对话"问题，教育的本质也在于人与人之间的对话[②]。古希腊先哲苏格拉底提出了对话的教育方式，其对话内容是基于对生活事实的分析与理解。如果说对话是自由不羁的雅典人的生活方式，那么苏格拉底哲学的推理方式则有所不同：通过与各种不同人物的对话，苏格拉底不断地反思。这种对话不是普通意义上的对话，而是一种对精神与灵魂的探寻。苏格拉底认为，师生关系应该建立在一同追求真理的基础之上，在追求真理的路上相互帮助。师生对话是实现真理的一条路径，对话需要以环境为内容，进而在对话中发现思考的逻辑与意义。

技术时代，教育的过程需要将人作为一个整体的人，通过引导与对话的方式，使人的智力、判断力、情感处理能力等综合能力都得到发展，从而使人成为一个独立的个体。劳伦斯在《现代教育的起源和发展》(*Origins and Growth of Modern Education*)一书中，提出了这样的观点：儿童通过自身体验和发现来进行学习，在学习书本知识之前要接触实际东西，随着他们的成长和发展，他们的需求会不断变化，而教育必须适应他们变化的需要和兴趣，要根据各个儿童的能力进行教育，因此，研究儿童和他们的学习方式是教育的基础。儿童不是小大人，他们所受的教育不能照搬成人教育，这就如同儿童不能吃成人的饭一样，兴趣应作为一种学习的手段，在教育中能够也必须利用存在于儿童自身的自然力量。[③] 教育是一种自然成长，不能强制、施压或惩罚，师生之间正确的关系最为重要。儿童是通过在一起生活和学习，在相互为伴的情况下成长的，纪律是心灵的内在自我约束，而不应该是外部强加的命令。卡斯尔教授认为：教师必须在生活中接触到作为儿童一部分天赋的感情和思想机制，他首先要承认孩子"天赐"的禀赋，其次才是他所力图

---

① 参见：布伯.我与你[M].陈维纲,译.北京：生活·读书·新知三联书店,1986：7.
② 参见：魏贤超.教育,要回到人！要慢慢来！[J].中国德育,2014(12)：6-10.
③ 参见：劳伦斯.现代教育的起源和发展[M].纪晓林,译.北京：北京语言学院出版社,1992：序(Ⅵ).

传授的"天赐"知识,这种知识本身并没有绝对的价值,它仅仅是一种工具,是一个羹匙,它能够激起孩子的思想。因而,他会问道:"我在哪里,又怎么才能触到那产生求知和理智欲望的儿童天性的深处呢?"他便不会首先来问:"我能把我的多少知识灌进这个空罐子里呢?"教师要通过与学生进行对话的形式,来发现学生的兴趣与需求所在,从而有针对性地对学生实施适当的教育。

现代技术影响下,教师与学生之间的面对面接触越来越少,人与人的交流方式被数字技术所简化,这在一方面提供了很多的方便之处,增加了教师与学生的虚拟交流,但另一方面却使师生之间缺少了一些真实的交流过程,因此需要平衡这两者之间的矛盾。生物学意义上的教师与学生需要一种真实情感的交流,这种交流需要在真实的情境之下。师生之间的对话要建立在教师的耐心与温和基础之上:面对学生的进步,教师应该真诚地给予称赞;面对学生的缺点与不足,教师也应当给予鼓励。教师应该为学生提供一种轻松与舒适的学习环境:教室中有学生的崇拜之人的图片,布满各种温馨的学生作品,墙上贴着各种活动注意事项等,校园中种植着各种花草……在这样的环境之中,学生可以根据教师的指导开展学习活动。从主体间性的角度来看,师生关系取决于师生之间的交往方式,师生关系是一种哲学意义上的"我"与"他人"的关系。教师与学生的关系应该是平等的,没有任何人可以享受特权[1]。技术时代的师生关系应该是一种建立在互相尊重基础之上的对话关系。

三、师生共同体

技术为教师和学生提供了交流的平台,尤其是网络社区的形成为师生交流提供了虚拟的交流机会,从而有助于进一步形成虚拟世界的师生共同体,然而这是不够的。师生之间的交流主要依赖于一种真实的情境,一种真实生活中的师生共同体。在实体社会中,传统的师生关系主要依赖的是一种灌输式的教育方式,缺少师生之间的互动与交流,师生之间的关系是不平等的,而在技术时代,则可借助于技术的手段,实现教师与学生的平等关系[2]。在以网络技术为基础的网络空间中,教师不再是知识的占有者,学生也拥有平等的

---

① 参见:弗拉纳根.最伟大的教育家:从苏格拉底到杜威[M].卢立涛,安传达,译.上海:华东师范大学出版社,2009:169.
② 参见:魏贤超,等.教育原理散论[M].杭州:浙江大学出版社,2013:113-114.

知识占有权,人与人之间的交流是一种分享关系,是平等的。在这种情况下,教师对学生的指导更多地侧重于一种能力的培养、一种精神的引导,教师成为指导者,学生则作为主体存在。正如杜威的观点,教师与学生之间的关系应该是一种民主的平等关系,以此形成一个师生共同体。在这样的共同体中,不是仅有教师有发言权,学生也同样具有发言权,教师要根据学生的差异性进行教育①。这样的共同体才是具有民主特征的共同体。

师生共同体应该如同乡土社会中的人与人之间的亲密生活的共同体。德国历史哲学家、文化史学家斯宾格勒在《西方的没落》一书中认为西洋曾有两种文化模式:一种是亚普罗式的,认为人只需要遵守与维持宇宙所原有的秩序,乡土文化是亚普罗式的;一种是浮士德式的,认为宇宙原有的秩序消失了,文化陷入一种不确定性中,一切都处于一种变化的过程中,现代文化是浮士德式的。乡土文化建立的基础是人与人之间的长期亲密接触与共同生活,人与人之间是亲密的、熟悉的、相互了解的,人们生活在一个共同体中,年长者是年幼者的模范,年幼者可以将年长者的经验作为生活的参照②。在乡土社会中,我们可以发现,人与人之间是一种亲密的共同生活的关系。

一个显而易见的观念:教与学的互动推动了教育的继续发展。但是,过分形式化的观念会阻碍教育的发展。诚然,学校教育通过传递、沟通的方式促进师生之间的互动关系,促使教师与学生形成了一个共同体的关系。这正如杜威的观点,共同体是建立在一个共同的目的基础上形成的,这些目的与期望不能像分馅饼一样分给每个人一小部分,而是要像交换思想一样与每个人沟通与分享,一切沟通都具有教育性,通过沟通,人们扩大了自己的经验积累,也可能改变其原有的态度与想法③。多年来,英国大学认为高等院校最有效的教育手段是师生朝夕相处并实行教育活动的寄宿制度,德国高等教育委员会于1962年作的关于院校宿舍建议的备忘录,刚好证明德国正在讨论类似英国的想法。德国高等教育委员会建议建造的大学宿舍,其主要作用是从教育意义上考虑的:教育新生养成知识分子的生活方式,这个建议规定高低年级学生应当在一起生活,院长、副院长和导师要同住在学生宿舍里,而且把课

---

① 参见:杜威.人的问题[M].傅统先,译.上海:上海人民出版社,1965:26-27.
② 参见:费孝通.乡土中国[M].北京:北京出版社,2005:63.
③ 参见:杜威.民主主义与教育[M].王承绪,译.北京:人民教育出版社,1990:5.

堂讨论和学术座谈等补充课堂讲授的教学活动，也安排在宿舍里进行①。教师与学生的共同相处，可以起到分享不同经验、互相激发兴趣的作用。

  大学中的师生交往共同体应该是以活动为基础的精神交往共同体。大学应该充满人与人之间的精神交流，如果大学不时常组织相关的活动为学生之间的精神交流提供机会，那么大学就会成为一个缺少人文精神的场所②。对于学生而言，一同在大的班级里面受到教导也形成了一种共同体的氛围，在师生共同体中，教师可以作为一种榜样的存在对学生起到良好的作用。杜威认为，教育需要在一定的环境中进行，在一种真实的环境之中，产生一种潜移默化的作用，在这个环境中，教师与学生之间形成了一种良好的互动关系③。师生共同体为教育提供了这样一个互动的环境，尤其是在网络技术的支持下，可以直接或间接地进行教育活动。

---

① 参见：阿什比.科技发达时代的大学教育[M].滕大春，滕大生，译.北京：人民教育出版社，1983：19.
② 参见：雅斯贝尔斯.什么是教育[M].邹进，译.北京：生活·读书·新知三联书店，1991：151.
③ 参见：杜威.民主主义与教育[M].王承绪，译.北京：人民教育出版社，1990：13-14.

第五章 结语

技术在不断地侵占着教育的领地,正如弗洛姆提出的"占有"①的问题,教育日渐式微,教育会被技术取代吗?从人性的角度来分析,技术是不会代替教者的。虽然技术对教师权威提出了挑战,但是教者还是会存在,只可能是存在的形式发生了变化、角色发生了变化、任务发生了变化。面临新的技术环境所带来的种种机遇与挑战,应合理利用技术给教育带来的积极影响,积极面对技术给教育带来的消极影响,以此来探求技术时代教育的应有之义。

第一节 结论

本书从现实问题入手,穿插于教育与技术双重领域,实则是一部探讨教育本质与教育目的问题的著作,从正反思维,从因果思维,从古今思维,截取

---

① 参见:弗洛姆.占有还是生存[M].关山,译.北京:生活·读书·新知三联书店,1992:19.

一些片段来进行对比剖析。正如前面所说，本书既非面面俱到式的历史重述，也非哲学论证式的逻辑推理，而是运用一种碎片化的方式取一些节点，梳理一些事件，试图总结出一些已有的现象，分析出这些现象形成的一些可能原因，从而总结出当下一些可能的选择。

  技术时代背景下，我们需要继续思考的是：技术的进步引起教育工具的发展，由于技术的高度发展，未来会不会出现不再需要学校、不再需要教育的情形？伴随信息知识的爆炸式发展，教师是否会出现"教育失语"？教学内容会发生怎样的改变？教者与学者之间的关系是否会颠覆？技术作为研究对象在技术哲学领域已有比较成熟的研究成果——主要围绕技术与人、技术与社会的关系等问题，但鲜有专门著作涉及技术对教育影响的宏观研究。长期以来，在教育领域，关于技术对教育的影响主要集中在具体的教育技术方向，而从教育哲学、技术哲学的角度剖析技术对教育宏观影响的研究比较薄弱；在研究方法上，也主要采取具体的技术操作，或者纯粹学理的研究。本书从以下几个方面做了初步的探讨：首先，在研究视域上，从技术哲学、教育哲学等相结合的视野，对技术对教育的影响展开历史与逻辑的分析研究；其次，在研究内容上，主要从宏观的研究视角研究技术对教育的影响，从而分析出在技术高速发展的时代背景下教育的应有之义；最后，在研究方法上，主要运用定性研究的方法来对问题进行深入的分析。本书试图回答几个问题：技术时代教育的目的是什么？技术时代的教师观、学习观、师生关系应该是怎样的？回答这些问题以得出一个大致宏观观念的方向。具体来说，下面将从四个方面来展开陈述本书的主要观点。

  一是，技术对教育有积极的影响作用。

  我们见证了技术的巨大进步，技术为人们带来了新的虚拟生活环境。技术影响了孩子和成年人的日常社会生活，很难想象当代人们的生活如果没有现代技术会是什么样子[①]。技术的出现成为学校教育者热衷于学校改革和学生学习的催化剂。现在的学生，生活在用技术交流、用技术从事社会活动的环境下，同样的，技术被用于对学生的评价上，学校管理者可以通过技术的手段及时地对学生的学术弱项和强项进行诊断，从而进一步有效地促进学生学

---

① Tynjälä P, Stenström M L, Saarnivaara M. Transitions and Transformations in Learning and Education[M]. Dordrecht: Springer, 2012: 291.

业成绩的提高①。由于科学技术的迅猛发展,当今世界的变化越来越快、越来越大了,这个变化最终会怎样,还是不确定的,但是这些不确定的变化,已经极大地影响了经济发展、人们的生活、人与人之间的关系②。从乐观哲学的角度来看,人们对进步的理解,就是生活水平随着经济增长而不断提高,而所谓生活水平是人民的身体健康、教育和物质享受,尤其是一般人民所享受的种类繁多的消费品,在 20 世纪前半期,进步在教育领域的表现为受教育成为一般人的权利了③。

网络技术的革命性发展极大地影响了人们的日常生活,甚至改变了人们的思维方式、交流方式,以及知识的生产和传播方式。网络技术打破了人们对距离的原有认识,距离已不再是人与人交流的障碍,在网络的虚拟空间中,距离的问题已经被人们忽略了,甚至说通过网络与远距离的朋友联系,由于时差的原因,远距离的朋友反而感觉好像很近④。知识以前所未有的速度进行更新,这就要求教师要紧跟知识更新的速度;学生可以轻易地获得海量知识,这就要求教师要以学生为中心;国家需要面对全球化人才竞争,这就要求学校要研究新的教学模式。网络技术实现了教育资源在全球范围内的共享,为当今的教育改革带来了巨大的动力,数十年来,人们看到了技术对教育的重塑过程,一种"泛在学习"的方式正在悄悄地使学习者脱离时空的限制。

从科学技术的角度来分析教育问题,早在杜威《民主主义与教育》一书的序言中就有这样的表述:"本书所阐明的哲学,把民主主义的发展和科学上的实验方法、生物科学上的进化论思想以及工业的改造联系起来,旨在指出这些发展所表明的教材和教育方法方面的变革。"⑤技术是人类发展和社会进步的标志;技术的发展与社会的发展密切相关,是社会发展的杠杆;人类用技术作为推动社会发展的动力,教育随着人类社会的产生而产生,并随着人类社会的发展而发展,是人类社会所特有的现象。伴随技术的发展历史,教育受到了积极的推动作用。在口头语言、书写文字、印刷技术、模拟技术、数字技术的发展过程中,知识的传播方式在不断改变,教育的规模与范围也在不断

---

① Whitehead B M, Jensen D, Boschee F. Planning for Technology[M]. Thousand Oaks: Corwin Press, 2013:1-3.
② 参见:费孝通. 简述我一生的写作[J]. 群言,2000(1):19-21.
③ 参见:阿什比. 科技发达时代的大学教育[M]. 滕大春,滕大生,译. 北京:人民教育出版社,1983:1.
④ 参见:尼葛洛庞帝. 数字化生存[M]. 胡泳,范海燕,译. 海口:海南出版社,1997:208.
⑤ 参见:杜威. 民主主义与教育[M]. 王承绪,译. 北京:人民教育出版社,1990:序.

地扩大,教育经历了从传统的教育方式到现代化的教育方式的转变。尤其是基于数字技术的网络技术对教育领域带来了巨大的影响,促进了教育形态的变迁与发展,推动了教育改革的进行。

二是,技术对教育有消极的影响作用。

在传统学校中,教学的主要目的是传递知识,数字技术的发展使知识在大范围内实现了共享。通过网络技术,传统教师的教学课件、教学大纲被上传到网络上,知识不再仅仅被年老的教师所掌握,年轻的学生也可以通过网络掌握大量的知识,传统学校传授知识的功能被弱化了。另外,教育不仅是为了学习知识,还为了促进人与人之间的交流,而数字技术在一定意义上阻碍了这种人与人真实交流的机会。

在教育领域中,现在很多研究都是基于技术理性的思维方式。在一定意义上,这种思维方式是系统的,认为技术是价值无涉的,将"人"等同于"物",一味地追求效率。如果想摆脱其局限性,那么我们需要的是一种可选择的批判性工具,马尔库塞基于对个人与社会各个方面的关系的分析形成了其技术批判理论。技术与人,应以人为"道",以术为"器",将几个不同的领域联通起来。在一定程度上,这是一种人为的划分,但是确实是一种有意义的方法。换句话说,教育研究者必须扩大研究的范围,将历史的和哲学的视角融入研究当中,才能更全面地理解技术在教育中的影响,正如托马斯·波普科维茨教授的观点:如果你习惯只用一种方式认识和看待世界,很容易陷入机械和定势,那么你会丧失掉很多的可能性选择[1]。本书提供了一个窗口,透过这个窗口,教育研究者和实践者可以意识到:他们正在做什么,这背后的前提假设是什么,这样做的优势与局限性是什么,有没有其他的可选择性。

信息技术的发展将一些约定俗成的概念重新定义,书本被描述为信息容器,图书馆被描述为信息仓库,大学被描述为信息提供者,而学习则被描述为吸收信息,组织被视为信息协调者,会议成了信息整合者,谈话成了信息交换,市场则成了信息驱动的刺激与回应[2]。所有的事物都从信息技术的视角出发来定义,而这样的生搬硬套并不能解决所有的问题,反而扭曲了人的重要属性。罗马俱乐部在发表的第一份研究报告《增长的极限》(*The Limits to*

---

[1] 参见:赵婧."碎片化"思维与教育研究:托马斯·波克维茨教授访谈录[J].全球教育展望,2012(10):3-7.
[2] 参见:布朗,杜奎德.信息的社会层面[M].王铁生,葛立成,译.北京:商务印书馆,2003:21-22.

Growth)中警告人们:人类不断地进行改变自然的活动,这些活动都是不可逆的,人类将面临巨大的困境①。有些学者甚至预言:世界将在公元 2100 年前崩溃。为了解决人类的生存危机,罗马俱乐部提出了各种应对方案,比如第一份方案——"零增长"方案。这一方案主张人类社会不应再进行任何的增长和发展,而应该停止进步,从而使技术、经济、工业生产和人口等都能实现"零增长"。再比如第二份方案——"有机增长"方案。这一方案是在《人类处于转折点》②(Mankind at the Turning Point)报告中构想出来的,认为现今的世界是由各部分组成的有机集合体,特别是在全球危机的新条件下,世界面临着共同的难题,要解决这些难题,人类必须自我克制,停止经济增长,停止技术进步。虽然罗马俱乐部对技术进步的批判与质疑引发了人们对这一问题——技术的进步使人们的精神萎缩——的关注,但人们不得不与技术联系在一起。即使是这样,即使人们受制于技术,也需要以奋斗的精神来解决当下的问题,因为人始终是人,而不是物。

三是,技术是不可逆转的,教育也是必不可缺的。

我们深知,技术的发展是不可逆的,我们不可能回到过去没有技术的时代。举些形象的例子:从前人们想要环球旅行,必须乘坐轮船,花很长的时间;如今人们可以乘坐火箭,一天之间就可以环绕地球几圈。技术一直处于不断发展的过程中,为什么在当下对教育产生如此重大的影响?关于这一问题的探讨,可以借鉴尼葛洛庞帝的论述:这一切为什么发生在今天?因为变革是呈指数发展的,越发展到后期发展的速度和变化的程度越会产生一种巨变③。技术的飞跃与发展已是势不可挡、无法逆转,新技术在不断地将人们推向未来,因此人们需要集中精力关注于新技术,为技术时代培养未来的人才,从而实现技术社会教育的理想。

技术的革命已经极大地改变了传统的教育,扩大了学生可以学习的范围,提高了学生学习的自觉性。学校教学更关注于思考性的教学方式,对不同年龄阶段的学生实施不同的教育方式。学校作为向年轻一代有秩序地实施教育的机构,是为了培养对社会发展有贡献的人,并通过学校教育的方式使学生具备从事一定工作的能力和技能,因此,学校不仅现在是实施教育的

---

① 参见:米都斯,等.增长的极限[M].李宝恒,译.长春:吉林人民出版社,1997:166.
② 参见:梅萨罗维克,佩斯特尔.人类处于转折点[M].梅艳,译.北京:生活·读书·新知三联书店,1987:5.
③ 参见:尼葛洛庞帝.数字化生存[M].胡泳,范海燕,译.海口:海南出版社,1997:13.

重要场所,而且将来仍然是这样的机构。在现代社会中,要处理通过多种渠道获得的信息需要具备系统的知识与能力,而这些知识的学习和能力的训练则是在学校这种有组织的教育场域中进行的。学校的任务在于对人的才能的发现与培养,以及对人的性格的打磨与训练。

有人担心计算机的出现会使教师面临失业的危险,但事实并非如此。印刷技术推动了印刷物的大量出现,但教师的课堂授课时间并未因此而减少;数字技术的飞速发展使人们可以通过网络获得大量的知识与信息,但传统教育的形式依然存在。教育的过程需要师生之间面对面的互动与交流,师生之间交流的不仅仅是知识本身,还有情感的、精神的等内容,这些内容都需要教师与学生直接地交流才能实现。学生需要一种耳濡目染的教育,需要一种润物无声的教育,需要一种慢教育。技术对教育提出了种种挑战,作为教育者只有勇敢地坚持下去,才能实现教育对人的改造。学校教育需要培养学生思维的能力,知识的掌握、技能的获得和思维的训练需要综合起来进行。训练思维需要和提高行动的效率以及我们生活的世界的知识联系起来,缺少思维的技能容易被权威控制和利用;缺少行动的知识是死知识,容易使人产生一些不好的情绪。学校的任务是设置一个可以促使学生智力发展和道德成长的环境。

四是,反思技术时代教育的应有之义。

技术时代,人们不应一味地无条件接受技术,也不应完全地否定技术,技术应该为人所用,人们应该超越技术的限制,从一个新的视角反思技术的价值是什么。正如雅斯贝尔斯认为的,社会成为一种技术化的存在,在这个场域内,人已经不在了,教育面临的挑战是重新在技术场域内找回教育、找回人,技术是一种人们不得不考虑的因素,社会的发展不会倒退,应该在这样一个技术环境中,将技术作为一个前提,为人所用[①]。在技术理性充斥社会的背景下,为了解决人类所面临的种种问题,需要从一种对本质的反思中寻求答案。

现代社会处于急剧变化之中,学校教育的死板导致培养的学生缺少创新的意识和能力,这样的学校理应进行改革,但至于该不该废除教育,还是一个值得深思的问题,这就回到了学校教育的目的是什么这个基本问题上。对于这个问题的回答,在不同时代所呈现的答案也是不尽相同的。当下的技术时

---

① 参见:雅斯贝斯.时代的精神状况[M].王德峰,译.上海:上海译文出版社,1997:172.

代,学校的目的表现出一种培养"技术人"的倾向。

继印刷术发明之后,网络技术的兴起又一次给高等教育界带来了一场革命性的影响,美国大学教授协会(The American Association of University Professors,简称 AAUP)认为通过积极的讨论可以更好地利用网络技术。美国大学教授协会专门成立了一个委员会,对一些基本教育问题进行了讨论。比如说,一个受过良好教育的公民是对社会有价值的;高等教育不仅是为了学生未来的职业做准备或只是提供一些课程,教学并不是简单地提供一些课程知识,学习不是简单地接受一些知识;教学应该是学生、教师和课程资料三者之间的相互作用,学习内容包括提高追求和创造新知识的能力。与键盘和电脑屏幕的简单交流并不能给学生带来面对面的与一群真实的个体接受教育相同的经验,除非学生的整个未来都是基于虚拟的世界,实际上学生必须从真实的世界获得一些教育经验,从而和真实的人们进行交流。因此,美国大学教授协会提醒学生不应只通过电脑来进行学习,这样会遗失一些很关键的经验。学校重视用符号所呈现出来的专门知识,人们对教育的通常概念忽视了教育的社会必要性,把教育等同于传授知识,通过符号传递学问。因此,当下需要解决的一个重要问题是如何平衡正规与非正规的教育。学校不应该仅仅成为制造知识"专家"的场所,学校应该关注于人的交往的需要,从而形成个人的品性。

面对网络社会种种道德上的悖论,教育该当如何？是消极设防乃至否定,还是积极应对、因势利导？答案当然是后者。网络作为一种技术手段,它不会是天然合理的,也不可能是天然不合理的,对于人类发展来说,它存在着多种乃至相反的可能性,关键在于人的自觉选择。教育作为一种人的发展的自觉手段,它所要完成的任务是赋予人以自觉选择的意志与能力。从网络社会道德发展的角度来看,教育要促使人能够充分利用网络作为道德教育的手段,作为自我道德发展的台阶;另外,教育需要培养人的批判能力、独立思考能力。面对技术应该从一种人文视角来关照教育,以此来避免一种因为技术理性而导致的人的异化问题,否则,在技术时代下成长的儿童将会因为这种人文关照的缺失而缺失人性,为技术理性所左右。教育的使命在于引导人们做出道德的选择,在正确价值导向下,充分发挥网络的优势,通过人—机—人的互动而逐步孕育出诸如独立判断等适应当下社会的能力与品格[①]。技术带

---

① 参见:鲁洁.当代德育基本理论探讨[M].南京:江苏教育出版社,2003:224-227.

来的虚拟世界中,更需要人能形成一种道德的自觉,以及养成一种自觉自愿的学习观。

有些人认为网络会使人们的生活变得更加高效,但与此同时,人们每天花费大量的时间来让事情变得更高效。效率应该是一种手段,而不是目的,最大的问题是,人们要常常问自己:我们应该如何生活?教育应该是什么?网络并不能改变人们思考这些终极问题的方式,而人们所读的书以及与之交谈的人可以帮助人们来思考这些问题。

回到教育的本真,教育应该是一种人的自然生长的过程。埃吕尔对技术进步是持批判态度的,他认为技术进步总是有多重含义的①。这表现在:一切技术进步都是有其代价的;技术提出的问题要比它解决的问题更多;技术的不良后果与有益影响是不可分离的;每项技术都隐藏着无法预料的后果②。因而,技术进步对教育的影响具有双重性的作用。既要看到技术的积极一面,也要看到技术的消极一面,不过分依赖技术,也不拒绝技术,从中寻找到平衡点,以便保有教育的本真。

第一,教育要回到人。未来的教育不再是一味地追求效率,而是随着技术的进步,教育上的统一生产(大批学生集中在学校里学习,统一的学纪、正规的学时等)大多成为不必要了,学生可以通过电脑信息系统取得大量学习参考资料,在家里面或者在宿舍里进行自由的有针对性的学习③。教育要培养生命自觉之人。生命自觉是人的精神世界能量可达到的一种高级水平。它不仅使人在外部世界沟通、实践中具有主动性,而且对自我的发展具有主动性。④ 教育要回到人的自觉。

第二,教育要回到过程。怀特海(A. N. Whitehead)从机体哲学的视角出发,认为人的生长是一个成长的过程而不是纯粹的效率优先,注重结果。杜威认为,知识的获得不是个体"旁观"的过程,而是个体"探究"的过程。教育并不是一件"告诉"和被告知的事情,而是一个主动的和建设性的过程⑤。教育就是在这样的生成过程中,实现教育中的人的生长。教育要回到慢慢来

---

① 此段参见笔者论文:胡伟. 埃吕尔技术哲学思想及其对教育研究的影响[J]. 教育学报,2013, 9(6):28-34.
② Ellul J. The Technological Order[J]. Technology and Culture,1962,3(4):394.
③ 参见:托夫勒. 未来的冲击[M]. 孟广均,吴宣豪,黄炎林,等译. 北京:中国对外翻译出版公司,1985:242.
④ 参见:李政涛. 生命自觉与教育学自觉[J]. 教育研究,2010(4):5-11.
⑤ 参见:杜威. 民主主义与教育[M]. 王承绪,译. 北京:人民教育出版社,1990:42.

的过程。

第三,教育要回到生活。奈斯比特认为,我们引进社会的技术越多,人们越愿意往一块聚集,越希望和其他人在一起[①]。生活的真正意义是"我"与"你"、"我"与"他",面对面地真实地在一起。赵汀阳认为,只有人才会有理想问题,因为人是创造性的,所以人的生活不仅仅是生存,不仅仅是一个生命过程,对于人,才有"生活"和"生命"的区别。生存的存在前景是必然的前景:特定的刺激会引起特定的反应,生命由成熟到衰老以至死亡,如此而已;生活的存在前景则是可能的前景:生活是作品,生活前景是"可能生活",生活的意义是在创造中产生的[②]。教育要回到有意义的生活,教育要回到人,回到过程,回到生活,回到终身学习,这也是技术作用于教育的本真所在,即促使人的生长。但未来又是充满着不确定性的。即将到来的是一个终点,还是一个起点?[③] 无论是终点还是起点,教育终归要回到人这一主题,这是不会变的。

第二节 问题

此处的问题是指在本书中未能具体阐述清楚(有待补充完善)的问题,以及书中还没有回答完(有待后续研究)的问题。这样的问题可能是有研究难度的问题,也就是目前还没有研究者能充分回答出来的问题;还可能是限于笔者个人能力未能回答的问题,这主要受限于个人对研究主题的认识与知识积累;亦可能是限于有限的研究时间未能进一步深入的问题,这样的问题需要在后续的阶段进一步进行研究。

本书的主旋律是批判,此处的批判所针对的对象并不是不正确的事物,也并非为了批判而批判。批判是为了揭示问题现象背后的理性部分,试图去表明,事物并非简单存在于人们的所观之中,是一种不言而喻的存在,而是以

---

① 参见:奈斯比特.大趋势:改变我们生活的十个新方向[M].梅艳,译.北京:中国社会科学出版社,1984:44.
② 参见:赵汀阳.论可能生活:一种关于幸福和公正的理论[M].北京:中国人民大学出版社,2004:81-83.
③ 参见:雅斯贝斯.时代的精神状况[M].王德峰,译.上海:上海译文出版社,1997:20.

一种解释的方式,去呈现现象背后更深刻的问题。正如福柯的观点:"所谓批判,是这样的问题:指出我们所接受的实践建立在什么样的假设基础之上,即建立在什么样熟悉的、未引起挑战的和未经思考的思想模式的基础之上。"[①]在一定程度上,批判使原本可能看似简单的问题变得更加复杂,但同时也提供了一种让人们看清事物本质的方式。对于本书中的关键词之一"技术",对其进行批判性研究的论文主要从技术哲学的视角入手。本书借鉴技术哲学学科的相关理论对技术进行了一定的批判,这样的批判限于已有研究者对这一问题的认识,随着时代背景的变化也在不断地发生变化:从过去的片面地一味否定,到从多个角度进行批判式的反思。本书中也体现了这一研究趋势的变化,但相关的论述还不够具体与充分,而只是选择其中相对具有代表性的理论观点。这种选择限于笔者的个人认识。

具体来说,本书有待于进一步探索的问题大致包括以下几个方面:(1)借鉴技术哲学中所涉及的实体理论和技术批判理论中的观点,将技术作为意识形态的批判,运用社会建构论的观点对技术进行解构与建构,在这些新的技术哲学理念影响下,从一种知识与权力的世界观察教育场中的技术现象。(2)批判不是为了否定,而是为了对一些基本的问题有更清晰的认识,或者为了提供一种可能的选择。可以结合未来学、社会学、教育学、技术哲学等相关学科的理论与观点,进一步具体描绘出未来教育的可能图景。

---

① Foucault M, Kritzman L D. Politics, Philosophy, Culture: Interviews and Other Writings, 1977-1984[M]. New York: Routledge, 1988: 154-155.

参考文献

(一) 外文文献

[1] Apple M W. Ideology and Curriculum[M]. 2nd ed. New York: Routledge,1990.

[2] Beniger J R. The Control Revolution: Technological and Economic Origins of the Information Society[M]. Cambridge: Harvard University Press,1986.

[3] Brockman J. Is the Internet Changing the Way You Think? [M]. New York: HarperCollins Publishers,2001.

[4] Bronner S E. Critical Theory: A Very Short Introduction[M]. Oxford: Oxford University Press,2011.

[5] Burbules N C, Warnick B R. Philosophical Inquiry[M]// Complementary Methods for Research in Education. 3rd Edition. Washington, DC: American Educational Research Association,2006.

[6] Castle E B. Ancient Education and Today[M]. Harmondsworth: Penguin Books Inc,1961.

［7］Chang K C. Food in Chinese Culture: Anthropological and Historical Perspectives[M]. New Haven: Yale University Press,1977.

［8］Collins J W, O'Brien N P. The Greenwood Dictionary of Education[M]. Westport,CT: Greenwood Press,2003.

［9］DeFleur M L, Ball-Rokeach S. Theories of Mass Communication[M]. White Plains,NY: Longman,1989.

［10］Ellul J. The Technological Order[J]. Technology and Culture,1962,3(4):394.

［11］Ellul J. The Technological System[M]. New York: Continuum,1980.

［12］Ellul J. The Technological Society[M]. New York: Vintage Books,1964.

［13］Finn J D. A John Dewey Society Paper: A Walk on the Altered Side[J]. The Phi Delta Kappan,1962,44(1):29-34.

［14］Foucault M, Kritzman L D. Politics,Philosophy,Culture: Interviews and Other Writings,1977-1984[M]. New York: Routledge,1988.

［15］Foucault M. The Order of Discourse[M]. London: Routledge,1981.

［16］Ihde D. Philosophy of Technology,1975-1995[J]. Techné,1995,1(1):8-12.

［17］Ihde D. Postphenomenology: Essays in the Postmodern Context[M]. Evanston: Northwestern University Press,1993.

［18］Jaspers K. The future of Mankind[M]. Chicago: University of Chicago Press,1961.

［19］Kant I. Education[M]. Ann Arbor: The University of Michigan Press,1960.

［20］Kerchhove D D. Brainframes: Technology,Mind and Business[M]. Utrecht: Bosch & Keuning,1991.

［21］McKibben B. The Age of Missing Information[M]. New York: Random House,1992.

［22］Meyrowitz J. "Mediating Communication: What Happens?"[M]//Downing J, Mohammadi A, Sreberny-Mohammadi A. Questioning the Media: A critical Introduction. Thousand Oaks: Sage Publication,1995.

［23］Mitcham C. Thinking through Technology: The Path between

Engineering and Philosophy [M]. Chicago: University of Chicago Press,1994.

[24] Mumford L. Technics and the Nature of Man[J]. Technology and Culture,1966,7(3):303 – 317.

[25] Pei M. The Story of Language[M]. Philadelphia: Lippincott,1965.

[26] Popkewitz T S, Franklin B, Pereyra M. Cultural History and Education: Critical Studies on Knowledge and Schooling[M]. New York: Routledge,2001.

[27] Popkewitz T S, Brennan M. Foucault's Chanllenge: Discourse, Knowledge,and Power in Education[M]. New York: Teachers College Press,1998.

[28] Popkewitz T S. A Political Sociology of Educational Reform: Power/Knowledge in Teaching, Teacher Education and Research[M]. New York: Teachers College Press,1991.

[29] Popkewitz T S. Cosmopolitanism and The Age of School Reform: Science, Education, and Making Society by Making the Child[M]. New York: Routledge,2008.

[30] Popkewitz T S. Struggling for the Soul: The Politics of Schooling and the Construction of the Teacher[M]. New York: Teachers College Press,1998.

[31] Popkewitz T S, Tabachnick B, Szekely B. Studying Teaching and Learning of Schooling: Trends in Soviet and American Research[M]. New York: Praeger,1981.

[32] Popkewitz T S, Tabachnick B, Wehlage G. The Myth of Educational Reform: A Study of School Responses to a Program of Change[M]. Madison: University of Wisconsin Press,1982.

[33] Popkewitz T S, Tabachnick B. The Study of Schooling: Field Based Methodologies in Educational Research and Evaluation[M]. New York: Praeger,1981.

[34] Popkewitz T S,Gustafson R. The Alchemy of Pedagogy and Social Inclusion/Exclusion[J]. Philosophy of Music Education Review, 2002, 10 (2):80 – 91.

[35] Popkewitz T S, Brennan M. Restructuring of Social and Political Theory in Education: Foucault and A Social Epistemology of School Practice [J]. Educational Theory,2005,47(3):287-313.

[36] Vinson K D, Wilso M B. A Review of "Why Foucault? New Directions in Educational Research"[J]. Educational Studies, 2008,44(1): 83-90.

[37] Popkewitz T S. Paradigm and Ideology in Educational Research: Social Function of the Intellectual[M]. London: Falmer Press,1984.

[38] Prensky M. Digital Natives,Digital Immigrants Part 1[J]. On the Horizon,2001,9(5):1-6.

[39] Prensky M. Digital Natives,Digital Immigrants Part 2:Do they really think differently? [J]. On the Horizon,2001,9(6):1-6.

[40] Prensky M. Sapiens Digital: From Digital Immigrants and Digital Natives to Digital Wisdom[J]. Journal of Online Education,2009,5(3):1-9.

[41] Rogers E. Communication Technology: The New Media in Society [M]. New York: Free Press,1986.

[42] Rogers P L. Designing Instruction for Technology-Enhanced Learning[M]. Hershey: IRM Press,2003.

[43] Saffo P. Paul Saffo and the 30-year Rule[J]. Design World,1992 (24):16-23.

[44] Scheffler I. The Language of Education[M]. Springfield: Charles C Thomas,1960.

[45] Soltis J F. An Introduction to the Analysis of Educational Concepts[M]. 2nd ed. Reading,Mass. : Addison-Wesley,1978.

[46] Southworth G. Learning Centered Leadership: The Only Way to Go[R]. Australia: Australian Council for Educational Research,2003.

[47] Sparrow B, Liu J, Wegner D M. Google Effects on Memory: Cognitive Consequences of Having Information at Our Fingertips[J]. Science,2011,333(6043):776-778.

[48] Spencer H. Education: Intellectual, Moral, and Physical[M]. London: Watts& CO. ,1949.

[49] Taylor F W. The Principles of Scientific Management[M].

Norcross：Prism Key Press，2011.

［50］Tynjälä P，Stenström M L，Saarnivaara M. Transitions and Transformations in Learning and Education[M]. Dordrecht：Springer，2012.

［51］U. S. Department of Education. E-learning：Putting a World-Class Education at the Fingertips of All Children[R]. Washington，DC：U. S. Dept. of Education，Office of Educational Technology，2000.

［52］U. S. Department of Education. Getting America's Students Ready for the 21st Century：Meeting the Technology Literacy Challenge，A Report to the Nation on Technology and Education[R]. Washington，DC：U. S. Dept. of Education，Office of Educational Technology，1996.

［53］U. S. Department of Education. Toward A New Golden Age in American Education：How the Internet，the Law and Today's Students are Revolutionizing Expectations［R］. Washington，DC：U. S. Dept. of Education，Office of Educational Technology，2004.

［54］U. S. Department of Education. Transforming American Education：Learning Powered by Technology[R]. Washington，DC：U. S. Dept. of Education，Office of Educational Technology，2010.

［55］Whitehead B M，Jensen D，Boschee F. Planning for Technology[M]. Thousand Oaks：Corwin Press，2013.

（二）中文文献

［1］弗拉纳根. 最伟大的教育家：从苏格拉底到杜威[M]. 卢立涛，安传达，译. 上海：华东师范大学出版社，2009.

［2］维特根斯坦. 逻辑哲学论[M]. 郭英，译. 北京：商务印书馆，1962.

［3］沃特斯. 现代社会学理论[M]. 杨善华，等译. 北京：华夏出版社，2000.

［4］弗莱雷. 被压迫者教育学[M]. 顾建新，赵友华，何曙荣，译. 上海：华东师范大学出版社，2001.

［5］拉普. 技术哲学导论[M]. 刘武，等译. 沈阳：辽宁科学技术出版社，1986.

［6］博尔诺夫. 教育人类学[M]. 李其龙，等译. 上海：华东师范大学出版社，1999.

［7］盖伦. 技术时代的人类心灵[M]. 何兆武，何冰，译. 上海：上海科技教

育出版社,2003.

[8] 哈贝马斯. 交往行动理论(第一卷)[M]. 洪佩郁,蔺菁,译. 重庆:重庆出版社,1994.

[9] 哈贝马斯. 作为"意识形态"的技术与科学[M]. 李黎,郭官义,译. 上海:学林出版社,1999.

[10] 海德格尔. 海德格尔选集(下)[M]. 上海:上海三联书店,1996.

[11] 海德格尔. 人,诗意地安居:海德格尔语要[M]. 郜元宝,译. 桂林:广西师范大学出版社,2000.

[12] 海森伯. 物理学家的自然观[M]. 吴忠,译. 北京:商务印书馆,1990.

[13] 赫尔巴特. 教育学讲授纲要[M]. 李其龙,译. 台北:五南图书出版有限公司,1989.

[14] 黑格尔. 逻辑学(上卷)[M]. 杨一之,译. 北京:商务印书馆,1986.

[15] 黑格尔. 逻辑学(下卷)[M]. 杨一之,译. 北京:商务印书馆,1976.

[16] 黑格尔. 小逻辑[M]. 贺麟,译. 北京:商务印书馆,2004.

[17] 黑格尔. 哲学史讲演录(第一卷)[M]. 贺麟,王太庆,译. 北京:商务印书馆,1981.

[18] 胡塞尔. 欧洲科学危机和超验现象学[M]. 张庆熊,译. 上海:上海译文出版社,2005.

[19] 霍克海默,阿多诺. 启蒙辩证法[M]. 渠敬东,曹卫东,译. 上海:上海人民出版社,2003.

[20] 加达默尔. 哲学解释学[M]. 夏镇平,宋建平,译. 上海:上海译文出版社,2004.

[21] 布伯. 我与你[M]. 陈维纲,译. 北京:生活·读书·新知三联书店,1986.

[22] 马尔库塞. 爱欲与文明[M]. 黄勇,薛民,译. 上海:上海译文出版社,2005.

[23] 马尔库塞. 单向度的人[M]. 刘继,译. 上海:上海译文出版社,2006.

[24] 马尔库塞. 现代文明与人的困境[M]. 李小兵,译. 上海:上海三联书店,1989.

[25] 马克思,恩格斯. 马克思恩格斯选集(第1卷)[M]. 中共中央马克思恩格斯列宁斯大林著作编译局,编译. 北京:人民出版社,1995.

[26] 马克思,恩格斯. 马克思恩格斯选集(第2卷)[M]. 中共中央马克思

恩格斯列宁斯大林著作编译局,编译. 北京:人民出版社,1995.

[27] 马克思. 1844年经济学哲学手稿[M]. 中共中央马克思恩格斯列宁斯大林著作编译局,译. 北京:人民出版社,2000.

[28] 马克思. 机器、自然力和科学的应用[M]. 自然科学史研究所,译. 北京:人民出版社,1978.

[29] 尼采. 快乐的科学[M]. 余鸿荣,译. 北京:中国和平出版社,1989.

[30] 斯宾格勒. 人与技术[M]. 董兆孚,译. 北京:商务印书馆,1937.

[31] 斯宾格勒. 西方的没落[M]. 张兰平,译. 西安:陕西师范大学出版社,2008

[32] 雅斯贝尔斯. 什么是教育[M]. 邹进,译. 北京:生活·读书·新知三联书店,1991.

[33] 雅斯贝斯. 时代的精神状况[M]. 王德峰,译. 上海:上海译文出版社,1997.

[34] 别尔嘉耶夫. 论人的使命[M]. 张百春,译. 上海:学林出版社,2000.

[35] 莫兰. 复杂性理论与教育问题[M]. 陈一壮,译. 北京:北京大学出版社,2004.

[36] 布迪厄,华康德. 实践与反思[M]. 李猛,李康,译. 北京:中央编译出版社,1998.

[37] 卢梭. 爱弥儿:论教育(上卷)[M]. 李平沤,译. 北京:商务印书馆,1996.

[38] 卢梭. 卢梭全集(第2卷)[M]. 李平沤,译. 北京:商务印书馆,2012.

[39] 卢梭. 论科学与艺术[M]. 何兆武,译. 北京:商务印书馆,1960.

[40] 卢梭. 论人与人之间不平等的起因和基础[M]. 李平沤,译. 北京:商务印书馆,2007.

[41] 舍普. 技术帝国[M]. 刘莉,译. 北京:生活·读书·新知三联书店,1999.

[42] 勒戈夫. 中世纪的知识分子[M]. 张弘,译. 北京:商务印书馆,1996.

[43] 柏拉图. 理想国[M]. 郭斌和,张竹明,译. 北京:商务印书馆,1986.

[44] 亚里士多德. 工具论[M]. 李匡武,译. 广州:广东人民出版社,1984.

[45] 亚里士多德. 尼各马可伦理学[M]. 廖申白,译注. 北京:商务印书馆,2003.

[46] 舒尔曼. 科技时代与人类未来[M]. 李小兵,谢京生,张峰,等译. 北

京:东方出版社,1996.

[47] 麦克卢汉. 理解媒介:论人的延伸[M]. 何道宽,译. 南京:译林出版社,2011.

[48] 史密斯. 全球化与后现代教育学[M]. 郭洋生,译. 北京:教育科学出版社,2000.

[49] 夸美纽斯. 大教学论[M]. 傅任敢,译. 北京:人民教育出版社,1984.

[50] Popkewitz T S. 心灵追索:学校教育政治学与教师的建构[M]. 钟宜兴,译. 台北:巨流出版公司,2010.

[51] 托夫勒. 未来的冲击[M]. 孟广均,吴宣豪,黄炎林,等译. 北京:中国对外翻译出版公司,1985.

[52] 柯林斯,哈尔弗森. 平等与效率[M]. 陈家刚,程佳铭,译. 上海:华东师范大学出版社,2013.

[53] 奥肯. 平等与效率[M]. 王奔洲,叶南奇,译. 北京:华夏出版社,1987.

[54] 弗洛姆. 马克思论人[M]. 陈世夫,张世广,译编. 西安:陕西人民出版社,1991.

[55] 弗洛姆. 占有还是生存[M]. 关山,译. 北京:生活·读书·新知三联书店,1992.

[56] 芬伯格. 技术批判理论[M]. 韩连庆,曹观法,译. 北京:北京大学出版社,2005.

[57] 莱文森. 思想无羁:技术时代的认识论[M]. 何道宽,译. 南京:南京大学出版社,2003.

[58] 波斯曼. 技术垄断:文化向技术投降[M]. 何道宽,译. 北京:北京大学出版社,2007.

[59] 波兹曼. 童年的消逝[M]. 吴燕莛,译. 2版. 桂林:广西师范大学出版社,2011.

[60] 波兹曼. 娱乐至死[M]. 章艳,译. 2版. 桂林:广西师范大学出版社,2011.

[61] 巴伯. 科学与社会秩序[M]. 顾昕,等译. 北京:生活·读书·新知三联书店,1986.

[62] 格里芬. 后现代科学:科学魅力的再现[M]. 马季方,译. 北京:中央编译出版社,1995.

[63] 杜威. 杜威教育论著选[M]. 赵祥麟,王承绪,编译. 上海:华东师范大学出版社,1981.

[64] 杜威. 杜威五大演讲[M]. 胡适,译. 合肥:安徽教育出版社,2005.

[65] 杜威. 民主主义与教育[M]. 王承绪,译. 北京:人民教育出版社,1990.

[66] 杜威. 人的问题[M]. 傅统先,译. 上海:上海人民出版社,1965.

[67] 杜威. 哲学的改造[M]. 许崇清,译. 北京:商务印书馆,2011.

[68] 菲德勒. 媒介形态变化:认识新媒介[M]. 明安香,译. 北京:华夏出版社,2000.

[69] 基辛. 文化·社会·个人[M]. 甘华鸣,等译. 沈阳:辽宁人民出版社,1988.

[70] 米切姆. 技术哲学概论[M]. 殷登祥,曹南燕,等译. 天津:天津科学技术出版社,1999.

[71] 科顿姆. 教育为何是无用的[M]. 仇蓓玲,卫鑫,译. 南京:江苏人民出版社,2005.

[72] 马奇,麦克伊沃. 怎样做文献综述:六步走向成功[M]. 陈静,肖思汉,译. 上海:上海教育出版社,2011.

[73] 林文刚. 媒介环境学[M]. 何道宽,译. 北京:北京大学出版社,2007.

[74] 默顿. 十七世纪英格兰的科学、技术与社会[M]. 范岱年,等译. 北京:商务印书馆,2000.

[75] 米德. 文化与承诺:一项有关代沟问题的研究[M]. 周晓虹,周怡,译. 石家庄:河北人民出版社,1987.

[76] 阿普尔. 意识形态与课程[M]. 黄忠敬,译. 上海:华东师范大学出版社,2001.

[77] 梅萨罗维克,佩斯特尔. 人类处于转折点[M]. 梅艳,译. 北京:生活·读书·新知三联书店,1987.

[78] 米都斯,等. 增长的极限[M]. 李宝恒,译. 长春:吉林人民出版社,1997.

[79] 诺丁斯. 学会关心:教育的另一种模式[M]. 于天龙,译. 北京:教育科学出版社,2003.

[80] 尼葛洛庞帝. 数字化生存[M]. 胡泳,范海燕,译. 海口:海南出版社,1997.

[81] 戈夫曼. 日常生活中的自我呈现[M]. 冯钢,译. 北京:北京大学出版社,2008.

[82] 里泽. 麦当劳梦魇:社会的麦当劳化[M]. 容冰,译. 北京:中信出版社,2006.

[83] 库恩. 科学革命的结构[M]. 金吾伦,胡新和,译. 北京:北京大学出版社,2003.

[84] 米切尔. 比特之城:空间·场所·信息高速公路[M]. 范海燕,胡泳,译. 北京:生活·读书·新知三联书店,1999.

[85] 斯潘诺斯. 教育的终结[M]. 王成兵,亓校盛,等译. 南京:江苏人民出版社,2006.

[86] 施拉姆. 大众传播媒介与社会发展[M]. 金燕宁,蒋千红,等译. 北京:华夏出版社,1990.

[87] 奈斯比特. 大趋势:改变我们生活的十个新方向[M]. 梅艳,译. 北京:中国社会科学出版社,1984.

[88] 布朗,杜奎德. 信息的社会层面[M]. 王铁生,葛立成,译. 北京:商务印书馆,2003.

[89] 仓桥重史. 技术社会学[M]. 王秋菊,陈凡,译. 沈阳:辽宁人民出版社,2008.

[90] 苏霍姆林斯基. 怎样培养真正的人[M]. 蔡汀,译. 北京:教育科学出版社,1992.

[91] 赞科夫. 教学论与生活[M]. 俞翙辉,杜殿坤,译. 北京:教育科学出版社,1984.

[92] 佩奇. 世界的未来:关于未来问题一百页[M]. 王肖萍,蔡荣生,译. 北京:中国对外翻译出版公司,1985.

[93] 舒马赫. 小的是美好的[M]. 虞鸿钧,郑关林,译. 北京:商务印书馆,1984.

[94] 贝尔纳. 科学的社会功能[M]. 陈体芳,译. 北京:商务印书馆,1986.

[95] 阿什比. 科技发达时代的大学教育[M]. 滕大春,滕大生,译. 北京:人民教育出版社,1983.

[96] 吉登斯. 现代性的后果[M]. 田禾,译. 南京:译林出版社,2000.

[97] 哈耶克. 科学的反革命:理性滥用之研究[M]. 冯克利,译. 南京:译林出版社,2003.

[98] 卡尔. 历史是什么?[M]. 陈恒,译. 北京:商务印书馆,2007.

[99] 罗宾斯,韦伯斯特. 技术文化的时代:从信息社会到虚拟生活[M]. 何朝阳,王希华,译. 合肥:安徽科学技术出版社,2004.

[100] 朗沃斯. 终身学习在行动:21世纪的教育变革[M]. 沈若慧,等译. 北京:中国人民大学出版社,2006.

[101] 李约瑟. 中国科学技术史[M]. 汪受琪,等译. 北京:科学出版社,2008.

[102] 洛克. 教育漫话[M]. 杨汉麟,译. 北京:人民教育出版社,2005.

[103] 鲍曼. 个体化社会[M]. 范祥涛,译. 上海:上海三联书店,2002.

[104] 鲍曼. 后现代伦理学[M]. 张成岗,译. 南京:江苏人民出版社,2003.

[105] 斯宾塞. 斯宾塞教育论著选[M]. 胡毅,王承绪,译. 北京:人民教育出版社,2004.

[106] 赫胥黎. 科学与教育[M]. 单中惠,平波,译. 北京:人民教育出版社,1990.

[107] 席勒. 人本主义研究[M]. 麻乔志,等译. 上海:上海人民出版社,2010.

[108] 劳伦斯. 现代教育的起源和发展[M]. 纪晓林,译. 北京:北京语言学院出版社,1992.

[109] 怀特. 再论教育目的[M]. 李永宏,等译. 北京:教育科学出版社,1997.

[110] 毕世响. 乡村生活的道德文化智慧[M]. 长春:吉林人民出版社,2003.

[111] 蔡中宏. 论教育与社会发展[D]. 兰州:西北师范大学,2008.

[112] 曹荣湘. 解读数字鸿沟:技术殖民与社会分化[M]. 上海:上海三联书店,2003.

[113] 曾国屏,李正风,段伟文,等. 赛博空间的哲学探索[M]. 北京:清华大学出版社,2002.

[114] 曾晓洁. 美国大学MOOC的兴起对传统高等教育的挑战[J]. 比较教育研究,2014,36(7):32-40.

[115] 陈昌曙. 技术哲学引论[M]. 北京:科学出版社,1999.

[116] 陈凡,张明国. 解析技术:"技术—社会—文化"的互动[M]. 福州:

福建人民出版社,2002.

[117] 陈桂生. 教育原理[M]. 3版. 上海:华东师范大学出版社,2012.

[118] 陈桂生. 人的全面发展理论与现时代[M]. 上海:华东师范大学出版社,2012.

[119] 陈桂生. 学校教育原理[M]. 增订版. 上海:华东师范大学出版社,2012.

[120] 陈桂生. 中国教育学问题[M]. 2版. 福州:福建教育出版社,2007.

[121] 陈海谊. 信息技术对教育改革之影响[J]. 教育信息化,2004(11):10-11.

[122] 陈维维. 技术生存视域中的学习力研究[D]. 南京:南京师范大学,2010.

[123] 褚宏启. 教育现代化的路径[M]. 北京:教育科学出版社,2000.

[124] 单美贤,李艺. 教育中技术的本质探讨[J]. 教育研究,2008(5):51-55.

[125] 单美贤. 技术哲学视野下的技术教育化研究[D]. 南京:南京师范大学,2008.

[126] 单中惠. 西方教育思想史[M]. 北京:教育科学出版社,2007.

[127] 单中惠. 现代教育的探索[M]. 北京:人民教育出版社,2002.

[128] 狄仁昆,曹观法. 雅克·埃吕尔的技术哲学[J]. 国外社会科学,2002(4):16-21.

[129] 丁钢. 创新:新世纪的教育使命[M]. 北京:教育科学出版社,2000.

[130] 董泽芳. 教育社会学[M]. 武汉:华中师范大学出版社,1990.

[131] 杜时忠. 科学教育与人文教育[M]. 武汉:华中师范大学出版社,2005.

[132] 段伟文. 被捆绑的时间:技术与人的生活世界[M]. 广州:广东教育出版社,2001.

[133] 樊葵. 媒介崇拜论:现代人与大众媒介的异态关系[M]. 北京:中国传媒大学出版社,2008.

[134] 费孝通. 简述我一生的写作[J]. 群言,2000(1):19-21.

[135] 费孝通. 乡土中国[M]. 北京:北京出版社,2005.

[136] 冯建军. 当代主体教育论[M]. 2版. 南京:江苏教育出版社,2000.

[137] 冯增俊. 论教育的现代演进[J]. 教育研究,2002,23(12):22-27.

[138] 高德胜. 道德教育的时代遭遇[M]. 北京:教育科学出版社,2008.

[139] 高德胜. 知性德育及其超越:现代德育困境研究[M]. 北京:教育科学出版社,2003.

[140] 高亮华. 人文主义视野中的技术[M]. 北京:中国社会科学出版社,1996.

[141] 高伟. 生存论教育哲学[M]. 北京:教育科学出版社,2006.

[142] 顾明远. 教育:传统与变革[M]. 北京:人民教育出版社,2004.

[143] 管锦绣. 马克思技术哲学思想研究[D]. 武汉:武汉大学,2011.

[144] 郭冲辰,陈凡. 技术异化的价值观审视[J]. 科学技术与辩证法,2002(1):1-5.

[145] 郭冲辰. 技术异化的价值分析[D]. 沈阳:东北大学,2002.

[146] 郭文革. 教育的"技术"发展史[J]. 北京大学教育评论,2011,9(3):137-157.

[147] 郭晓玲. 多媒体技术对教育的影响[J]. 中国电化教育,1996(5):4-6.

[148] 郭占明. 解析海德格尔的科技哲学思想[J]. 科学管理研究,2005,23(1):96-99.

[149] 郝凤霞. 技术的社会选择:基于技术的社会形成观之研究[D]. 上海:复旦大学,2003.

[150] 何克抗. 信息技术与课程整合的目标与意义[J]. 教育研究,2002,23(4):39-43.

[151] 胡伟. 埃吕尔技术哲学思想及其对教育研究的影响[J]. 教育学报,2013,9(6):28-34.

[152] 胡伟,张茂聪. 基于改进学校办学成果的评价:兼论 OECD 的教师评价政策[J]. 中国高教研究,2015(4):80-85.

[153] 黄济. 教育哲学[M]. 北京:北京师范大学出版社,1985.

[154] 黄欣荣. 现代西方技术哲学[M]. 南昌:江西人民出版社,2011.

[155] 金生鈜. 规训与教化[M]. 北京:教育科学出版社,2004.

[156] 金生鈜. 科学教育与人文教育的整合[J]. 教育研究,1995(8):15-18.

[157] 金生鈜. 理解与教育[M]. 北京:教育科学出版社,1997.

[158] 荆筱槐. 技术价值观进化机理探析[D]. 沈阳:东北大学,2007.

[159] 阚维. 理解课程的复杂性:波克维茨课程研究述评[J]. 课程·教材·

教法,2013(10):115-120.

[160] 李芒. 对教育技术"工具理性"的批判[J]. 教育研究,2008(5):56-61.

[161] 李芒. 关于教育技术的哲学思考[J]. 教育研究,1998(7):69-72.

[162] 李美凤,李艺. 从教育与技术的关系看教育学与教育技术学的对话[J]. 中国电化教育,2008(1):6-10.

[163] 李美凤,李艺. 人的技术化之合理性辩护[J]. 科学技术与辩证法,2008,25(1):66-70.

[164] 李祺,李春鹏. 教育新技术化与新技术化教育[J]. 电化教育研究,2007(1):8-11,16.

[165] 李庆臻. 简明自然辩证法词典[M]. 济南:山东人民出版社,1986.

[166] 李泽厚. 批判哲学的批判:康德述评[M]. 天津:天津社会科学院出版社,2003.

[167] 李政涛. 生命自觉与教育学自觉[J]. 教育研究,2010(4):5-11.

[168] 联合国教科文组织国际21世纪教育委员会. 教育:财富蕴藏其中[M]. 联合国教科文组织总部中文科,译. 北京:教育科学出版社,1996.

[169] 联合国教科文组织国际教育发展委员会. 学会生存:教育世界的今天和明天[M]. 华东师范大学比较教育研究所,译. 北京:教育科学出版社,1996.

[170] 廖青. 美国《共同核心州立标准》政策的形成及其初步实施[J]. 比较教育研究,2012,34(12):70-74.

[171] 林浩,李胜永. 计算机支持的协作学习及其应用[J]. 当代教育科学,2005(24):34-35.

[172] 刘成新. 整合与重构:技术与课程教学的互动解析[D]. 南京:南京师范大学,2006.

[173] 刘大椿. 科学技术哲学导论[M]. 2版. 北京:中国人民大学出版社,2005.

[174] 刘丹鹤. 赛博空间与网际互动:从网络技术到人的生活世界[D]. 上海:复旦大学,2004.

[175] 刘美凤. 教育技术学学科定位问题研究[M]. 北京:教育科学出版社,2006.

[176] 刘铁芳. 生命与教化[M]. 长沙:湖南大学出版社,2004.

[177] 刘铁芳.走在教育的边缘[M].上海:华东师范大学出版社,2006.

[178] 鲁洁.当代德育基本理论探讨[M].南京:江苏教育出版社,2003.

[179] 鲁洁.道德教育的当代论域[M].北京:人民出版社,2005.

[180] 鲁洁.做成一个人:道德教育的根本指向[J].教育研究,2007(11):11-15.

[181] 陆有铨.现代西方教育哲学[M].郑州:河南教育出版社,1993.

[182] 陆有铨.躁动的百年:20世纪的教育历程[M].济南:山东教育出版社,1997.

[183] 马和民,吴瑞君.网络社会与学校教育[M].上海:上海教育出版社,2002.

[184] 梅贻琦.大学一解[J].清华学报,1941(1):1-12.

[185] 牟焕森.马克思技术哲学思想的国际反响[D].沈阳:东北大学,2001.

[186] 南国农,李运林.教育传播学[M].2版.北京:高等教育出版社,2005.

[187] 南国农.教育现代化的必由之路[M].北京:高等教育出版社,2000.

[188] 戚万学.冲突与整合:20世纪西方道德教育理论[M].济南:山东教育出版社,1995.

[189] 乔瑞金.马克思技术哲学纲要[M].北京:人民出版社,2002.

[190] 渠敬东.现代社会中的人性及教育:以涂尔干社会理论为视角[M].上海:上海三联书店,2006.

[191] 瞿葆奎.教育学文集:教育与教育学[G].北京:人民教育出版社,1993.

[192] 桑新民.呼唤新世纪的教育哲学:人类自身生产探秘[M].北京:教育科学出版社,1993.

[193] 全国十二所重点师范大学联合.教育学基础[M].北京:教育科学出版社,2002.

[194] 石中英.教育学的文化性格[M].太原:山西教育出版社,2007.

[195] 石中英.教育哲学[M].北京:北京师范大学出版社,2007.

[196] 舒红跃.技术与生活世界[M].北京:中国社会科学出版社,2006.

[197] 檀传宝.学校道德教育原理[M].北京:教育科学出版社,2000.

[198] 唐汉卫.生活道德教育论[M].北京:教育科学出版社,2005.

[199] 童恒萍.以人文主义之柔克技术异化之刚:论庄子"道""技"合一技术论与海德格尔存在主义技术观[J].自然辩证法通讯,2009,31(2):7-12,18.

[200] 涂艳国.科学教育与自由教育[M].合肥:安徽教育出版社,2007.

[201] 万俊人.现代性的伦理话语[M].哈尔滨:黑龙江人民出版社,2002.

[202] 王本陆.教育崇善论[M].广州:广东教育出版社,2001.

[203] 王炳照.人文社会科学研究的历史意识[J].北京师范大学学报(社会科学版),2009(3):22-28.

[204] 王伯鲁.技术究竟是什么:广义技术世界的理论阐释[M].北京:科学出版社,2006.

[205] 王桂山.技术理性的认识论研究[D].沈阳:东北大学,2006.

[206] 王静.试论《说文解字》中的"教育"二字[J].教育研究,1995(3):48-52,57.

[207] 王树松.论技术合理性[D].沈阳:东北大学,2005.

[208] 王倘,等.中国教育辞典[M].上海:中华书局,1928.

[209] 王文凯.中国传统"从游"教育模式平议[J].湖北大学学报(哲学社会科学版),2011(6).

[210] 王向华.对话教育论纲[M].北京:教育科学出版社,2009.

[211] 吴刚.知识演化与社会控制[M].北京:教育科学出版社,2002.

[212] 吴国盛.科学的历程[M].2版.北京:北京大学出版社,2002.

[213] 吴国盛.芒福德的技术哲学[J].北京大学学报(哲学社会科学版),2007,44(6):30-35.

[214] 吴致远.技术的后现代诠释[D].沈阳:东北大学,2006.

[215] 吴遵民,张媛.教育技术与人的主体性关系之辨析[J].电化教育研究,2007(3):26-30.

[216] 伍正翔.批判与超越:信息技术在基础教育中的价值重构[D].长春:东北师范大学,2009.

[217] 夏保华.亚里士多德的技术制作"四因说"思想[J].科学技术与辩证法,2005(5):78-81.

[218] 项贤明.泛教育论[M].太原:山西教育出版社,2000.

[219] 肖峰.高技术时代的人文忧患[M].南京:江苏人民出版社,2002.

[220] 肖峰.论技术实在[J].哲学研究,2004(3):72-79.

[221] 谢江平,王晓红.试论亚里士多德的技术观[J].自然辩证法研究,2007,23(7):65-68.

[222] 徐倩.慕课:一场正在到来的教育变革[J].上海教育,2013(10A):24-25.

[223] 许良.技术哲学[M].上海:复旦大学出版社,2005.

[224] 许良英.爱因斯坦文集:增补本(第三卷)[M].2版.北京:商务印书馆,2009.

[225] 闫宏秀.技术进步与价值选择[D].上海:复旦大学,2003.

[226] 颜士刚.技术的教育价值的实现与创造研究[D].南京:南京师范大学,2007.

[227] 颜士刚,李艺.教育领域中科学的技术价值观问题探索[J].中国电化教育,2008(1):7-11.

[228] 阳海音.科学技术与交往合理化:哈贝马斯意识形态批判理论研究[D].上海:复旦大学,2006.

[229] 杨庆丰.技术作为目的:超越工具主义的技术观念[D].上海:复旦大学,2003.

[230] 杨小微,金学成,杨帆.教育现代化:理论与技术的对话:教育学原理与教育技术学两大阵营的对话[J].开放教育研究,2006,12(5):11-14.

[231] 叶澜.教育概论[M].北京:人民教育出版社,1991.

[232] 叶澜.教育研究方法论初探[M].上海:上海教育出版社,1999.

[233] 叶澜.让课堂焕发出生命活力[J].教育研究,1997(9):3-8.

[234] 叶伟强.信息技术与教师继续教育的整合[J]教育理论与实践,2003(18):42-45.

[235] 于春玲,李兆友.作为文化批判的技术批判:马克思技术观的文化哲学解析[J].科学技术与辩证法,2007(5):68-71.

[236] 于春玲.文化哲学视阈下的马克思技术观[D].沈阳:东北大学,2009.

[237] 于光远.自然辩证法百科全书[M].北京:中国大百科全书出版社,1995.

[238] 于伟.现代性与教育[M].北京:北京师范大学出版社,2006.

[239] 袁振国.当代教育学[M].3版.北京:教育科学出版社,2004.

[240] 张楚筠.以科技为动力 建立21世纪学习新模式[J].教育发展研究,2010(Z1):120-124.

[241] 张慧敏.技术的民主控制:当代西方民主的技术思想研究[D].沈阳:东北大学,2005.

[242] 张建伟.当代教育技术学研究领域的基本架构[J].教育研究,2002(4):44-48,91.

[243] 张俐蓉.信息技术与学校教育关系的反思与重构[D].上海:华东师范大学,2004.

[244] 张茂聪.教育公共性的理论分析[J].教育研究,2010(6):23-29.

[245] 张民选,陆璟,占胜利,等.专业视野中的PISA[J].教育研究,2011(S6):3-10.

[246] 张麒,刘俊杰,任友群.哈佛"慕课"深度谈[J].开放教育研究,2014(5):4-10.

[247] 张诗亚,周谊.震荡与变革:20世纪的教育技术[M].济南:山东教育出版社,1996.

[248] 张文兰,刘俊生.教育游戏的本质与价值审思[J].开放教育研究,2007,13(5):64-68.

[249] 张晓鹏.从控制走向解放:莱易斯"生态学马克思主义"理论探析[D].上海:复旦大学,2007.

[250] 张义兵.逃出束缚:"赛博教育"的社会学解读[M].北京:北京师范大学出版社,2003.

[251] 赵建军.技术本质特性的批判性阐释[J].自然辩证法研究,2001,17(3):35-38,66.

[252] 赵婧."碎片化"思维与教育研究:托马斯·波克维茨教授访谈录[J].全球教育展望,2012(10):3-7.

[253] 赵汀阳.论可能生活:一种关于幸福和公正的理论[M].北京:中国人民大学出版社,2004.

[254] 赵勇,王安琳.教育与技术的关系探微[J].中国电化教育,2004(5):19-21.

[255] 赵勇.传统与创新:教育与技术关系漫谈[M].北京:北京师范大学出版社,2006.

[256] 郑晓松.技术与合理化:哈贝马斯技术哲学研究[D].上海:复旦大

学,2005.

[257] 郑旭东.技术是答案,但问题是什么:解读伊利的教育技术观[J].电化教育研究,2007(1):12-16.

[258] 中国互联网络信息中心.第35次中国互联网络发展状况统计报告[R].北京:中国互联网络信息中心,2015.

[259] 周南照.加强教育科研,促进教育创新[J].教育研究,2003,24(9):3-12.

[260] 周晓虹.试论当代中国青年文化的反哺意义[J].青年研究,1988(11):22-26.

[261] 周晓虹.文化反哺与器物文明的代际传承[J].中国社会科学,2011(6):109-120.

[262] 朱小蔓.教育的问题与挑战:思想的回应[M].南京:南京师范大学出版社,2000.

[263] 朱小蔓.科学与技术教育中的情感培养[J].中国德育,2007(4):16-18.

[264] 祝智庭.现代教育技术:走向信息化教育[M].北京:教育科学出版社,2002.

[265] 祝智庭.信息教育展望[M].上海:华东师范大学出版社,2002.

[266] 左明章.论教育技术的发展价值:基于技术哲学的审视[D].武汉:华中师范大学,2008.

后记

　　本书是在我的博士论文基础修改而成的。论文的写作过程是不易的，从选题的确定，到资料的搜集与框架的搭建，再到具体的写作与修改，过程中充满着艰辛。虽然过程中满是困难与痛苦，但正如莱斯利·史蒂芬在《詹姆斯·史蒂芬爵士的生活》中提出的："如果你不经历痛苦，你又怎能期望写出好的长篇与短篇小说？如果你不能写出好的小说，你又怎能成为一个有品位的人？如果你不能成为一个有品位的人，你又怎能期望对这个世界有用？"本书不期待能成为经典之作，也不期待能解决技术时代所面临的所有问题，只是期望能为技术时代的教育之何为做出一点点的贡献，为教育研究者与教育实践者提供一些可以思考的问题。

　　通常情况下，硕士论文或博士论文的完成是学生在研究生阶段所面临的最艰难的学术任务。在论文写作过程中，需要自律、主动、使用创造性思维、与他人合作以及超越自我怀疑。在论文的创作过程中，所呈现出来的是作者对相关问题的独立思考，但这种独立思考伴随论文的完成而完成，当论文被其他阅读者阅读时，则会呈现出不同的解读。正如汉诺·哈特在《传播学批判理论：美国的传播、历史和理论》一书的序中所言："一旦出版之后，书籍就脱离了作者的控制，开始了自己的生命历程；它们受制于不同的利用、解释和吸纳,其生命历程中的变化常常远离了作者原有的意向,却丰富了不同类型的话语。"对于一篇博士论文而言,论文完成之后,同样也开始了自己的生命历程,不同的研究者可能会根据自身研究的需要,对相关的研究内容进行自己独特的解释、利用、再创作。希望本书能为学术研究的多样性贡献一份绵薄之力,也希望相关的研究者能通过对本书的阅读获得一些洞见。

谨以此书纪念博士毕业九周年。

忆往昔,文末致谢。

感谢我的导师们:浙江大学教育学院博士生导师魏贤超教授、美国威斯康星大学麦迪逊分校托马斯·S.波普科维茨教授、山东师范大学硕士生导师张茂聪教授。

感谢在浙江大学指导和帮助过我的老师们:徐小洲老师、顾建民老师、刘正伟老师、方展画老师、吴雪萍老师、杨明老师、单中惠老师、肖朗老师、吴华老师、刘力老师、阚阅老师、孙元涛老师、阎亚军老师、叶志坚老师、陈胜老师、赵卫平老师、蓝劲松老师、甘露老师、马静萍老师、杨娟老师、王珏老师、施晨辉老师、巫薇莲老师。

感谢在美国威斯康星大学麦迪逊分校学习期间结识的刘徽老师、沈文钦老师、赵世奎老师、王强老师、周杰老师、齐学红老师、李小红老师、邓友超老师、孙伟老师、王渠东老师、郭德红老师、彭静老师、高萍老师、吴艳梅老师、柯慧彬、沈晔、郑蕾、钦白兰、李瑞、折晓会。

感谢我的同门同学朋友们:黄君艳、郑园园、王文智师兄、刘晨飞、常媛媛、张强、夏永明、李玲、邱昆树、陈卓师兄、林瑞玉师姐、刘爱生师兄、徐雷、徐俊、陶芳铭、郑国强、王真、阮小波、蒋红霞、李明师兄、张雷、王录平。

感谢我的家人们陪伴!

感谢东南大学出版社姜晓乐编辑及相关工作人员的支持!

感恩!感谢!感念!

胡伟

2024 年 9 月 30 日于南京